370

Las necesidades educativas especiales en las aulas ordinarias

Temas de educación
Colección dirigida por César Coll

Últimos títulos publicados:

19. P. Freire, *La naturaleza política de la educación*
20. P. Langford, *El desarrollo del pensamiento conceptual en la escuela secundaria*
21. A. Garton y C. Pratt, *Aprendizaje y proceso de alfabetización*
22. L. B. Resnick y W. W. Ford, *La enseñanza de las matemáticas y sus fundamentos psicológicos*
23. C. B. Cazden, *El discurso en el aula*
24. C. Watkins y P. Wagner, *La disciplina escolar*
25. V. Lewis, *Desarrollo y déficit*
26. O. C. D. E., *Escuelas y calidad de la enseñanza*
27. S. S. Stodolsky, *La importancia del contenido en la enseñanza*
28. D. A. Schön, *La formación de profesionales reflexivos*
29. C. Rogers y P. Kutnick, *Psicología social de la escuela primaria*
30. J. D. Wilson, *Cómo valorar la calidad de la enseñanza*
31. J.-M. Barbier, *La evaluación en los procesos de formación*
32. G. Hanko, *Las necesidades educativas especiales en las aulas ordinarias*
33. R. Young, *Teoría crítica de la educación y discurso en el aula*
34. J. Dean, *La organización del aprendizaje en la educación primaria*
35. H. Gardner, *La mente no escolarizada*
36. A. F. Garton, *Interacción social y desarrollo del lenguaje y la cognición*
37. J. T. Bruer, *Escuelas para pensar*
38. P. Woods y M. Hammersley, *Género, cultura y etnia en la escuela*
39. M. W. Apple, *El conocimiento oficial*
40. E. Dowling y E. Osborne, *Familia y escuela*
41. N. Mercer, *La construcción guiada del conocimiento*
42. J. L. Lemke, *Aprender a hablar ciencia*
43. J. Tiffin y L. Rajasingham, *En busca de la clase virtual*
44. J. Dockrell y J. McShane, *Dificultades de aprendizaje en la infancia*
45. C. L. Cooper y C. J. Travers, *El estrés de los profesores*
46. P. Woods, *Experiencias críticas en la enseñanza y el aprendizaje*
47. D. A. Schön, *El profesional reflexivo*
48. P. Woods, *Investigar el arte de la enseñanza*
49. A. J. Bishop, *Enculturación Matemática*
50. K. Egan, *Mentes educadas*
51. M. Pressley, *Cómo enseñar a leer*
52. D. Fontana, *El control del comportamiento en el aula*
53. B. J. Biddle y otros, *La enseñanza y los profesores, I*
54. B. J. Biddle y otros, *La enseñanza y los profesores, II*
55. B. J. Biddle y otros, *La enseñanza y los profesores, III*
56. B. L. McCombs y J. S. Whisler, *La clase y la escuela centradas en el aprendiz*
57. G. Wells, *Indagación dialógica*
58. M. W. Apple, *Educar «como Dios manda»*
59. R. G. Tharp y otros, *Transformar la enseñanza*
60. H. Daniels, *Vygotsky y la pedagogía*

Gerda Hanko

Las necesidades educativas especiales en las aulas ordinarias
Profesores de apoyo

PAIDÓS
Barcelona • Buenos Aires • México

Título original: *Special needs in ordinary classrooms. Supporting teachers*
Publicado en inglés por Basil Blackwell, Ltd., Oxford

Traducción de M.ª Teresa Melero Nogués

Cubierta de Ferran Cartes

Quedan rigurosamente prohibidas, sin la autorización escrita de los titulares del «Copyright», bajo las sanciones establecidas en las leyes, la reproducción total o parcial de esta obra por cualquier medio o procedimiento, comprendidos la reprografía y el tratamiento informático, y la distribución de ejemplares de ella mediante alquiler o préstamo públicos.

© 1985, 1990 by Gerda Hanko
© 1993 de todas las ediciones en castellano,
  Ediciones Paidós Ibérica, S. A.,
  Mariano Cubí, 92 - 08021 Barcelona
  http://www.paidos.com

ISBN: 84-7509-895-9
Depósito legal: B-23.754/2004

Impreso en Novagràfik, S. L.
Vivaldi, 5 - 08110 Montcada i Reixac (Barcelona)

Impreso en España - Printed in Spain

SUMARIO

Agradecimientos 9
Prefacio a la segunda edición 11
Introducción 13

Primera parte
FRANQUEAR LAS FRONTERAS INTERPROFESIONALES

1. Salvando las distancias 23
2. Ejemplos de discusiones sobre algunos casos concretos con grupos de maestros 27
   Un maestro se enfrenta al repentino cambio de actitud de un niño 28
   Dos ejemplos de primeras discusiones sobre un caso 32
   Cómo desarrollan los grupos su experiencia de caso en caso ... 38
   Preparando el terreno para una ayuda profesional adicional ... 55
3. Grupos de apoyo al profesorado: un ejemplo de su desarrollo en un área local 61

Segunda parte
UN MARCO PARA EL APOYO AL MAESTRO

4. Propuestas de tratamiento y consulta 73
   Propuestas de tratamiento 73
   El concepto de asesoramiento y su práctica en las escuelas ... 77
5. Las reuniones: objetivos y centros de interés 83
   Compartir conocimientos 84
   Restablecer la objetividad 90
   Compartir capacidades 95

Devolver la confianza 97
Necesidades especiales: el currículum normal como fuente de nuevas experiencias educativas 98
Incorporar a los padres como colaboradores 109

Tercera parte
SUMINISTRAR APOYO: ORIENTACIONES Y TAREAS

6. **Desarrollo de grupos de apoyo y formación en diversos centros escolares: función y tarea de los asesores escolares o externos y de los coordinadores de necesidades especiales** 123
Iniciar un grupo de apoyo a los maestros 126
El trabajo con grupos 139
Función y tareas de los asesores y de los coordinadores de necesidades especiales 152

7. **Cubrir las necesidades del profesorado y de los estudiantes en el contexto de una estructura coordinada de servicio interior: un resumen** 161

8. **Apoyo INSET en el ámbito de la escuela: ¿Quién ayuda a los que ayudan?** 167
Cambio de funciones y responsabilidades: un desfase entre hipótesis opuestas 167
Resolución conjunta de problemas: atender a las necesidades de los alumnos, de los maestros y de la escuela 170
Resolución conjunta de problemas: necesidades formativas combinadas del asesor y de los asesorados 171
Desarrollo del papel asesor: grupos de formación de coordinadores 173
Formación de técnicas del asesor de asesores 174
Resolución conjunta de problemas: contribución a la política de las escuelas 176
Psicólogos educativos, escuelas y servicios de apoyo: hacia una psicología de la educación 177
Desarrollar experiencia como co-asesores 181
Epílogo para una nueva «ERA» 183

Bibliografía 187

AGRADECIMIENTOS

A lo largo del trabajo descrito en este libro he tenido ocasión de conocer a mucha gente que me ha ayudado y estimulado en mi tarea; quiero dar las gracias a todos ellos.

En primer lugar, estoy en deuda con las enseñanzas de la recientemente fallecida Irene Caspari, de Denise Taylor y de Anton Obholzer por permitirme conocer las posibilidades del asesoramiento como modo de trabajo con maestros y estudiantes de Magisterio en el contexto del aula; y con Ben Morris, Catedrático Emérito de la Bristol School of Education, y Evelyn Carter, en los últimos tiempos Directora del Thomas Huxley College de Ealing, por su interés, desde el principio, por mi modo de enfocar la cuestión de la formación del maestro y del apoyo a su trabajo en el aula, así como por los ánimos que me han infundido para que escribiera sobre todo ello.

También quiero expresar mi agradecimiento a las siguientes personas: a Pat Southgate, coordinadora de las Escuelas subvencionadas por el DES (Departamento de Educación y Ciencia) y del Proyecto de Evaluación del SITE (Servicio interior de Educación de maestros) 1978-1980, por la oportunidad de que mi investigación fuese evaluada en el contexto del proyecto; a Reginald Hartles, Oficial en Jefe de Educación, Ealing, y a Joyce Shepherd, hasta hace poco tiempo Inspector en Jefe de Educación, por su apoyo al posterior desarrollo y evaluación de la investigación en las escuelas de su distrito junto con la University of London Institute of Education; a Tony Cline, Director Psicólogo Educativo, ILEA, y a John Cooper, Director de Educación, Hounslow, por proporcionarme facilidades para explorar mi enfoque en diferentes emplazamientos y sectores; al personal de las clínicas de asistencia infantil, servicios psicológicos escolares, centros de educación y organizaciones que me invitaron a charlar con ellos, por el inestimable intercambio de ideas y experiencias que esto comportó; y sobre todo a los maestros y a los directores de las escuelas cuya activa y evaluadora participación en los grupos me ofrecía constantes indicaciones del tipo de apoyo que ellos podían utilizar y me ayudaba en mi intento de desarrollo de la práctica y los principios necesarios para el diseño de esta área de trabajo de servicio interior.

Mi agradecimiento más especial es para Molly Brearley, Elizabeth Irvine y la Dra. Mary Wilson que leyeron gentilmente el borrador y me hicieron provechosos comentarios. Elizabeth Irvine también me ayudó, en borradores previos del documento, a superar muchas vicisitudes relacionadas con la interferencia de mi lengua materna en mi escritura. Teniendo mis propias necesidades educativas especiales atendidas en esta etapa de mi carrera profesional, puedo agradecer personalmente a todos aquellos que resaltan el hecho de que todos los niños tienen necesidades especiales y que el concepto de necesidades especiales no debería implicar categorización. Allí donde aparece este concepto en el libro, se utiliza con el bien entendido de que todas las necesidades de los niños son especiales, pero que hay niños que necesitan una atención extra en algún momento durante su vida escolar, para, así, promover una participación lo más plena posible en una empresa educativa que valga la pena.

PREFACIO A LA SEGUNDA EDICIÓN

Desde 1985, año en que este libro fue impreso por primera vez, e incluso desde su cuarta edición revisada, en 1988, se ha multiplicado la demanda de los maestros para recibir el tipo de apoyo escolar sistemático que en él se describe: para capacitarlos, con la ayuda de especialistas en necesidades especiales, a encontrar sus propias soluciones al problema de enfrentarse en sus clases con dificultades de tipo emocional, de comportamiento y de aprendizaje y a hacerlo a través de los contenidos curriculares, de las relaciones profesor-alumno y de clase y de la participación de los padres.

Los organismos nacionales, informes oficiales, así como escuelas y especialistas en necesidades especiales, actualmente resaltan la importancia de capacitar a todos los maestros para que puedan responder adecuadamente a las necesidades individuales excepcionales con las que se irán encontrando a lo largo de su carrera docente, y también que esta capacitación debe ser llevada a cabo a través de las iniciativas de formación y de reciclaje del personal educativo, que van dirigidas a las necesidades profesionales de los maestros en sus escuelas tanto como a las necesidades personales y sociales de sus alumnos. Con el advenimiento del Acta de Educación, en 1988, y el reconocimiento legal de que todos los alumnos tienen derecho a un «currículum amplio y equilibrado, pertinente a sus necesidades individuales», esta demanda ha cobrado especial importancia. Los psicólogos escolares y los especialistas en necesidades especiales están, actualmente, a la espera de importantes contribuciones de servicio interior, y los LEAs han empezado a reestructurar sus servicios en consonancia con estas demandas. Esta nueva edición tiene en cuenta estos avances y considera especialmente, no sólo los requerimientos de los maestros para mantener una formación profesional continuada, sino también los de aquéllos encargados de ayudarles a mantenerla.

A la lista anterior de agradecimientos debo añadir ahora al personal de los servicios educacionales y psicológicos en diversas partes de Inglaterra y Gales, los cuales, a través de nuestra empresa común, me han permitido profundizar en mi conocimiento de sus propias necesidades de apoyo continuado; y maestros y profesores de maestros en la URSS y los Estados Unidos que me mostraron hasta qué punto su necesidad de apoyo a la hora de conseguir buenos resultados con sus alumnos «difíciles» es similar a la necesidad que experimentan nuestros propios maestros.

Gerda Hanko
Londres, 1990

INTRODUCCIÓN

Un niño de siete años asiste a una nueva escuela, odia a todo el mundo y se busca problemas cada día. El comportamiento de un chico de nueve años cambia de repente y pasa de ser un alumno ideal a ser un revoltoso imposible de manejar. La forma provocativa con que Teresa quebranta las reglas empeora cuanto más se la reprende por ello y John, de 15 años, no mejora aunque sus profesores aceptan volverse atrás en sus decisiones para darle otra oportunidad. Cuando se le pide que cambie de actitud, desafía a sus profesores a que le peguen y amenaza con golpearles si lo hacen. Michael, de seis años, se aterra ante cualquier cosa que tenga que hacer por sí mismo; lo mismo le ocurre a Don, de ocho años, pero, cuando se ayuda a Don a mejorar, Martin ocupa su lugar. Nada puede sacar a Ivan, diez años, fuera de su caparazón. Dave, ocho años, es «un chico desesperante que no escucha nunca y que ni siquiera puede copiar de la pizarra». La «amabilidad nerviosa, siempre buscando llamar la atención» de Jeanie, nueve años, es tan irritante que nadie quiere trabajar o jugar con ella; y Dipak, 14 años, asedia constantemente al personal de su escuela con sus ruegos y demandas. Sus profesores intentaron ayudarle pero «perdió todas sus simpatías» cuando empezó a mentirles.

Los dos temas básicos de este libro son: los muchos niños que necesitan atención extra por problemas de aprendizaje en clase relacionados con problemas emocionales y de comportamiento; y el apoyo que debe suministrarse a sus profesores. Los maestros se enfrentan con la tarea de tener que responder instantáneamente a situaciones como las mencionadas más arriba, pero también existen numerosos obstáculos que impiden que puedan hacerlo apropiadamente. No podemos esperar que satisfagan las necesidades de estos niños si ellos mismos no reciben apoyo en sus propias necesidades docentes.

Los maestros pueden considerar que un comportamiento que se sale de lo normal es más o menos molesto en diferentes grados, y pueden responder a él de muchas maneras distintas sin comprender totalmente qué necesidades especiales expresa dicho comportamiento. Pueden ver un problema que concierne al niño, a su familia y su hogar o a la situación del niño en el colegio, cuando se produce un conflicto respecto a lo que se espera de él. En cambio, pueden no reconocer las necesidades especiales que no conducen a problemas de comportamiento, y por tanto éstas pueden quedar desatendidas y empeorar. También existen problemas generales de comportamiento de todo un grupo, que en ellos mismos no expresan unas necesidades especiales, sino que están relacionados con las de ciertos niños en particular y que los maestros deben tratar, no sólo en beneficio del desarrollo personal y el progreso educativo del niño en cuestión, sino en el de los otros niños de la clase.

Este libro trata de los aspectos de las necesidades educativas en que los maestros se sienten menos apoyados. Se ha escrito en respuesta a la demanda creciente que procede de tres sectores principales.

1. Muchos maestros, en todo el ámbito educativo, sienten la necesidad de recibir apoyo en su trabajo con ciertos alumnos —que tienen problemas y al mismo tiempo que los causan al resto de la clase— cuyas necesidades emocionales y, como consecuencia, educacionales temen no saber cubrir adecuadamente.
2. Existe una cierta insatisfacción entre aquellos que están especialmente cualificados para aliviar los problemas emocionales de los niños individualmente. Son conscientes de que ellos sólo pueden ayudar a una proporción muy pequeña de niños cuando, en realidad, son muchos más los que necesitan ayuda. Además, ellos proporcionan esta ayuda lejos del aula, que es, en definitiva, donde aparecen los problemas.
3. Actualmente, a nivel oficial, se reconoce la necesidad que existe de mejorar el servicio educativo a través de la formación de los maestros, incluyendo: la capacitación de los maestros para responder adecuadamente a las necesidades educativas especiales con las que se encuentran (como pone de manifiesto el Comité Consultivo para los Recursos y Formación de Maestros [ACSET, 1984]); reconocimiento de que la mejor manera de conseguir esta capacitación es a través de la formación de maestros en todos los niveles (lo cual está incluido en los objetivos del comité para la Investigación en Formación del Profesorado [CRITE]); interés creciente por los proyectos nacionales de investigación centrados en el trabajo en la escuela, subvencionados por el Departamento de Educación y Ciencia (DES) , como por ejemplo el Proyecto de Evaluación de las Escuelas y la Formación Permanente del Profesorado (SITE) (Baker y Sikora, 1982), así como los programas del Consejo Escolar, como por ejemplo las Indicaciones para la Revisión y el Desarrollo Interno en las Escuelas (GRIDS) (McMahon *et al.*, 1984); mientras que el Informe Elton (DES, 1989) resalta la importancia de la formación pastoral de los maestros como una parte integral de su tarea profesional.

Los documentos citados más arriba profundizan sobre los temas que ya apuntaba el informe del DES de 1978 (*Poner en marcha el INSET*) y demuestran una comprensión cada vez mayor de toda una serie de cuestiones. De estas cuestiones se tratará en el método de apoyo al maestro que se describe en este libro. Tienen relación con todo lo que implica la formación y el desarrollo profesional y con cualquier tipo de obstáculos que puedan frenar dicha formación: las dificultades que los maestros experimentan a la hora de identificar cuáles son sus verdaderas necesidades como profesionales o a la hora de utilizar los recursos disponibles para cubrir estas necesidades; las dificultades con que los expertos se encuentran al intentar encajar los recursos que ellos ofrecen con el contexto real en el que actúa el maestro; el hecho de que estos recursos sean a la vez de uso *inmediato* y *a largo plazo*, en el aula y en las instalaciones escolares; y finalmente cómo ofrecer todo esto de manera que sea utilizable y aceptable, al tiempo que respete la autonomía del maestro.

Este tipo de recursos a los que nos referimos, excluye los consejos prescriptivos y las exhortaciones intrusivas sobre lo que una escuela o un maestro debería hacer. En cambio reconoce, aprecia y se sirve de la experiencia y las capacidades ya presentes en los maestros. En último término, crea las condiciones favorables para encontrar soluciones factibles y produce un clima de compromiso y respeto mutuo en el que, los mismos maestros, como individuos y como equipo, pueden poner en práctica sus conclusiones, así como observar y considerar cómo evolucionan las distintas situaciones problemáticas.

Este libro introduce a los maestros de las escuelas normales en el ámbito de las necesidades educativas especiales en su relación con la formación del profesorado y el apoyo en el aula, lo cual ya ha sido juzgado como importante y valioso por muchos maestros, coordinadores y psicólogos escolares. También contempla la posibilidad de desarrollar grupos de orientación de maestros así como los principios que deberían inspirarles y su factibilidad. Las personas capaces de iniciar tales grupos podrían surgir de los gabinetes psico-pedagógicos de los propios colegios, de entre los profesores de religión, o podrían venir de fuera, como los miembros de los servicios de apoyo psicológico, asesores locales o tutores pertenecientes a cursos de formación profesional. Todos ellos serían capaces de compartir algunas de sus habilidades y conocimientos de manera que pudieran ser aplicados dentro de la línea educacional de cada maestro.

En la misma medida que se subraya que las necesidades educacionales de todos los niños son especiales y que requieren respuestas individuales en el proceso educativo, se dan diversas cifras relacionadas con los niños que necesitan asistencia especial en la escuela para evitar que el calibre de sus necesidades llegue a perjudicar la calidad de su educación. Estas cifras dependen de los criterios utilizados para definir dichas necesidades especiales, de qué definimos como apoyo especial y en quién pensamos como adecuados para ofrecer este apoyo. Warnock (1978) da una cifra global de un 20%, suma de un 2% educados actualmente en escuelas especiales y un 18% que asisten a escuelas normales pero que, sin embargo, son candidatos a necesitar este tipo de ayuda en algún momento. Kovin *et al.* (1982) identificó un 25% de niños, entre siete y ocho años, como necesitados de tratamiento para superar sus dificultades de comportamiento, problemas emocionales y de relación. Daines *et al.* (1981) determinó que casi un 30% de los niños de tercer curso en cuatro escuelas integradas de secundaria padecían problemas relativamente graves. Estas cifras dan peso a la valoración del Comité Consultivo (ACSET, 1984) acerca de que *todos* los profesores deberían ser formados para hacerse responsables de las necesidades especiales de los niños. Parece claro que, ni la ayuda pastoral, ni el profesorado especial de apoyo, ni tampoco los especialistas externos, pueden atender las necesidades de tantos niños tratando personalmente con un caso después de otro. Pueden, sin embargo, confiar en atenderlas aumentando la habilidad de los maestros para ayudar a estos niños y, al mismo tiempo, a muchos otros. Como Kovin *et al.* (1982) hacen notar, los maestros necesitan, en esta área, tanto apoyo profesional como emocional; necesitan ser ayudados de manera «interactiva» para adaptar su método a las necesidades individuales de estos niños, si es que se quiere que los avances educativos acompañen cualquier triunfo en el alivio de sus problemas emocionales.

Sin este apoyo, las dificultades para maestros y alumnos pueden parecer insuperables. Los maestros, a menudo, se sienten mal equipados para responder a este tipo de dificultades emocionales y de comportamiento que presentan los niños «trastornados», aunque muchas de ellas puedan ser apenas algo más serias que los problemas similares experimentados por muchos niños «normales» que se las arreglan para enfrentarse a ellos sin mostrar ningún comportamiento «anormal». Además, estas dificultades pueden provocar ciertas reacciones en los maestros que, en lugar de disminuir el problema, lo aumentan. Como muestra el Informe Elton sobre *Disciplina en las Escuelas* (DES, 1989), muchos maestros mantienen su propia batalla sin el apoyo profesional y emocional que podrían recibir de parte de expertos, tales como su propio consejero pastoral, psicólogo escolar o especialistas externos.

La evidencia obtenida en la investigación de estos temas confirma (Consejo Escolar, 1968; Raven, 1977-1978) que los maestros están muy interesados en sus alumnos como personas. Pueden sentirse comprometidos a desarrollar los intereses de todos sus alumnos y a responder a sus necesidades, pero, al mismo tiempo, pueden sentirse incapaces de hacerlo en muchos casos que consideran desconcertantes y agotadores. Puede parecer que los niños a los que están intentando ayudar obstruyen todos sus esfuerzos y les hacen sentir inútiles. Los maestros pueden echar la culpa de ello a los niños y a su contexto social, o bien pueden sentir que las presiones en el sistema escolar están interfiriendo con su capacidad para responder adecuadamente a las necesidades de estos niños. De cualquier manera, pueden llegar a pensar que tienen que manejar estas dificultades predominantemente en términos de control y que ellos son capaces de ayudar muy poco al alumno. Como Medway (1976) describe de forma convincente, pueden sentirse obligados a recurrir al «enfrentamiento», lo cual puede ser despreciable incluso para ellos mismos, pero que les permite ir tirando aunque sea a costa de un nivel de rendimiento reducido y un alto nivel de estrés. Pueden llegar a echar mano de actitudes defensivas con niños desafectos cuyas necesidades están cada vez más lejos de ser cubiertas. De esta manera, niños con necesidades emocionales y educativas especiales y con dificultades de comportamiento, a quien, de hecho, los maestros podrían ayudar dentro de sus obligaciones educativas y de las restricciones normales del sistema, suelen ser privados de una ayuda temprana a la que con toda probabilidad hubieran sido capaces de responder. Estos niños pueden, en tal caso, continuar manifestando sus necesidades de ciertas maneras que las instituciones educativas encuentran inaceptables, empeorando con ello sus problemas.

También existen algunas creencias y mitos erróneos en la profesión docente respecto a las «necesidades especiales» de los niños que perjudican la labor del maestro: que los niños considerados como inadaptados son diferentes, cualitativamente hablando, de los niños normales; que la capacidad profesional de los maestros es inherente e inevitablemente insuficiente para tratar con ellos, a pesar de las evidencias que demuestran lo contrario (véanse Rutter et al. [1979] y Rutter [1985] quien demuestra cómo buenas experiencias en la escuela pueden, al menos parcialmente, compensar los problemas en casa); que la salvación puede venir de manos de los expertos en necesidades especiales (a quien uno puede enviar el niño si están en la misma escuela, o a quien uno puede recurrir en el caso desesperado de que el estigma ya no pueda ser evitado por más tiempo).

Las habilidades de los especialistas, sin embargo, y los principios y métodos con los que alivian problemas emocionales no suelen ser, casi nunca, transmitidos a los maestros. Estos especialistas cada vez más coinciden en afirmar que los niños y sus maestros se ahorrarían muchas angustias y que podría evitarse mucho desgaste emocional y educativo, si una parte de estas habilidades y estos conocimientos estuviera al alcance de los maestros en general. Un número creciente de estos profesionales, provenientes del grupo de instituciones a que nos referíamos antes, intentan ahora ayudar a los maestros a que respondan mejor a las necesidades especiales de sus alumnos, haciendo, así, más profunda la comprensión de los maestros, así como optimizando sus capacidades y sus recursos educativos.

Uniendo sus conocimientos y habilidades por encima de los límites tradicionales entre orientaciones y expectativas profesionales aparentemente contradictorias, estos profesionales pueden basar su método en los principios formulados por los pioneros de los asesores de grupo como Balint (1957), Caplan (1970) y Kadushin (1977), y actualmente contamos con valiosas aportaciones de trabajadores individuales (véanse Skynner, 1974; Irvine, 1979; Dowling y Osborne, 1985) acerca de su adaptación a un entorno escolar. Trabajando con grupos de maestros como asesores, interpretan su misión de diversas maneras, y generalmente la llevan a cabo sin apoyo de ningún tipo en un terreno aún inexplorado. Muchos especialistas recelan, por tanto, a la hora de abordar los obstáculos que implica atravesar estos límites y de enfrentarse a las tensiones y ansiedades en un contexto de trabajo cuya eficacia depende, en gran parte, de la medida en que éstas sean resueltas. Informes de investigación (Conoley, 1981) sugieren, sin embargo, que los maestros acogen favorablemente cualquier apoyo viable que les sea ofrecido en este terreno.

He intentado incluir en este libro cuanto he aprendido acerca de las necesidades de los niños y de los maestros a lo largo de más de tres décadas de trabajo conjunto. Las evaluaciones, en diversos lugares, del método aquí descrito (Baker y Sikora, 1982; Hanko, 1982; Hider, 1981) nos permiten focalizar las cuestiones con las que se enfrentan los especialistas que se embarcan en un trabajo de consulta con los maestros. ¿Hasta qué punto son conscientes los maestros de cómo se perciben mutuamente los niños con necesidades especiales, sus padres y los mismos maestros, y del efecto que esto puede tener en su trabajo en clase? ¿Qué cantidad de conocimientos acerca de los problemas emocionales y de comportamiento y su relación con las necesidades de aprendizaje puede ser de ayuda a los maestros en las escuelas normales y por tanto debe ser puesto a su alcance? ¿De qué manera pueden ellos, estando como están, sobrecargados de trabajo y bajo tensiones, adquirir adecuadamente esta información para que sea de uso, tanto inmediato como a largo plazo, para ellos y para los niños? ¿Qué habilidades necesitan aquellos que ofrecen apoyo a los maestros para ser capaces de aumentar las de sus colegas docentes?

En la parte I examinaré la división que existe entre los maestros y aquellos que cuentan con experiencia psicológica adicional, tanto dentro como fuera de las escuelas, y cómo puede ser salvada para llegar a un servicio de apoyo consultivo y de formación continuada que alcance al mayor número posible de maestros. Después daré ejemplos de discusión acerca de casos concretos en una serie de entornos escolares para mostrar de qué manera los maestros de clase y los coordinadores de curso han utilizado y consolidado el puente tendido entre maestros y psicólogos e incluso han ayudado a extender la experiencia en su propia zona.

En la parte II, discutiré acerca del marco en que debe desenvolverse este tipo de asesoramiento en relación con las diferentes bases teóricas y las prácticas empleadas por los diversos expertos en el área, comparando la consulta de tipo psicodinámico y la de tipo conductista con respecto a la valoración de problemas, elección y realización del tratamiento. Aquí, sigue un análisis de objetivos y de cómo pueden ser éstos alcanzados, tanto en relación con el niño como con el maestro en su entorno particular de trabajo. Esta parte incluye secciones especiales sobre cómo se puede ayudar a los maestros a utilizar de forma óptima el currículum normal como una fuente de experiencias educativas para ayudar a cubrir las necesidades especiales, y cómo pueden ellos inducir a los padres a colaborar en sus esfuerzos.

La parte III ofrece líneas maestras para iniciar y desarrollar grupos de apoyo y formación en diferentes tipos de emplazamientos, y resume las posibilidades de un método conjunto de resolución de problemas para cubrir las necesidades de maestros y alumnos. Las últimas secciones tratan del papel que juegan los especialistas en necesidades especiales y de su tarea específica y el aumento de la ayuda institucional que se espera por parte de los psicólogos escolares tan pronto como el LEA reestructure sus servicios para asegurar los derechos curriculares de todos los niños tal y como establece actualmente la ley.

PRIMERA PARTE

FRANQUEAR LAS FRONTERAS INTERPROFESIONALES

1 SALVANDO LAS DISTANCIAS

La gente que ya está trabajando con maestros en escuelas normales, ya sea como especialistas en necesidades especiales o como apoyo pastoral desde dentro del equipo de la escuela, o como asesores desde servicios escolares externos, confirman que los maestros están preocupados por la distancia que existe entre su respuesta real a muchas necesidades especiales y la que sería conveniente; que ellos, por tanto, constituyen una forma de apoyo y formación de servicio interno que consigue ofrecerles conocimientos y capacidades para disminuir esta distancia; que dicho apoyo puede sacar partido y optimizar más recursos de los maestros de los que a menudo se les atribuyen y les permite utilizar su intuición y sus habilidades para ayudar a los alumnos que les causan especial preocupación. Existen, sin embargo, una serie de obstáculos que podrían impedir que dicho apoyo se desarrollara de forma adecuada. La gente preparada para ofrecerlo debe, por tanto, tener en cuenta las dificultades psicológicas e institucionales que pueden ir en contra de su aceptación o su puesta en práctica de manera que puedan ser resueltas.

Las posibilidades de utilizar de un modo distinto al habitual las habilidades de los profesionales cualificados psicológicamente, procedentes de la red de servicios de apoyo y asistencia social exterior a las escuelas y de los sistemas de apoyo pastoral o de necesidades especiales internos a ellas, han sido estudiadas en muchos trabajos (nota 1) desde las primeras menciones que de ellas se hacen en informes oficiales (Summerfield, 1968) y circulares (DES/DHSS, 1974). Los principales expertos (Tizard, 1973; Wall, 1973) y experimentadores (véanse Caspari, 1976; Cline, 1980) les han alentado, durante más de una década, a no limitar su atención a los pocos casos que llegan a sus manos sino a dirigirse ellos mismos a los problemas de los *maestros* en las clases normales en las que hay tantos niños que necesitan atención suplementaria. Al mismo tiempo, recuerdan tanto a los maestros como a los especialistas en necesidades especiales que los maestros son los únicos profesionales que mantienen un contacto diario con niños en edad escolar y tienen una oportunidad única de ofrecerles nuevas experiencias de aprendizaje que pueden ayudar a satisfacer sus necesidades especiales. También se ha puesto de manifiesto que muchas oportunidades quedan frustradas si los maestros no obtienen apoyo cualificado para profundizar sus intuiciones sobre dichas necesidades y para aprovechar sus habilidades y recursos para aplicarlas.

A pesar de la insatisfacción creciente, tanto en las escuelas como en los servicios de apoyo, por el desaprovechamiento de tanta experiencia existente (Galloway y Goodwin, 1979; Gillham, 1978), cierta evidencia más reciente (Hegarty y Pocklington, 1981; Desforges, 1988) sugiere que la mayoría de maestros todavía perciben a los expertos como algo inaccesible —a pesar de que estos expertos ofrecen, aparentemente, una «puerta abierta»— excepto en las contadas ocasiones en que les envían algún caso excepcionalmente grave. Existen muchos maestros que esperan que los especialistas no los involucrarán a ellos o que perciben sus métodos como algo inaplicable a las clases normales. Ninguno de los dos lados encuentra fácil cambiar el *statu quo*. Los maestros no saben cuál es la mejor manera de invitar a los especialistas a compartir con ellos su experiencia, y los que poseen esta experiencia tienen dudas acerca de cómo deberían ofrecérsela a sus colegas en las aulas. Como resultado, tanto los servicios de especialistas como las escuelas a las que abastecen se ven innecesariamente involucrados en lo que se podrían considerar arreglos para «salir del paso» (Mittler, 1985) que resultan inadecuados para ambas partes. Cuando las escuelas acuden a los especialistas como un último recurso, se ve claramente que no les están pidiendo apoyo profesional cuando las necesidades especiales empiezan a manifestarse, en el momento en que las necesidades especiales pueden ser satisfechas por el maestro con apoyo, antes de que lleguen a ser menos tratables. Los maestros que utilizan estos servicios solamente cuando están convencidos de que el niño es imposible de tratar, implican, con ello, que el problema reside en el niño y, como Galloway (1985) argumenta, transfieren la responsabilidad al especialista, evitándose así ellos el considerar su interacción con el niño o el buscar los factores que han precipitado la crisis. Típicamente, la ayuda viene desde fuera de la situación en la que la dificultad tiene lugar y alcanza únicamente al niño aludido. No alcanza a aquellos con quienes interactúa en la clase, ni tampoco a muchos otros niños que podrían beneficiarse del tipo de comprensión que a él se le ofrece. Los niños enviados a un psicólogo escolar en el momento álgido de la crisis están predispuestos para considerar este envío como un nuevo abandono por parte del profesor, lo cual puede o puede no ser lo contrario de lo que se pretendía, pero que ciertamente añade dificultad al tratamiento. Por último, este envío puede dar la idea a los padres de que han fallado o puede ser el detonante de otros miedos que ellos no se atreven a afrontar. En tal caso, es posible que se nieguen a cooperar o, si se consigue que acepten una entrevista, pueden no acudir a la cita —con lo que los niños se convierten en «enviados-pero-no-vistos» (los EPNVs [o RBNSs en inglés] a los que aluden Mearn y Kay [1985])— o pueden dejar de volver, dejando así al maestro sin apoyo para afrontar el problema hasta que el niño traslada sus dificultades a la siguiente escuela.

El tradicional recurso al psicólogo nutre las creencias y mitos de la inadaptación como condición distintiva de la salvación por parte de los expertos, y de los recursos y habilidades de la enseñanza normal como insuficientes o sin relación con casos de necesidad especial. Estos mitos y creencias perpetúan la marcada división entre experiencia en lo especial y enseñanza ordinaria y pueden fomentar actitudes defensivas entre profesionales que deberían estar trabajando como colegas.

Por un lado, los *maestros* se quejan de que no pueden obtener el tipo de información que les ayudaría a apoyar mejor al niño que han consignado al psicólogo; se burlan de los expertos que «únicamente nos cuentan lo que ya sabíamos», o ignoran sus consejos por escrito, considerándolos impracticables si carecen de la oportunidad de discutir las distintas cuestiones con él. Someras notas en registros escolares del tipo «Tom ha visitado al psicólogo» sugieren además que no se consideró el contenido o las conclusiones de la sesión como algo que concerniera a su maestro o que estuviera dentro de su competencia.

Por otro lado, es posible que los *especialistas*, se fijen únicamente en la actitud inadecuada del maestro antes de serles consignado el niño y pueden llegar a creer que los maestros los están usando como depósito de «chatarra». Es posible que no se den cuenta de hasta qué punto las exigencias del sistema escolar pueden embotar la sensibilidad del maestro hacia las dificultades emocionales de los niños y del calibre de los obstáculos (incluyendo la tensión que los maestros pueden estar sufriendo cuando trabajan con niños difíciles delante de toda la clase) que se impiden una respuesta adecuada a ellas. El consejo de los especialistas puede, entonces, implicar una crítica al profesor y parecer irrelevante en el aula. Ambas partes, a menudo, se sienten menospreciadas y mal juzgadas recíprocamente otra. Esto puede hacer que los maestros sean remisos a aceptar ayuda de los «omniscientes» expertos e incrementa los obstáculos con que se topan los especialistas cuando intentan reconstruir su servicio, emplear sus habilidades de otra manera, y suministrar trabajo de apoyo sistemático, más que accidental, al máximo número de profesores.

Sin embargo, existen informes que muestran cómo grupos de profesores y de especialistas en necesidades emocionales y educativas especiales pueden trabajar juntos. Y esto es así, a pesar de la opinión generalizada de que «conseguir que los maestros trabajen conjuntamente es un problema» (Eavis, 1983) y de que «el orgullo profesional es un gran impedimento para que los maestros compartan sus ansiedades y frustraciones en un intento de vencer sus dificultades» (Spencer, 1983). Aunque tales aprensiones no son infundadas, los maestros son los primeros en desmentirlas, una vez que se ha hallado un camino para establecer dichos grupos. Están ansiosos por profundizar su comprensión de las dificultades emocionales y comportamentales de sus alumnos, como una parte de su labor profesional y sus intereses *educativos*, al tiempo que sus propios recursos y habilidades latentes emergen. Estos recursos pueden haber permanecido inutilizados debido a creencias erróneas acerca de la separación entre las funciones educativa y de bienestar social y de la medida en que los maestros pueden suponer una ayuda para las necesidades especiales de los niños. Es posible que los maestros no se hayan dado suficiente cuenta de la trascendencia de sus observaciones y conocimiento de la situación de un niño a la hora de identificar qué necesidades especiales subyacen bajo la actitud observada y de adaptar sus enseñanzas a ellas. Por otra parte, pueden haber basado sus opiniones en un conocimiento o comprensión inadecuados o en ideas parciales o deformadas.

En primer lugar, intentaré mostrar, en beneficio de los maestros vacilantes acerca de pedir apoyo, de qué manera un apoyo basado en la escuela y los grupos de formación puede resolver cuestiones como éstas; intentaré, también, animarles a sugerir a los propios psicólogos de sus escuelas o a sus colegas con funciones pastorales a examinar estas cuestiones con ellos. En las últimas secciones discutiré el papel del asesor en necesidades especiales y el personal de apoyo, tanto si pertenecen a la escuela o son externos, y examinaré los requisitos necesarios para establecer los grupos de apoyo y las condiciones imprescindibles para su desarrollo.

Nota

1. Ver, por ejemplo:
Caspari (1962), Skynner (1974), Wall (1977, 1979), Gillham (1978), Daines *et al.* (1981) y Dowling y Osborne (1985) (en el caso de asistencia infantil y personal de los servicios psicológicos escolares); Lyons (1973) e Irvine (1979) (desde la perspectiva del trabajo social); Wilson y Evans (1980), Garrett (1983) y Mittler (1984) (para el personal de las escuelas especiales); Barrett (1985), Clunies-Ross (1984), Lewis (1984), Sewell (1982), Smith (1982) y NARE (1979; 1982) (para maestros terapéuticos); Dunkley (1980), Fuller (1982), Fulton (1980), Longley (1980) y Sisterton (1980) (en el caso de los consejeros); Blackburn (1983), Bulman (1984), Button (1983), Taylor (1984), Mayes (1985), Ribbins (1985) y Stagles (1985) (para la atención pastoral, tutores y coordinadores).

2. EJEMPLOS DE DISCUSIONES SOBRE ALGUNOS CASOS CONCRETOS CON GRUPOS DE MAESTROS

Intentaré mostrar cómo los maestros que participaron en estas discusiones se sentían cada vez más capacitados para manejar de forma adecuada las dificultades que tenían con algunos alumnos, a los que yo no llegué a conocer en ningún momento. Esto fue así porque estaban aprendiendo a ampliar su percepción de los problemas de manera que éstos pudieran ser traducidos en términos de interacción, con el objetivo de comprender mejor las situaciones causantes de malestar y sus orígenes. Tomando en consideración la experiencia probable del niño, tanto de la situación como de sus antecedentes, utilizando preguntas precisas acerca del niño y del contexto de la clase, se ayudaba a los maestros a ver por sí mismos que ciertos aspectos de la situación de un niño podían haber creado los problemas o podían estar manteniéndolos; los maestros descubrían cómo, a través de los recursos educativos, podían mejorar la situación y la de otros niños con problemas similares.

Los casos que aquí se discuten han sido seleccionados, en parte por el tipo de problemas descritos por sus maestros, en parte para demostrar cómo se desarrolló el trabajo en los grupos en diversos centros de primaria y secundaria, en los diferentes momentos de la vida de un grupo, y en parte para mostrar cómo las situaciones que se discuten y las soluciones que se proponen tienen tanta relevancia para las escuelas de primaria como para las de secundaria (algunos grupos estaban formados por maestros de ambos tipos de escuela).

Las discusiones se describen con suficiente detalle como para mostrar, paso a paso, el desarrollo de ciertas propuestas, en la medida que suponían, para los maestros, soluciones viables para el niño en cuestión y parte del marco de solución del problema desarrollado en sesiones consecutivas.

Como se verá, no se intentó, en ningún momento, clasificar a los niños que podrían haber sido etiquetados de diversas maneras: perturbados emocionalmente, inadaptados sociales, con problemas y problemáticos, dotados pero difíciles, con rechazo hacia el trabajo o lentos de aprendizaje, con una amplia gama de síntomas; ni tampoco se intentó clasificar su comportamiento con objeto de ofrecer diagnósticos de tipo clínico o para sugerir algún tipo de tratamiento clínico. En otras palabras, no se tomó ninguna decisión por los maestros ni tampoco se les indujo a ver a los niños únicamente en términos de sus dificultades. En vez de eso, enfocamos la cuestión en el contexto del problema, en las diferentes reacciones de los niños, en lo que éstas parecían indicar acerca de sus expectativas sobre los demás y su visión de sí mismos, en las experiencias pasadas que pudieran producir tales expectativas y en las nuevas experiencias de aprendizaje que pudieran corregir favorablemente algunas expectativas y ampliar la visión que los niños tienen de sí mismos y de los que se relacionan con ellos.

Todos los nombres son ficticios y se ha omitido cualquier detalle que pudiera ser identificativo.

Un maestro se enfrenta al repentino cambio de actitud de un niño

Los maestros de cualquier tipo de escuela pueden tener que hacer frente, de forma repentina, a un niño desconcertado, y pueden no saber cómo reaccionar. Sin duda, la Sra. A. se preocupó cuando observó el cambio ocurrido en Tony.

Tony

«Algo terrible está ocurriendo en mi clase con Tony; ¿podemos, por favor, hablar de él hoy?», fue lo primero que se dijo en la sesión del grupo. Como en otras escuelas de este barrio problemático, el personal de la escuela de Tony (una escuela primaria) y el de un parvulario adyacente se reunía semanalmente para discutir conmigo, como asesor externo, la mejor manera de trabajar con los niños cuya actitud les causaba preocupación. Ésta era su cuarta reunión, y tenían previsto estudiar el caso de otro niño, pero su colega les rogó dejar algo de tiempo para Tony. En vista de esta emergencia acordaron intentar discutir los dos casos en esa sesión, concediendo unos 45 minutos a cada uno.

La Sra. A. explicó brevemente al grupo que Tony, de nueve años, había sido un buen estudiante, colaborador con los otros niños y un compañero estupendo. A ella siempre le había resultado sencillo mantener una buena relación con él. Sabía que él y su hermano mayor habían sido criados por su padre y sus abuelos paternos, quienes parecían no mantener ningún contacto con su madre. La escuela había tenido noticia de que su madre había sido encarcelada muchos años antes y admiraba al padre y a los abuelos por el hogar acogedor que les procuraban y la vida activa y ocupada que llevaban, lo cual daba a los chicos muchos estímulos a través de numerosos acontecimientos y distracciones.

La semana anterior, sin embargo, durante la hora que la clase dedicaba a las noticias, la conversación de los niños había girado en torno al tema de los «Ladrones cogidos in fraganti» y habían acabado hablando de si estas personas deberían ir o no a prisión. Tony se puso en pie repentinamente, explicó a la clase que su mamá había sido encarcelada hacía muchos años, y que él no sabía si todavía estaba allí o si había muerto. Luego se sentó, pálido y callado durante toda la tarde, pero a partir del día siguiente se convirtió en un «demonio» en clase y en el patio, molestando continuamente a los otros niños. Era, en ese momento, un revoltoso inmanejable, cuando antes había sido «maduro para su edad». La maestra, preocupada por esta transformación, explicó al grupo que había intentado solucionarlo manteniendo a toda la clase tan ocupada como fuera posible, de manera que nadie tuviera ocasión de mencionar lo que Tony les había dicho. Mientras decía esto, sin embargo, se interrumpió ella misma, preguntándose, de repente, si tal vez su frenética actividad no sería similar a lo que ocurría en casa de Tony todo el tiempo, donde todo el mundo intentaba mantener la mente de los niños ocupada con otros asuntos para «protegerlos». Se preguntó cuál sería la actitud más adecuada. ¿Debería limitarse a seguir intentando manejar a Tony de alguna manera con la esperanza de que la crisis pasara? ¿Qué era lo que Tony esperaba de ella?

En la discusión que siguió, se guió al grupo para que se centrara en la tensión que sentía, por un lado, el niño y, por otro, la maestra. ¿Era posible compartir esta tensión *con* el niño? Después de todo, éste había mantenido una relación estrecha con su maestra antes de aquello. ¿No habría sido aquel suceso la comunicación de algo que nadie parecía ser capaz de compartir con él pero que estaba condenado a dominar sus pensamientos? ¿Había conducido su estallido a la pérdida de una barrera necesaria sin la que no sabía estar y que quizá necesitaba restaurar? ¿Se habían intensificado sus sentimientos y ansiedades ahora que había revelado su «secreto familiar» a todo el mundo? ¿Había alguna manera de que la maestra le pudiera mostrar que había entendido todo esto, sin interferir más, y que permitiera al chiquillo libertad para utilizar la comprensión de la maestra? ¿Sería tal vez posible comunicar al padre la importancia de que el niño pudiera hablar de la madre ausente y tener buena opinión de ella?

La Sra. A. se quedó con todas estas preguntas en mente, y el grupo pasó a hablar del segundo caso. La discusión le había ayudado y le aliviaba que otras personas hubieran podido compartir su preocupación por Tony. Quince días más tarde informó que, dos días después de la discusión, se las arregló para encontrar un momento adecuado «después de otro día terrible con Tony» para hablar tranquilamente con él. Le dijo que había notado el comportamiento tan distinto que estaba teniendo últimamente, lo difícil que era esto para todo el mundo, cómo había empezado todo, después de que él les hubiera hablado de su mamá y lo preocupado que debía estar él por todo eso. Le dijo que ella entendía lo que él debía estar sintiendo, y que si quería hablarle de ello, ella siempre encontraría tiempo para él, pero que no pasaba nada si no quería hacerlo. Desde entonces, su comportamiento problemático había cesado. No había aceptado su invitación a hablar, pero volvía a relacionarse bien con ella y con los otros niños.

Lo podríamos haber dejado ahí, si el objetivo del grupo hubiera sido únicamente dar a los maestros una oportunidad de reunirse para compartir sus problemas acerca de ciertos casos concretos. Sin embargo, se necesita más si este análisis centrado en casos debe ayudar a un proceso de formación en el cual las ideas logradas a partir de un caso específico pueden ser conceptualizadas y pasar a formar parte de un marco que permita manejar problemas similares cuando aparezcan. Se intentó llegar a dicha conceptualización en este grupo invitando a los profesores a examinar en profundidad el comportamiento problemático de Tony y el fin del mismo.

Se sugirió al grupo que el fin del comportamiento problemático de Tony y su posterior modo más relajado de relacionarse con los demás, parecía mostrar que se sentía comprendido y que había necesitado que sus sentimientos fueran conocidos. Parecía que la maestra había conseguido ayudarlo a «retroceder ante el abismo de su crisis y a avanzar para renovar unas relaciones positivas», como se describe en otros casos similares (Winnicott, 1965). Intuitivamente, la maestra había interpretado su actitud agresiva como una señal de pánico, y sus interferencias al trabajo de los otros niños —impidiéndoles rendir— como un mensaje desesperado. Se le ayudó a ver ambas cosas como representaciones de una «experiencia traumática —inexpresable— a una edad temprana» (Dockar-Drysdale, 1973) revivida a partir del estímulo de las noticias comentadas en clase sobre las prisiones. Además, se había dado cuenta, al presentar el caso, hasta qué punto proteger a los niños de hablar de sucesos penosos, como la pérdida de uno de los padres, cosa que tanto ella como su familia habían intentado hacer, podía tener más que ver con las necesidades de los adultos que con las de los niños.

Esta comprensión intuitiva del incidente y de sus causas había sido compartida durante la consulta y había sido pensada con detalle, lo que llevó a una reformulación tentativa pero sistemática del problema. La anterior construcción de un «falso yo» maduro y su crisis fue puesta de manifiesto, así como el deseo de ser comprendido lo cual se demostraba con su actitud de «ansiedad inexpresable» y su comportamiento antisocial. La verbalización tentativa de la maestra de los sentimientos del niño había sido para él una señal del intento de ella de entender su «propia versión de su existencia» (Winnicott, 1965); ella había mostrado habilidad para aceptar su ansiedad inexpresable y para hacerla expresable al compartirla, al mismo tiempo que ponía límites a la expresión de sus sentimientos a través de caminos antisociales. También había mostrado su deseo de ayudarle a enfrentar estos sentimientos expresándolos en una relación segura, pero sólo en caso de que él quisiera hacerlo. Su mensaje había sido recibido y aceptado, su desesperación y su esperanza habían sido notadas y se le dejaba a él la decisión de emprender una comunicación más profunda o de reconstruir las barreras que necesitara. Ella había facilitado un «proceso de auto-reconstrucción espontáneo» (Winnicott, 1965), deteniéndose ante un enfoque interpretativo fuera del alcance del maestro.

En las discusiones de grupo, los maestros experimentaban lo que Bion (1970) describía como «la liberación por la conceptualización», cuando la intuición (del maestro) se comparte y se aplica un conocimiento más amplio a cada detalle facilitando así la búsqueda de soluciones factibles. El caso de Tony ayudó a los maestros a darse cuenta de cómo la aparente madurez del «falso yo» de un niño puede inducirnos a aceptar la superficie como si fuera la persona completa, impidiéndonos comprender cambios «ininteligibles» de comportamiento. El ejemplo sugería además que reaccionar a síntomas comportamentales superficiales intentando que desaparezcan sin entender lo que necesitan expresar hubiera podido incrementar la necesidad subyacente, aun en el caso de que los síntomas pudieran ser suprimidos.

En el caso de Tony, se podría señalar también que se estaba consiguiendo algo más que un deseable resultado a corto plazo, como ha sido sugerido por otros (Wolff, 1969; Rutter, 1981) y que —aparte de ayudar al niño a contener una experiencia profundamente penosa— esta ayuda inmediata y hábil durante una crisis utiliza un tiempo de una receptividad especial para ayudar a una comprensión más profunda. Esto puede también reforzar la capacidad de resistencia del niño de cara al futuro (Quinton, 1987), ya que él comprueba —como hicieron los maestros del grupo— que uno puede manejar sus propios problemas con su propio esfuerzo y con la ayuda de los demás «así como un repertorio de habilidades para resolverlos» (Caplan, 1982). Los maestros adquieren habilidad aprendiendo que uno puede ayudar a niños con problemas a entender y a expresar sus sentimientos (o, como en este caso, a oír expresarlos), de manera que ellos mismos cambian su actitud, como resultado de comprenderse mejor a sí mismos.

Por último, se pidió al grupo que pensara en el padre. ¿Se podía hacer más por Tony y su hermano, si se le ayudara a entender que Tony, como otros niños que viven sólo con uno de los padres, necesita hablar de su madre ausente, entender y pensar bien de ella y acceder en cierta manera a la realidad de su existencia y que esto le ayudaría a manejar sus, de otro modo, «inexpresables» ansiedades y fantasías? Como muestra la evidencia clínica (Bowlby, 1979), un apoyo de este tipo puede ser de gran ayuda tanto para el padre solo como para el niño. Tuvimos en cuenta la angustia del padre si se enteraba del incidente, al ser conocido su secreto familiar por toda la escuela debido al estallido de Tony. Sin embargo, existía evidencia de su gran interés y preocupación por sus hijos. Se dejó de nuevo a la discreción de la Sra. A. decidir si era posible implicar al padre sin causar por ello más problemas a Tony.

Resumen

Para resumir, la Sra. A. había comenzado la sesión con la cuestión de cómo abordar la crisis de comportamiento de un niño que había sido provocada por una actividad cotidiana normal de clase. Las discusiones en grupo ayudaron a Tony y a la Sra. A., que también estaba alterada por el cambio ocurrido en el niño. También ella descubrió que sus ansiedades podían ser compartidas y tratadas de forma profesional, su potencial podía ser reconocido, sus preocupaciones aceptadas y sus reacciones vistas desde una perspectiva objetiva. Se profundizó la comprensión en todo el grupo al tiempo que las diversas cuestiones se iban clarificando durante la exploración conjunta, de manera que las propuestas de acción más adecuadas procedían de la propia intuición creciente de los maestros, en lugar de ser impuestas desde fuera. La decisión de la maestra procedía en parte de su experiencia y en parte de las clarificaciones que había obtenido. Ella había visto el comportamiento revoltoso de Tony como una invitación a actuar, lo cual había conseguido llevar a buen término a su propia manera.

Tener que resolver problemas como éstos, puede ser una carga para maestros que apenas han aprendido durante su formación no sólo hasta qué punto las situaciones familiares de los niños pueden afectar negativamente a su rendimiento escolar sino también a hacer uso de dicho conocimiento en sus relaciones con los niños y con los padres para mejorar este rendimiento. La Sra. A., como sus colegas, encontró el análisis conjunto de estas cuestiones revelador y digno de reflexión, y las consideraciones de este tipo pasaron a ser una característica constante en sus posteriores discusiones de casos, como veremos más adelante cuando volvamos a referirnos a ellos hablando de Dave y Jeanie. Pero primero veremos dos grupos muy distintos y los primeros casos que les tocó analizar.

Dos ejemplos de primeras discusiones sobre un caso

La naturaleza y magnitud de las dificultades con que los grupos topan en sus primeros casos depende del modo en que se les haya apoyado en un principio y de cómo se haya buscado a sus miembros, así como del grado de confianza o duda que éstos tengan acerca del valor del grupo mismo.

Teresa

El caso de Teresa se presentó en un grupo de profesores de secundaria, todos los cuales eran coordinadores o tutores de curso. El grupo lo había organizado el diputado local que había oído que tales grupos habían trabajado bien en otras escuelas de la zona. En la primera reunión, Teresa fue descrita como un «problema de anti-autoridad» agravado por los esfuerzos bien intencionados de la escuela de contar con la ayuda del padre, que habían fracasado porque éste la castigaba severamente a la menor infracción.

El director de la residencia de Teresa nos explicó que algunos responsables de la residencia habían informado negativamente sobre ella por no respetar las reglas de la escuela simplemente para llamar la atención; era una chica brillante pero nunca terminaba su trabajo. Se hallaba entonces en quinto curso. Vivía con su padre, una abuela anciana (ambos habían venido de la India ya adultos), un hermano mayor y una hermana más pequeña. Los tres niños iban a la misma escuela. La madre había abandonado a la familia muchos años atrás y por entonces ya tenía una nueva familia. Teresa la visitaba de vez en cuando, pero cada vez menos a menudo, ya que notaba que ella tenía su propia vida.

Su quebrantamiento de las reglas consistía principalmente en escaparse de la escuela en horas de clase, descaradamente, pasando por delante del responsable de turno. Cuando se la interrogaba, se negaba a dar ningún tipo de explicación; «como una pared» cuando era reprendida, parecía desafiar a los profesores a reñirla por este público quebrantamiento de las reglas. Cuanto más se la reprendía, peor se comportaba. Cuando se pidió al padre colaboración en el asunto, éste insistió en que cada nuevo incidente le fuera comunicado inmediatamente. Él la castigaría por ello. Los profesores no volvieron, por tanto, a recurrir a él, así que dio instrucciones a su hijo para que informara sobre su hermana. Éste pareció seguir sus instrucciones con gran diligencia.

Cuando el grupo examinó toda la situación, se dio cuenta de que Teresa (¿saliendo a su madre?) desafiaba abiertamente únicamente a profesores hombres, a los que parecía manipular para que la rechazaran y la limitaran como su padre. La profesora del grupo, que también le daba clase, habló bien de ella y no se había dado cuenta de estos problemas. La había encontrado una chica callada en clase, cumplidora aunque siempre lo justo, y que nunca se presentaba voluntaria para responder preguntas. En ocasiones, parecía ser muy desgraciada. Esta profesora entonces también mencionó que la hermana pequeña, que acababa de comenzar la escuela, estaba empezando a comportarse de forma extraña y a intentar llamar la atención.

Animados a reflexionar sobre la situación de esta muchacha adolescente, tan abiertamente rechazada por los miembros masculinos de su familia y sin una madre a quien poder recurrir, los profesores acordaron que sería una buena idea darle la oportunidad de sentir que los hombres podían estar de su lado. Pensaron que sería de ayuda que los profesores hombres intentaran no verse obligados a actuar como guardianes represores y que fueran tan tolerantes y amables como fuera posible, sin esperar, sin embargo, una respuesta positiva inmediata. Discutieron la posibilidad de reanudar los contactos con el padre de forma más constructiva y de persuadirlo a aceptar mejor la conducta de su hija y de discutir con él el hecho de que a menudo un castigo severo empeora la conducta, que a nadie le gusta ser amenazado y que todos tendemos a trabajar más alegremente si nos sentimos aceptados. También examinaron la manera de ayudar a Teresa a hacer frente a su situación, a través de elementos del currículum que pueden dar a los alumnos en general una visión más profunda de las relaciones humanas y de las dificultades que éstas pueden conllevar, en todas las sociedades humanas, dentro y entre generaciones, y de los distintos medios que la gente encuentra para resolverlas.

En una reunión posterior, dos trimestres después de acabar el curso, salió a relucir el caso de Teresa como uno de los que había tenido un desarrollo más positivo: ella había planeado dejar la escuela e irse de casa al final del quinto curso pero, al no poder encontrar trabajo, había regresado el siguiente otoño. Había empezado a confiar en uno de los profesores hombres que había estado intentando relacionarse con ella en la línea de lo que se había discutido. Le había explicado la impresión que había supuesto para ella comprobar lo trastornado que había quedado su padre al enterarse de su infelicidad y sus deseos de dejar el hogar familiar. El profesor entonces había intentado ayudarle a entender lo que su padre debía de estar sintiendo, habían hablado acerca de cómo la pérdida y la separación afecta a la gente y a partir de entonces, este profesor observó en Teresa una notable capacidad de comprensión. Más tarde, ella le dijo que «las cosas iban mejor en casa». También se dio cuenta de que al final del día, Teresa iba a encontrarse con un muchacho a las puertas de la escuela. Durante este nuevo curso no se habían vuelto a repetir actitudes desafiantes por parte de ella.

A pesar de ser éste el primer caso tratado por un grupo, los profesores, en contraste con su actitud previa más represiva, habían encontrado la manera de proporcionar cierto apoyo a la sorda lucha de esta chica por su independencia y, a juzgar por lo que ella decía y por cómo había cambiado su actitud, quizá la habían ayudado también a desarrollar la clase de comprensión que iba a permitirle cicatrizar heridas aún abiertas de su infancia.

Estos profesores habían considerado el papel restrictivo que Teresa les «había obligado» a jugar y habían examinado la manera de desarrollar sus relaciones con un padre «desesperante» que parecía perjudicar el progreso del alumno, aparte de las experiencias educativas provechosas que tuvieron ocasión de proporcionar al resto de la clase a través de un uso apropiado del *curriculum*. Aun permaneciendo prudentes respecto a nuevos contactos con el padre, habían sido capaces, sin embargo, de ayudar a Teresa, por medio de su aceptación, apoyo y respeto por su dignidad, a cambiar sus reacciones a la actitud paterna lo suficiente como para afirmarse a sí misma y para entenderlo a él y también para asegurarse una mejora en casa y mejores relaciones fuera. Sin duda, aún hubiera necesitado más de ese apoyo si las relaciones en casa no hubieran mejorado.

Los profesores a los que ella había provocado tan abiertamente a ser severos con ella habían conseguido ver sus provocaciones agresivas bajo otra luz, habían dejado de ser provocados, habían empezado a apoyarla en su combativo proceso de maduración y la habían ayudado a afrontar aquello que estaba amenazando a su yo en maduración. Lo hicieron demostrándole aquella actitud de preocupación por los demás a través de la cual uno puede aceptar lo «bueno» y lo «malo» como partes de una persona completa y puede entender mejor las necesidades de los que aparentemente no habían mostrado la misma preocupación. Ella había podido hacer esto en la medida que sus propios problemas eran comprendidos y había recibido ayuda para solucionarlos. Parece que los beneficios son muchos si los profesores se toman el tiempo de escuchar a los alumnos y de comentar entre ellos sus experiencias. Los profesores de Teresa compartieron sus diferentes experiencias en relación a ella en un entorno consultivo en el cual las diferentes respuestas de la chica a diferentes situaciones y diferentes profesores —aparentemente contradictorias— adoptaron un nuevo significado que permitió a los profesores verla bajo una luz distinta y ayudarla. Esto mejoró la situación tanto en el colegio como en casa, afectó beneficiosamente las relaciones entre padre e hija y llamó la atención sobre los posibles problemas de los hermanos, cuyas «rarezas» (los síntomas de la hermana y el comportamiento poco caritativo del hermano) habían sido percibidas pero no se había hecho nada al respecto.

Sería ingenuo pensar que las dificultades de todos los alumnos pertenecientes a minorías étnicas, que sufren graves problemas intergeneracionales y de disparidad cultural, pueden ser resueltas de la misma manera, pero problemas como el de Teresa actualmente atañen a un buen número de profesores, y dotarles, al menos, de un apoyo auténtico puede significar mucho. Los profesores pueden tener que hacer frente a auténticas llamadas de auxilio por parte de sus alumnos. Tuvimos noticia de una profesora de otro centro escolar de secundaria que explicaba cómo dos chicas asiáticas —con el equipaje hecho y a punto de huir de sus hogares severos y represores— le suplicaron ayuda. En la guardería y en el parvulario, los maestros se encuentran con niños «inmigrantes» de segunda o tercera generación con problemas emocionales, cuyas madres, habiendo rechazado la cultura extranjera de sus propias madres en la adolescencia, carecen de un apoyo materno aceptable ahora que ellas mismas son madres y se enfrentan a profundas depresiones. Los profesores de Teresa no sólo fueron «afortunados» con sus resultados. Hay razones para suponer que, como se sugiere en Meltzer (1979), el oportuno apoyo, que primero no habían sido capaces de proporcionar porque no entendían sus provocaciones, puede haberle ayudado a hacer frente a los problemas y cuidar de sí misma no sólo en el presente sino también en el futuro. (Para las prácticas pastorales para chicas asiáticas, véase Pelleschi [1985].)

Don

Se presentó el caso de Don durante la segunda reunión de un grupo de una docena de maestros de tres escuelas infantiles y de primaria, a los que había de sumarse el personal de una escuela secundaria, y era el tercer caso que se consideraba. Dos maestros de Ciclo Medio habían presentado el caso de dos chicos en la primera reunión, habían empezado a poner en práctica algunas de las ideas surgidas en el seno de la reunión y habían informado que los chicos habían empezado a responder, uno de ellos estaba incluso «muy cambiado». Me pareció pues necesario exponer mis reservas hacia cambios tan repentinos y la necesidad de distinguir entre cambios rápidos y soluciones permanentes. Entonces la Sra. B. presentó el caso de este niño de ocho años, en la última clase del Ciclo Inicial.

Estaba muy preocupada por su incapacidad de seguir la clase. Dijo que no escuchaba las explicaciones, que estaba convencido de que «no podía» hacer nada de lo que ella le pidiera y cuando lo intentaba convencer se ponía a llorar durante largo rato. Quería que la maestra se sentara a su lado todo el tiempo, dejaba de trabajar si se iba y no la creía cuando ella le decía «sé que puedes hacerlo». Aunque no encontraba que escribir fuera difícil y le gustaba hacerlo en su presencia, quería jugar todo el rato, lo que ella le permitía mientras fuera lo más lejos posible, al tiempo que se sentía incómoda de darle este tratamiento especial tan por debajo de su edad. El grupo preguntó por sus antecedentes familiares. La Sra. B. describió un hogar completamente femenino con una madre de las Indias Orientales, de voluntad fuerte y sin ayuda de ningún tipo que trabajaba fuera de casa hasta muy tarde. Una hermana adolescente hacía de madre suplente y recogía a Don y a su hermana de seis años del colegio cada tarde. La hermana pequeña era muy revoltosa en la escuela y fastidiaba cruelmente a su hermano mayor en público. Por lo visto, cuando era más pequeño había sido dejado al cuidado de gente incapaz de satisfacer sus tempranas necesidades de juego, lo que explicaría su deseo constante de jugar ahora. Pensando en su llanto desesperado, se guió al grupo a especular sobre una posible depresión. Siempre se hallaba entre mujeres aparentemente poderosas en casa y en la escuela (todo el personal de la escuela era femenino), y estaba indefenso incluso ante las burlas de una hermana pequeña. ¿Estaba recibiendo algún apoyo para «ser un chico»? Dado que existían algunos momentos más felices durante el día en que él podía triunfar (como cuando escribía), ¿se podrían multiplicar estas situaciones, quizás a través del juego? ¿Podría incitársele a «tener éxito», ayudarle a ser útil y recompensarle entonces con el permiso para que hiciera lo que quisiera? ¿Podría haber algún intercambio de información, al menos de vez en cuando, con su ocupada madre, para ver si ella podría encontrar un poco de tiempo diariamente sólo para él?

Al final de la reunión, la Sra. B. confesó su alivio por el hecho de que no se hubiera sugerido que no debía dejársele jugar sino que su juego podía estar unido a una actividad educativa. Ella tenía ya una serie de ideas al respecto y también sobre el posible contacto con la madre.

Unas semanas después, la Sra. B. informó que Don había empezado a responder y que de la primera reunión había surgido una iniciativa estimulante que involucraba a otro miembro del grupo, el Sr. G. del Ciclo Medio, al que Don había de incorporarse nueve meses después. Tras la discusión acerca de las dificultades de Don, este maestro se había ofrecido, con el consentimiento de su coordinador, para reunirse una vez por semana, con un grupo de chicos del Ciclo Inicial, incluyendo a Don, para realizar diversas actividades. La oferta fue muy bien recibida (y demostró ser tal éxito que la escuela decidió, a final de curso, cubrir una plaza vacante con un maestro varón). Para Don, este grupo se convirtió en lo mejor de la semana. Se volvió más extrovertido en compañía de los otros varones, empezó a organizar y a dar prisa a «su» grupo para llegar a tiempo a su cita con el Sr. G.; sus progresos con él se relacionaron con las actividades desarrolladas en clase en las que, hasta ese momento, había fracasado.

Además, un resultado de la mejora experimentada por Don llevó al grupo de maestros a considerar una característica aparentemente peculiar de la dinámica del aula.

Martin

Martin, que había sido «bueno» mientras Don tenía problemas, parecía ahora jugar el papel de Don en la clase. Otros maestros mencionaron inmediatamente experiencias similares y se les animó a explorar lo que parecía estar ocurriendo en tales casos. Se les ofrecieron algunas teorías de grupo según las cuales, el papel abandonado por un miembro del grupo irá a parar a otro si el grupo necesita que alguien lo juegue. Relacionaron esto con la dinámica de la relación clase-maestro y se preguntaron a sí mismos cuál era su propio papel en el contexto de sus clases, qué implicaba resolver esta situación y cómo podían ayudar a los niños a adquirir autonomía y habilidad para resistirse frente a las presiones de grupo.

La Sra. B. pensó entonces que tal vez ella estuviera contribuyendo a este nuevo problema con su propia irritación e impaciencia. La secuencia parecía ser regular. Martin pedía algo poco razonable (p.e. leer algo al coordinador en un momento inconveniente); la Sra. B. pensaba que le estaba tomando el pelo y le contestaba con un tajante «no, no puedes». Martin empezaba a molestar a los otros niños, y entonces ella intentaba suavizar su rechazo siendo amable con él. Ahora se había dado cuenta de su inconsistencia y de cómo, sin quererlo, había avivado el problema a través de su irritación por esta nueva dificultad y a continuación había premiado la conducta revoltosa; así que empezó a buscar maneras para que las necesarias negativas fueran menos totales (p.e. diría, «Ahora no puedes leer esto a la Sra. M., pero le pediremos a ver si puedes ir a verla cuando hayas acabado tu tarea. Es preciso esto que has hecho».).

El objetivo de estas discusiones era, no solamente incrementar la intuición de los maestros a propósito de los casos presentados, sino también introducirlos en el tipo de cuestiones que les permitieran encontrar soluciones factibles a los problemas del aula. Para ello se requiere una cierta dosis de asesoramiento en las primeras fases. Ambos grupos ilustran cómo un asesor puede iniciar este proceso, generar ideas en respuesta a una necesidad que él comprende mejor y, a partir del caso en cuestión, guiar al grupo hacia temas que son importantes en general desde el punto de vista educativo.

En ningún caso, el asesoramiento se convirtió en consejos sobre cómo deben ser tratados los alumnos, como esperaban, en un principio, los maestros. En vez de eso, éstos se vieron inducidos a explorar alternativas y a tomar decisiones sobre ellas. En ambos grupos aceptaron, con gran alivio en uno de los casos, que el asesor esperase que ellos usaran sus propias opiniones respecto a las cuestiones surgidas. Ambos grupos enseguida fueron capaces de contemplar la posibilidad de que la propia reacción del maestro estuviera, sin querer, reforzando la conducta problemática del niño. Descubrieron cómo usar esta *auto conciencia* de la mejor manera, tanto en respuesta a la necesidad inmediata del niño como al servicio de objetivos educativos más a largo plazo.

Ambos casos tuvieron aspectos *interescolares*, directamente en el caso de Don, en el que la actividad interescolar inmediata le benefició a él y a otros niños, y como una cuestión a ser considerada también en el caso de Teresa.

Cómo desarrollan los grupos su experiencia de caso en caso

1. Desarrollo de aptitudes, durante tres trimestres, en un grupo interescolar de maestros de primaria (de Don y Martin a Michael y Vic)

Don y Martin

Hacia el final del primer trimestre, los maestros que habían estado preocupados por Don y Martin ya habían asumido el hecho de que, a pesar del asesoramiento, los problemas no iban a desaparecer de un día para otro y se habían acostumbrado a no ser constantemente aconsejados sobre qué hacer sino que ellos mismos exploraban las distintas cuestiones para encontrar soluciones factibles. Aunque las preguntas expuestas por el asesor y los colegas del grupo, y las ideas que se producían como respuesta a ellas, tendían a convertirse en algo parecido a consejos, esta tendencia fue disminuyendo a lo largo del trimestre. Los niños sobre los que se discutía ya no planteaban a los maestros problemas «insolubles», y el grupo acabó el primer trimestre con un ánimo tan optimista que invitaron a participar en él a otra escuela infantil, cuyos niños después pasaban a una de Ciclo Inicial ya representada en el grupo.

Michael

La maestra de Michael, la Sra. C., pertenecía a esta cuarta escuela que no había pedido realmente ayuda para los niños con problemas, como las otras escuelas, pero que había aceptado encantada unirse al grupo.

La cuestión de hogares conflictivos y padres aparentemente poco colaboradores había surgido en la mayoría de los casos que se discutían. También esto complicó el caso de Michael, de una forma algo distinta pero igualmente grave. Después de asistir a unas cuantas discusiones de grupo durante el segundo trimestre, la Sra. C. presentó a Michael: seis años, muy angustiado ante las situaciones nuevas, lloroso y asustadizo ante cualquier cosa que tuviera que hacer por sí mismo, aunque estuviera perfectamente dentro de sus capacidades, se negaba a comer a menos que la Sra. C. se sentara con él, se ensuciaba si ella no le acompañaba al lavabo y arañaba a los demás niños si éstos reclamaban la atención de la maestra. Para el grupo, sus miedos e inseguridades sobre sus propias posibilidades parecían tener algo que ver con el poco tiempo de que disponía el padre para la familia, su indiferencia por el niño y su preferencia por la hermana pequeña, según la madre había comentado a la maestra. El grupo discutió entonces la posibilidad de que los sentimientos de autoestima del niño fueran aumentados gradualmente durante la jornada escolar y de que se convenciera a la madre, que aparentemente se dejaba llevar por el desamparo del niño, a que hiciera lo mismo.

La Sra. C., todavía nueva en el grupo, no participó en esta discusión pero estuvo escuchando pensativamente. Como supimos después, intentó ambas estrategias. Durante algún tiempo tuvo dudas a la hora de abordar el tema con la madre pero al final lo hizo durante una de sus charlas a la puerta de la escuela, sugiriendo que podría ser de ayuda para Michael si se convencía al padre para que pasara unos 15 minutos diarios jugando con él y haciéndole sentirse importante. Aunque la madre, al principio, estaba poco dispuesta a tratar del tema en casa, la discusión tuvo aparentemente algún efecto. Pocas semanas más tarde, la Sra. C. explicó al grupo que Michael —que nunca había hablado de su casa en el colegio— había empezado a hablarle de su papá, y de que había estado jugando a fútbol con él. Además estaba más tranquilo y con más confianza en sí mismo, todo lo cual le parecía a la Sra. C. una especie de milagro. Así que felicitó a la madre por el éxito.

El trimestre siguiente, sin embargo, la Sra. C. informó que Michael estaba triste y desanimado. Cuando se lo comentó, con cautela, a la madre, se enteró de que después de saber que Michael había mejorado en la escuela, ¡el padre había dejado de dedicarle tiempo «puesto que ahora el niño ya estaba bien»! La Sra. C. animó entonces a la madre a convencer a su marido de lo importante que todavía era él para el chico, esperando que esto le persuadiría a hacer caso a Michael durante las próximas vacaciones de verano.

Hablando de Michael durante los trimestres de primavera y verano, de nuevo el grupo había discutido mucho más que una secuencia de acontecimientos. La intensidad de esta experiencia les hizo explorar hasta qué punto pueden los *padres* subestimar su importancia de cara a sus hijos y qué pueden hacer los *maestros* —aun en el caso de resistencia, al principio— para animarlos a apoyar a sus hijos de una forma más activa. También examinaron cómo también deben respetarse las complejidades de las relaciones familiares y no deben imponerse consejos. Esto había ayudado a la Sra. C., una recién llegada al grupo, a no temer «parecer entrometida» y le había permitido realizar sugerencias eficaces al tiempo que ella y la madre intercambiaban información sobre el niño. El grupo, en su conjunto, había mostrado y comentado su creciente confianza en sí mismos a la hora de aprovechar oportunidades para tales intercambios. Los maestros opinaban que esto solía dar resultado, especialmente cuando el problema parecía ser más bien una falta de entendimiento que un trastorno más grave de las relaciones familiares. Incluso en casos más serios, los padres parecían haberse beneficiado de compartir sus angustias con el maestro, como veremos cuando este grupo atienda el caso de Vic.

También es interesante que, al tiempo que un grupo desarrolla sus habilidades explorando las cuestiones subyacentes, los *recién llegados* son capaces de aprovechar sus exploraciones previas así como las preguntas que los miembros del grupo han aprendido a hacerse, su conocimiento y, en general, el nivel al que ha llegado el grupo como un todo. (Había sido una peculiaridad de este grupo que, junto con los miembros del núcleo del grupo que asistieron todo el curso, otros miembros temporales asistieron medio trimestre, o incluso una vez, sólo en casos especiales, para dar, al mayor número posible de personal, la oportunidad de participar, como era su deseo.) Al igual que los recién llegados, los miembros temporales, como veremos con la maestra de Vic, parecían ponerse al día muy deprisa en el nivel a que había llegado el núcleo del grupo antes de su incorporación. Esto tenía alguna similitud con lo que los especialistas en campos relacionados de asesoramiento y psicoterapia llaman las *peculiaridades de la asistencia breve*, cuando las limitaciones de tiempo pueden ser un acicate a la comprensión de los problemas.

Vic

Al tiempo que se hacía el seguimiento de Michael, durante el trimestre de verano, la maestra de Vic, la Srta. D. había sacado a colación las dificultades que tenía su escuela con este chico de siete años.

Vic había sido «destructivo desde el primer momento en que llegó a la escuela» cuando tenía tres años y «tenía problemas cada día», «odiaba a todo el mundo», «no se interesaba por nada» y exigía siempre atención inmediata; inteligente pero con pobres resultados, se concentraba únicamente en las cosas de las que se sabía capaz, como trabajos sencillos de primer curso. No tenía amigos, daba patadas a los otros niños, destrozaba fichas de trabajo y gritaba palabrotas a su maestra, quien «lo había intentado todo» sin éxito y que, ya desesperada, «daría cualquier cosa por perderlo de vista». La madre se había trasladado a esa zona tras su segundo matrimonio. El padrastro, aparentemente en buenas relaciones con el niño antes de la boda y con ambiciones académicas para él, había, entretanto, perdido la paciencia con él y lo había empezado a comparar desfavorablemente con sus propios dos hijos, que vivían con la madre. En aquel momento lo trataba con gran severidad a medida que su comportamiento problemático empeoraba y que estaba empezando a meterse con sus hermanastros cuando estaban juntos. La escuela supo entonces, por la madre, que su marido amenazaba con dejarla, a menos que se librara de Vic. Muy preocupada por esto, pero con deseos de salvar su matrimonio, se estaba cuestionando «poner a Vic en custodia». Las cosas estaban yendo tan mal entre los padres que una vecina preocupada por el niño rescataba a menudo a Vic y lo llevaba a su propia casa, lejos de las peleas.

Se había hablado de Vic, el trimestre anterior, en una reunión *ad hoc* con todo el personal de la escuela. Esta reunión había sido útil a su maestra de entonces para mejorar su relación con él, pero había tenido que dejar la escuela y Vic tuvo que adaptarse a una nueva maestra. La Srta. D., una joven maestra debutante, lista y emprendedora, había estado presente en la primera reunión y, por lo tanto, podía «sintonizar» con la actitud de Vic. Sin embargo, el niño, claramente, encontró el cambio de maestra muy desconcertante, y un colega de la maestra, miembro del núcleo del grupo interescolar, le rogó que hablara al grupo de estas dificultades.

La Srta. D. nos explicó que, cuando Vic se negaba a realizar alguna tarea, ella se prestaba a ayudarle, incluso durante sus peores rabietas, usando la estrategia de ceder de forma constructiva (como por ejemplo, dejándole jugar con los hamsters). Sin embargo, se resentía del hecho de que su coordinadora acudiera a menudo a la clase para ver cómo progresaba Vic y para decirle que tenía que manejarlo con más firmeza. Como ella no creía en esto, no pudo llevarlo a cabo. Como resultado, había empezado a odiar toda la situación, especialmente desde que Vic, habiéndose dado cuenta del desacuerdo existente entre la Srta. D. y la coordinadora, había empezado a solicitar un cambio de clase, la de la Sra. X. Esto hizo que la Srta. D. se sintiera aún más ineficaz e infeliz, «odiando», al mismo tiempo, a Vic por aquello y sintiendo ganas de abrazarlo para consolarlo, sentimientos de los que la madre también había hablado cuando explicaba al coordinador cómo Vic estaba arruinando su matrimonio. Consciente de hasta qué punto preocupaba a la Srta. D. el rechazo de Vic por sus esfuerzos y su amor, llegados a este punto, llamé la atención del grupo sobre otras similitudes entre los adultos en casa y los de la escuela en sus relaciones con Vic. Éste había perdido a un padre que, según había dicho una vez, «era mejor que (su) nuevo papá» y había perdido una maestra que había empezado a comprenderlo. La madre y «el nuevo papá», por un lado, y la coordinadora y la Srta. D., por el otro, tampoco estaban de acuerdo sobre cómo debían tratarlo, lo que, en casa, suponía ser «rescatado» por la vecina; así que, tal vez, Vic estaba intentando reproducir esta solución pidiendo ser trasladado a otra clase.

Esta aparente *reproducción* por parte del personal de la escuela de lo que estaba ocurriendo en casa, y la respuesta similar del niño en ambas situaciones, fue discutida en una de las últimas reuniones, a la que también asistió la coordinadora. El hecho de que fuera percibido como un caso, por otra parte frecuente, de «respuesta profesional inconsciente» (Britton, 1981) aseguró que no se produjera ninguna pérdida de prestigio a partir del desacuerdo entre colegas (especialmente entre colegas de una categoría tan dispar como el coordinador y un maestro debutante). Fue posible, en primer lugar, explorar en general las inquietudes de los profesionales conscientes y entregados, independientemente de cuán larga sea su experiencia o de su categoría profesional, cuando se enfrentan a casos tan angustiosos como el de Vic, y ver con qué facilidad estos casos podían llevar a desacuerdos entre el personal que podían parecerse a los de casa. A continuación, examinamos el tema de cómo los maestros que se habían dado cuenta de que sus inquietudes reflejaban las de los niños podían usar esa intuición para ayudarlos a comprenderse mejor a sí mismos. La propia Srta. D. pudo dar un ejemplo acerca de esto: había, entretanto, mantenido una conversación con Vic y le había explicado que ella, a veces, también tenía que hacer lo que le decían, aunque ella no quisiera hacerlo y que esto podía hacerle sentir a uno muy enfadado. Esto parecía haber impresionado mucho a Vic y había podido ayudarlo a identificarse con ella. La Srta. D. comentó que su relación con él era mucho mejor desde entonces; ella misma estaba más relajada con él, y él había mejorado su trabajo y ya no pedía cambiarse de clase. Todo esto fue confirmado por la coordinadora. Ésta también explicó al grupo que previamente había aconsejado a la madre que buscara ayuda en el servicio de asistencia psicológica a los niños. La madre ya había obtenido mucha ayuda a partir del apoyo que había recibido del colegio después de sus conversaciones y ya no quería deshacerse de Vic; dijo que se había dado cuenta que no era Vic el que necesitaba asistencia, sino ella y su marido. Así que se había puesto en contacto con un Centro de Asesoramiento Matrimonial y ya notaba que su matrimonio estaba empezando a mejorar.

La discusión de este caso, por un grupo interescolar cuyos miembros permanentes ya llevaban casi tres trimestres reuniéndose, demuestra lo que el asesoramiento puede hacer por una escuela tanto dentro como fuera de sus límites.

Muestra de qué manera sofisticada puede un grupo de estas características enfocar la aparentemente intratable situación de un niño, al ir profundizando en su comprensión de las necesidades de estos niños y de cómo pueden éstas ser satisfechas. Vic, que odiaba a todo el mundo, podía, a pesar de ello, ser percibido como alguien necesitado de una autoridad benévola que le ayudara a sobrellevar sus sentimientos de ira y depresión cuando se veía amenazado por los problemas de sus padres. Se podía ayudar a los maestros a entender mejor sus necesidades a través del apoyo que ellos mismos recibían en relación a sus propias angustias sobre cómo estaban manejando la situación del niño y la manera en que estaban trabajando conjuntamente como colegas dentro de la jerarquía institucional y a través de los límites de la escuela. Aprendiendo a no reproducir la dinámica de la situación familiar de un niño, pudieron dar a Vic las nuevas experiencias de aprendizaje que él necesitaba y proporcionaron el suficiente apoyo a la madre desesperada para impedirle tomar una decisión quizás irreversible (como dejar a su hijo en tutela). Se le permitió pensar claramente y buscar el tipo de ayuda que hacía innecesaria tal decisión.

También en este caso, los recién llegados al grupo (incluyendo el personal de la escuela secundaria), incluso en este estadio avanzado de su existencia, pudieron beneficiarse del apoyo que el grupo había desarrollado y las preguntas que los miembros de éste se planteaban a sí mismos.

2. Desarrollo de técnicas en un grupo interescolar de primaria durante dos trimestres (de Tony a Dave y Jeanie [tres discusiones consecutivas de casos])

En lo que se refiere al fenómeno de la reproducción de situaciones como una respuesta profesional inconsciente, se remite al lector a la discusión (Britton, 1981) acerca de la dificultad que supone para los profesionales resistirse a esta respuesta y de cómo el no conseguir hacerlo afecta negativamente a la ayuda que, por lo demás, podrían dar. Como vimos en la discusión a propósito del caso de Vic, los procesos que se activan en las consultas de grupo pueden contribuir a la toma de conciencia de estas cuestiones. En ocasiones, esto puede darse pronto en la vida de un grupo. El caso de Dave ilustra otro aspecto de esta reproducción inconsciente de una situación; aquí el comportamiento difícil del alumno se refleja en la misma presentación y en la discusión de sus problemas.

Así que volvemos a reunirnos con el personal del colegio de Tony (págs. 28-32) que ahora explora la manera de ayudar a Dave y Jeanie.

Dave, «un chico desesperante, que nunca escucha y que ni siquiera es capaz de copiar de la pizarra»

El caso de Dave se presentó una semana después de discutir el de Tony, en su cuarta reunión. Habíamos visto cómo en la reunión anterior todo el grupo se había aliado con la Sra. A., se había identificado con su preocupación por él y habían seguido la dirección de mis «pensamientos en voz alta». A excepción de la sesión anterior, el maestro de Dave, el Sr. E., durante las reuniones del grupo, se había caracterizado —a través de frecuentes «sí, claro, pero...»— por intentar mantener la conversación a un nivel de informal despreocupación. Con comentarios del tipo «Ah, bueno, a mí esto nunca me ha dado problemas», daba como irrelevantes las exploraciones de sus colegas, pero, de vez en cuando, introducía en la discusión algunos detalles bastante angustiosos a propósito de problemas recientes en su propia vida privada. Este tipo de comentarios personales, como veremos después, no pueden ser considerados en un grupo profesional de apoyo al profesorado, ya que están fuera de sus objetivos. Sin embargo, sabemos que nuestras experiencias personales pueden influir en nuestras reacciones de cara a los demás y, en el caso de un maestro, en sus reacciones para con sus alumnos y en las exigencias que les plantea. Con todos estos precedentes en mente, escuché la descripción que hizo el Sr. E. de Dave.

Con ocho años, y dos trimestres en aquella escuela, Dave era «perezoso» de una forma exasperante, siempre charlando con los demás, el único de la clase que lo deja todo desordenado, que ni siquiera es capaz de copiar de la pizarra, pero que a veces puede sorprender haciendo un buen trabajo. Nunca escucha, simplemente desconecta, hace exactamente lo contrario de lo que se le pide y tiene bajo rendimiento en todo. El Sr. E. encuentra difícil de comprender, cuando lo compara con su «brillante y aplicada hermana» un año mayor que él, cómo pueden haber dos niños tan distintos en una misma familia. Cita a la madre para confirmar que Dave es un chiquillo insoportable, completamente diferente de su hermana, tan lista y aplicada.

Llegados a este punto, el grupo pide más información, intentando claramente extraer alguna característica positiva de Dave que hubiera quedado insinuada pero oculta en el relato del Sr. E. Cuando se le preguntó por el trabajo sorprendentemente bueno, no fue capaz de recordar cuál era, y se quedó pensativo ante este lapsus de memoria. Entonces el grupo recordó sus propias experiencias con niños que se negaban a trabajar y cómo, a menudo, parecía haber otro niño en la familia que era «incapaz de hacer nada mal». Dieron ejemplos de cómo algunos de sus intentos de construir la autoestima del niño parecían haber funcionado. Sin embargo, el Sr. E. contestaba a cada ejemplo con un «no funcionará con Dave» o un «todo esto ya lo he probado», y desconectaba ante cada buena idea que se le daba, incapaz de escuchar, convirtiéndose él mismo, como Dave, en el único del grupo que era diferente. Al final provocó en el grupo un sentimiento de desesperanza, que debía parecerse al que tanto el Sr. E. como Dave sentían en clase.

Habiendo permanecido en silencio hasta entonces, decidí no hablar claramente de esto, en aquella fase. En cambio, utilicé el recurso de la «anécdota relevante» (Caplan, 1970), un ejemplo verídico de cómo pequeñas chispas positivas en un comportamiento en apariencia totalmente negativo pueden suponer una gran diferencia. Expliqué una anécdota de otro grupo, a propósito de un profesor que, como el Sr. E., había captado en un alumno un potencial minúsculo para mejorar su actitud (el Sr. E. había hecho esto pero lo había utilizado únicamente para demostrar que Dave podía hacer las cosas mejor si se lo proponía, como suelen hacer los maestros irritados). El profesor de esta historia, sin embargo, había utilizado este potencial de forma práctica para dar a su alumno mayor confianza en sí mismo en lugar de confirmar su desesperanza.

La «anécdota» tenía la intención de desviar la atención puesta en el Sr. E. en un momento en que el grupo ya desesperaba de él y para recordarle, en cambio, su propia conciencia oculta del potencial del chico, mostrando un camino para salir del círculo vicioso del fracaso. Esto llevó al grupo a recordar, al final de la reunión, cómo habían obtenido mejores resultados cuando habían trabajado la relación con un niño que se negaba a trabajar, en lugar de exigirle constantemente una tarea mejor, lo cual no les había conducido a nada, como con Dave (identificándose así con el Sr. E. en sus propios fracasos, en vez de contrastar sus propios «mejores» resultados con los de él, como habían hecho antes).

En la siguiente reunión, el Sr. E., casi de pasada, mencionó que había intentado una o dos de las ideas de la semana anterior y que Dave, sorprendentemente, se había mostrado bastante receptivo aquella semana. Ahora estaba mostrando su propia receptividad respecto a Dave y la respuesta de Dave a ella, lo cual hizo que el Sr. E. pusiera más confianza en él. Éste parecía mejor momento para comentar los paralelismos de la semana pasada entre la interacción del grupo y el Sr. E. y la interacción profesor-alumno que él había descrito —de qué manera el Sr. E. había representado el papel de Dave en el grupo, quien, a su vez, había experimentado lo que era tener un Dave en la clase y le respondían como si fuera Dave, desesperando ante su rechazo aparente a considerar sus ideas. El grupo encontró esto fascinante, especialmente el Sr. E., quien ahora se daba cuenta de cómo había ocurrido, y en diversas ocasiones se refirió a ello durante sesiones posteriores. En una de estas ocasiones, explicó riendo cómo había implicado a otro colega en esta discusión cuando se dio cuenta que tanto él como el colega estaban «encasillando», sin querer, a otro niño en su mal comportamiento. Igualmente importante fue su intento de transmitir parte de su creciente confianza a la madre de Dave que, a su vez, parecía aceptar mejor a su hijo. Aunque Dave todavía era un problema, ahora le parecía remediable. Ya no le suscitaba sentimientos de exasperación, como ocurría cuando no había sabido relacionar lo que se había convertido en una suerte de parálisis para el trabajo con la desesperanza que Dave debía haber sentido acerca de sí mismo tanto en casa como en la escuela.

Esta discusión —en secuencia— ejemplifica las diferentes maneras en que un asesor puede ejercer su papel.

Por contraste, con mi implicación algo dirigista durante la sesión anterior (la discusión sobre el caso de Tony), yo había dicho muy poco, aparte de utilizar la «anécdota relevante», cuyo objetivo había sido apartar la atención puesta en la desesperanza del Sr. E. al tiempo que ayudaba al grupo a apoyarlo, no a través de explicar las historias de sus propios éxitos sino reconociendo el potencial de apoyo que podía existir en él, listo para ser extraído con la ayuda de los otros. Esto le ayudó a comportarse de la misma manera con su alumno fracasado, de manera que tanto él como el niño tuvieran menos necesidad de hacer sentir inútiles a los demás. Su informe sugería que había empezado a dar pasos en este sentido.

Como se ha visto en grupos de formación con médicos (Gosling, 1965) y asistentes sociales (Irvine, 1959), la «imitación» que el maestro hacía del alumno evocaba su propia respuesta en el grupo, dándoles una muestra de lo que significaba ser el maestro de aquel alumno. El asesor intentó ayudar al grupo a compartir estos sentimientos y luego a superarlos, en lugar de sentirse abrumados por ellos, como le había ocurrido al maestro. En este contexto, la «anécdota relevante» se utilizó como una técnica docente.

Este caso también ilustra la necesidad de haber escogido cuidadosamente el momento propicio para comentar el tema del reflejo de la situación en clase. Como veremos después, la elección del momento más adecuado depende del efecto probable que los comentarios tendrán en la discusión. Si hubiera hecho estos comentarios mientras el Sr. E. todavía se sentía desamparado, no hubieran sido de ninguna ayuda, aunque sí lo fueron cuando ya tenía más confianza y su experiencia podía evaluarse de forma global. Fue más adecuado esperar a que los sentimientos se hubieran calmado antes que centrar la atención en lo que había supuesto para el Sr. E. estar comportándose como Dave, y para el grupo estar metidos en un callejón sin salida, como lo estaba el Sr. E. con Dave, y utilizar todo esto para iluminar el problema entre el maestro y el niño. Al tiempo que el Sr. E. empezó a entender y a respetar los sentimientos del niño tras su negativa a trabajar, también fue capaz de relajar sus exigencias.

De esta manera, él y sus colegas consiguieron reconocer cuándo su actitud les llevaba a su propia frustración, lo cual es imposible de conseguir a base de críticas. Se consiguió a través del proceso de grupo que permitió al Sr. E. desembarazarse de sus ideas preconcebidas sobre Dave y sobre su propio fracaso con él. A partir de ahora podía mirar la situación con nuevas perspectivas, poniéndose también en el punto de vista del alumno, y podía, consiguientemente, responder más adecuadamente a las necesidades sugeridas por el comportamiento del chico. Sólo entonces fue capaz el Sr. E. de exigir a Dave determinadas cosas que el chico podía empezar a asumir.

Jeanie

La semana siguiente, el grupo habló de Jeanie —una niña de la clase de Tony— cuyas dificultades, que preocupaban cada vez más a su maestra, la Sra. A., también implicaban a un asistente social con el que la Sra. A. no estaba de acuerdo.

Suele ser el cliente —en el caso de los niños, el niño y los padres— el que sale perjudicado cuando hay *discrepancias interprofesionales*, sentimientos heridos o intentos de defender competencias en peligro (Hornby, 1983). Estos riesgos pudieron ser atajados a tiempo por la Sra. A., que se preguntaba cómo ayudar a esta niña de nueve años en sus deficientes relaciones con los demás.

Jeanie irritaba de tal manera a todo el mundo con su nerviosa amabilidad, siempre buscando que le hicieran caso, que los demás niños la encontraban insoportable y nadie quería trabajar o jugar con ella. Esto empeoraba con cada nuevo intento de ser servicial. Cuidada en una familia desde que era un bebé, pero no cedida en adopción por su madre, alcohólica, a la que veía irregularmente, Jeanie parecía ser feliz con sus padres adoptivos pero tenía miedo de volverse «loca» como su madre. Según su madre adoptiva, también temía las frecuentes visitas del asistente social con quien no se llevaba bien.

La maestra percibía las dificultades que había, ya que el asistente social no quería que ella hablara de Jeanie en el grupo ni con él, puesto que, según ella, no consideraba a los maestros aptos para tratar de estos casos. Aparentemente, había dicho a la madre adoptiva que la niña debería ser visitada por un psiquiatra, lo cual había afectado mucho a esta madre adoptiva dándole una sensación de fracaso con Jeanie. Había hablado de ello con la Sra. A. en un tono sincero y preocupado, lo que había confirmado la impresión de la Sra. A. de que ningún niño podía estar en mejor familia adoptiva que Jeanie. Había intentado transmitir esto a la madre adoptiva, recordándole las cosas agradables que Jeanie explicaba de su relación con ella.

Tras este relato se ayudó al grupo a explorar la posibilidad de que se orientara a Jeanie hacia una amabilidad menos molesta y de que se animara a los niños más maduros de la clase a que fueran más amistosos cuando trabajaran con ella. También se pidió al grupo que examinara las oportunidades que había de intercambiar información entre la madre adoptiva, el asistente social y la escuela de forma que todas las partes pudieran escucharse mutuamente y exploraran las auténticas necesidades de Jeanie.

Pocas semanas más tarde, la Sra. A. informó que esta estrategia estaba empezando a funcionar, que Jeanie estaba respondiendo y «las cosas le iban mejor». La Sra. A. también sentía que la discusión le había ayudado a dar un mayor apoyo a la madre adoptiva al intentar explorar con ella las angustias de Jeanie y sus posibles sentimientos de culpa respecto a su propia madre, que quería estar con ella pero que tenía que dejarla después de cada breve encuentro, y al decirle que una madre adoptiva solícita como ella tenía que ser un apoyo tremendamente importante. Le comentó que, tal vez, Jeanie quisiera hablar de estas cosas con su madre adoptiva y que también sería una buena idea para la madre adoptiva y para la maestra que se incluyera al asistente social en su siguiente reunión.

El grupo se enteró entonces que la coordinadora de la escuela había propuesto al asistente social y a los padres adoptivos reunirse con ella y con la maestra de clase. Esto permitió al grupo considerar, de antemano, las posibles implicaciones de las divergencias entre la maestra y el asistente social, advirtiendo a la maestra de los riesgos de la rivalidad interprofesional y de la oportunidad que tenía de abordarlos con sensibilidad. La Sra. A., alentada por la buena respuesta de Jeanie a sus estrategias, intuía que éste no era un momento adecuado para enviarla a un psiquiatra, ya que ello podría reforzar la sensación de la niña de ser inaceptablemente distinta, lo que ya quedaba de manifiesto por las frecuentes visitas del asistente social. Por lo tanto, decidió proponer que las cosas quedaran como estaban durante un tiempo; ella y los padres adoptivos verían cómo evolucionaba todo a medida que iban consolidando las ideas que habían tenido. Así la propuesta del asistente social de acudir al psiquiatra no se desecharía sino que sería simplemente pospuesta. Entonces la Sra. A. estuvo de acuerdo con el asistente social de que la ayuda a través de la asistencia infantil debía venir después de haber preparado el terreno, dependiendo de las necesidades que emergieran, al tiempo que, tanto en casa como en la escuela, se trabajaba en común siguiendo las líneas expuestas. Los servicios sociales estuvieron de acuerdo en que, mientras tanto, las visitas de su asistente se hicieran menos frecuentes.

Todo esto produjo beneficios; el sensible intento de la maestra por superar el desacuerdo entre el asistente social y ella misma impidió que éste creciera en base a una insistencia defensiva de propuestas prematuras por ambas partes, también elevó el grado de confianza de la madre adoptiva en su relación con Jeanie y ayudó directa e indirectamente a Jeanie. Un par de semanas más tarde, la Sra.

A. informó que Jeanie estaba bastante más tranquila con los demás en su clase, había empezado a hablar a la Sra. A. de sus «dos mamás» y permitía más acceso a sus pensamientos y sentimientos.

En este grupo, como en otros que contaban con profesores de diferentes escuelas de una misma zona, surgió un beneficio adicional como resultado del contexto interescolar. Al reunirse con colegas de otras escuelas (párvulos, primaria y secundaria) del barrio, pueden encontrarse con que algunos miembros del grupo hayan sido maestros anteriormente del niño en cuestión o pueden tener a algún hermano en clase y conocer a los padres, de manera que pueden añadir algo acerca de la situación familiar. Cuando los antiguos maestros de un niño se enteran de sus problemas en la escuela actual y llegan a entenderlos, es probable que cambie su visión de sus actuales alumnos o pueden ser capaces de dar una orientación anticipada antes de que un alumno pase a la escuela siguiente.

En el caso de Jeanie, su anterior maestra del parvulario descubrió en el grupo cómo habían aumentado con la edad las dificultades de la niña, cuando ella había creído erróneamente que desaparecerían con el tiempo; al final de la discusión, comentó que estaba claro que no era suficiente esperar mejoras y que es mejor dar una ayuda discreta lo antes posible. El proceso de grupo había activado una mayor comprensión de aquella niña irritante y de cómo cada nuevo rechazo a las manifestaciones de sus ansias de ser aceptada provocaba un refuerzo de su miedo a ser rechazada. Los miembros del grupo también adquirieron mayor conciencia de cómo puede romperse un círculo vicioso prestando más atención a la conducta deseada en una etapa temprana.

3. Dos discusiones de casos en un grupo interescolar formado por profesores de secundaria durante dos trimestres (John y Dipak)

Los desacuerdos entre profesionales tienen lugar, como sabemos, entre las instituciones y dentro de las mismas, y puede enriquecer la vida profesional tanto como, en ocasiones, frustrarla. Los riesgos son más probables cuando el intercambio de información es insuficiente y no existe una discusión sistemática de experiencias entre los colegas; un riesgo particularmente conocido por casi todos los profesionales de las escuelas secundarias, en especial. Puesto que tienen que enfrentarse, durante períodos de tiempo mucho más cortos, a los problemas de muchos más alumnos, es fácil que no se den cuenta de cómo los problemas de algún alumno asumen diferentes manifestaciones significativas con los distintos profesores. Vimos cómo los profesores de Teresa la comprendían mejor y empezaban a ayudarla después de que hubieran explorado sistemáticamente las diferentes, aparentemente contradictorias, experiencias que ellos tenían de ella. Este intercambio abierto de información acerca de un alumno difícil puede ser particularmente útil, tanto para el alumno como para los profesores, en el caso de aquellos cuya actitud agresiva parece desafiar todo lo que representan los profesores y rechazar hasta los esfuerzos mejor intencionados para ayudarles a progresar.

John

John desafiaba a sus profesores a que le pegaran y les amenazaba con golpearles si lo hacían. Se trataba de un chico de 15 años, dotado para las matemáticas, que había conseguido, en 14 meses, ser degradado de la cabeza de la clasificación en Matemáticas al sexto puesto, bajando progresivamente su rendimiento con cada degradación. A pesar de que se le prometía promoción si trabajaba duro, él siempre quedaba el último en los exámenes, a pesar de la habilidad que había mostrado tener. También se había vuelto insolente, se burlaba de los profesores cuando éstos se dirigían a él y era expulsado de clase por su actitud agresiva. Sin embargo, se llevaba bien con algunos profesores, como la profesora de Física, quien se las arreglaba para desviar su comportamiento con réplicas jocosas que a él le gustaban, y con dos de los profesores varones a los que se había enfrentado, en un principio, con la misma obstinada provocación pero ante cuya firme simpatía estaba ya respondiendo positivamente.

Sus padres estaban divorciados y se habían repartido a los dos hijos; John vivía con su padre y su madrastra pero, cuando tenía problemas, buscaba secretamente consuelo en su madre, lo que el padre intentaba impedir. Sin embargo, conocer esta situación no había bastado a los profesores para tratar con John de forma constructiva.

Nos centramos, pues, en las diversas experiencias que los maestros tenían de él y en qué podían sugerir sus diferentes reacciones acerca de sus necesidades y del modo de satisfacerlas.

Una cuestión importante que se suscitó fue si los profesores no tenían opción en su reacción a las dificultades que todos experimentamos cuando enseñamos a alumnos que nos rechazan y nos tratan de forma agresiva y provocativa. Observamos cómo estos sentimientos podían desarrollarse, cómo los años de discusiones entre los padres podían, por ejemplo, haber dado mal ejemplo a John respecto al manejo de la agresión y haber creado unos sentimientos caóticos sin ayuda para dominarlos. ¿Tal vez John estaba «probando» a sus profesores en su habilidad para controlar este caos, buscando enfrentamientos pero necesitando a gente que pusiera límites sin tener que rechazarlo? Parecía volverse «dócil» con profesores que afirmaban su autoridad firme pero no punitivamente, a los que no podía incitar a la agresividad que él mismo experimentaba hacia las figuras de autoridad y que veían en él no a un chico que desafiaba su autoridad sino a un chico que necesitaba ayuda en su camino a la madurez, cuyos «faroles» ellos recogían jocosamente pero sin ponerlo en ridículo y cuya «realidad» sabían apreciar. Otras respuestas, como las represalias sobre las que habían informado otros profesores, le parecerían como pretensiones de los adultos que él tenía que desafiar; donde no triunfaba de esta manera, en cambio, era capaz de ponerse a trabajar seriamente con bastante facilidad. Esto parecía ocurrir con profesores que se negaban a confirmar su visión de sí mismo como una persona inaceptable, que pasaban la prueba de ponerle límites sin sentir que habían vencido a un contrincante (Winnicott, 1965) pero que sabían que habían hecho algo por él.

Las dos cuestiones principales a considerar eran cómo tratar, de forma constructiva, un comportamiento como el de John y cómo hacerlo frente a una provocación grave en público, cuando uno está bajo presión para seguir controlando la situación.

¿Se podría, por ejemplo, utilizar de forma distinta el tiempo que John les obligaba a perder en sus conflictos con él, hablar con él acerca de su enojo, mostrarle que era comprendido e intentar reflejar sus sentimientos en él mismo, es decir, mostrarle que se aceptaban sus motivos para estar enojado pero que no debería verter este enojo en los demás, y que también él, en ocasiones, era capaz de controlar su ira y que eso era un logro en la dirección adecuada? ¿Se le podría hablar también acerca de la ira que despertaba en los demás y cómo esto podía hacer que la gente se comportara de forma injusta? ¿Se le podía hacer entender que su propia manera injusta de tratar a los demás, y los demás a él, eran prácticamente inevitables si les seguía provocando? ¿Se le podía ayudar a reconocer que su ira le apartaba de los demás y le dejaba irremediablemente solo y que esto podía evitarse si se controlara, como había demostrado que podía hacer? ¿Se podía plantear una estrategia que le animara a trabajar bajo su propia responsabilidad a base de frecuentes valoraciones positivas de pequeños éxitos parciales, al tiempo que se controlaba firmemente su conducta inaceptable? Esto supondría ponerle límites al tiempo que se protegería y reconstruiría lo «bueno» que había en él, dándole así confianza en sí mismo y haciéndole conocer las partes más maduras de su yo.

Cuando los profesores contemplaron el comportamiento de John bajo este aspecto, fue también posible pedirles que observaran las diferentes posibilidades que nosotros mismos tenemos a la hora de evaluar la conducta de los demás, especialmente la de aquellos que nos desafían. Llegamos a la conclusión de que la elección que hacemos tiene que ver con nuestras propias debilidades y que nos podemos enfrentar a ellas intentando recordar cómo nuestros instintos agresivos en la infancia fueron controlados: podemos, así, encontrar residuos de nuestra anterior experiencia de control en la tentación a responder agresivamente, ahora, a las provocaciones de los alumnos.

Lo que yo estaba sugiriendo era que, si podemos aprender todo eso sobre nosotros mismos, puede ser posible manejar estos residuos e impedir que interfieran en nuestras capacidades profesionales, siendo así más efectivos en la enseñanza a niños cuya desesperación se expresa mediante comportamiento agresivo, y que nuestra reacción de enfado, libre de estos residuos de la infancia tendrá otra cualidad y, con más probabilidad, producirá los resultados deseados que si surgiera de nuestra propia inseguridad, que no deseamos ver expuesta.

Aliviados porque una reacción de enojo en clase no tiene por qué ser vista como algo poco profesional y totalmente condenable y porque una cierta dosis de enfado podía ser considerada como oportuna y educativa, los maestros empezaron entonces a examinar las oportunidades que se podían crear en el currículum para ayudar a jóvenes como John, a entender y a manejar sentimientos de ira y toda la gama de emociones con las que intentan enfrentarse, y a desarrollar capacidades que enriquezcan sus relaciones. Descubrieron que todas las asignaturas que daban (sociales, inglés, arte, matemáticas, ciencias, educación física, francés, «cuidado infantil y personalidad», comercio y educación sanitaria) se prestaban a esta posibilidad (como veremos en una sección posterior).

Todos los miembros tomaron parte, activa y reflexivamente, de estas exploraciones, relacionándolas con John y con los muchos otros alumnos que compartían sus problemas, pero pocos de sus profesores asistían al grupo, que estaba preocupado por los que no habían participado en la discusión. Se sugirió que se podrían crear «grupos-hijos» que deberían estar formados por sus otros profesores para permitirles consultarse sistemáticamente acerca de las estrategias adecuadas y acerca de cualquier nueva necesidad que surgiera.

Sin embargo, John tuvo una nueva crisis, antes de que esto pudiera ser llevado a cabo, y su tutor (que era quien había presentado el caso) rogó a sus superiores que se diera a John una nueva oportunidad. Sin volverlo a discutir con todos aquellos que estaban implicados en el caso, esta petición llevó a John a una promoción repentina de dos puestos en la clasificación de Matemáticas, como señal de buena voluntad y para mostrarle que tenían confianza en que podía hacerlo mejor. Desgraciadamente, esto implicó un cambio completo de profesores; perdió, no sólo aquellos con los que había tenido los peores enfrentamientos, sino también los que le gustaban y los que habían aprendido a comprenderle mejor y habían conseguido que él empezara a responder de otra manera. La «nueva oportunidad» le debió parecer un rechazo por parte de aquellos a quien había tomado afición, de manera que el pretendido incentivo se convirtió en una pérdida para él. No hubo tiempo para discutir con los nuevos profesores la mejor manera de realizar la transición ni para hablar de los miedos y las esperanzas que ésta implicaba. Algunos de estos profesores vieron en esta promoción una recompensa al mal comportamiento, ya que su vieja reputación y las expectativas relacionadas con ella le habían precedido. Estas expectativas de conducta rebelde se cumplieron, la actitud de John empeoró, y se aconsejó a su padre que lo cambiara de escuela.

Fue una dolorosa lección para el grupo pero, aunque John ya no podía beneficiarse de la capacidad para comprender sus problemas que habían adquirido aquellos profesores, sí se beneficiaron otros casos posteriores en que la falta de comunicación entre profesores podía provocar que procesos institucionales tomaran rumbos equivocados.

En todas las discusiones de casos subsiguientes, y también en casos no discutidos, pasó a ser una constante pensar en las oportunidades que proporciona el currículum para ayudar a los profesores a combinar sus funciones educativas y capacitadoras. Descubrieron que era útil compartir y discutir sus diferentes reacciones y maneras de manejar a alumnos provocativos y cómo desviar su agresión en lugar de «reafirmarla» con la «fatal seriedad» (Erikson, 1980) con la que los adultos responden a menudo a las tomas de posición experimentales de los adolescentes.

Dipak

Esto benefició a Dipak, un muchacho hindú de los últimos cursos, que fue el siguiente caso que se presentó. Un estremecimiento recorrió al grupo cuando su nombre fue mencionado. Los profesores habían llegado a rechazarlo por la «forma rastrera» con que los «acosaba» con quejas lastimeras y peticiones de permisos especiales para llegar tarde, irse antes o no participar en los juegos. De esta manera pretendía evitar a los otros chicos, que tendían a abusar de él. Sin ningún amigo, dentro o fuera del colegio, buscaba constantemente la ayuda, especialmente, de las profesoras —los profesores varones, decía él, le asustaban. Las mujeres se llegaron a sentir agotadas por el continuo acecho a que las sometía y empezaron a marcar distancias, a rechazarlo y a evitarlo; no podían soportar su irritante manera de actuar.

Sin embargo, era aplicado, especialmente en Matemáticas, y bastante imaginativo en Sociales. Su trabajo era cuidado aunque académicamente de poca calidad, y bastante alejado de sus grandiosas ideas acerca de su futuro; loco por los aviones, quería ser piloto, aunque los profesores intentaban en vano disuadirlo a causa de sus pobres resultados.

Los profesores sabían muy poco acerca de su familia, ya que su padre no hablaba inglés y su madre vivía en la India.

Algunos profesores habían intentado simpatizar con él, en el pasado, pero rehusaban de forma categórica seguir haciéndolo; se había hablado, a nivel de dirección, acerca de los abusos de que era víctima por parte de sus compañeros como una cuestión de racismo, lo cual no era compartido por los profesores, ya que éstos consideraban que Dipak se creaba sus propios problemas. Lo que, en aquel momento, le había hecho perder las simpatías del profesorado era que «nos había mentido acerca de unas vacaciones en la India» cuando, en realidad, había hecho novillos.

El rechazo, en parte nervioso, en parte hostil, de aquel chico en el grupo parecía ser total. Estaban mal dispuestos a buscar algún rasgo positivo a partir del cual iniciar su exploración y me exigían soluciones a mí, tan definidas como las que Dipak parecía querer de sus profesores. No les di ninguna y se sintieron como si los hubieran dejado plantados —como se supone que Dipak se sentía también.

Puesto que la mentira acerca de las vacaciones en la India parecía ser el punto en el que Dipak había perdido todas las simpatías, parecía apropiado desviar la discusión de Dipak hacia los sentimientos de la gente cuando se les miente. Éstos iban desde enfado por haber sido considerado lo suficientemente estúpido como para caer en ello, hasta ultraje ante la violación de las convicciones más íntimas; pero, pregunté yo, ¿eran siempre ésas las intenciones subyacentes a las mentiras? Aunque la gente que miente, a menudo pretende quedar impune de ciertas cosas, ¿no era la mentira, con frecuencia, una defensa contra dificultades emocionales o incluso un montaje de fantasías para salvar un abismo, aparentemente insalvable («inexpresable») entre deseo y realidad? ¿Qué ocurriría si esta mentira en concreto, procedente de un muchacho solitario, fuera una fantasía así, unida quizás a la ilusión de que las fantasías pueden convertir los deseos en realidad? ¿De qué iba esta fantasía sino de estar donde estaba su madre? ¿Pudiera haber alguna relación entre la madre ausente, anhelada, y sus constantes intentos de recibir ayuda de las profesoras mujeres?

Mientras el grupo seguía esta línea de pensamiento, volvieron a hablar de su obsesión por los aviones y la fantasía de ser un piloto, como algo que coincidía con esta imagen. Aceptaron que era mejor descartar términos como «mentiroso» que eran etiquetas poco útiles y que distorsionaban los intentos de comprender a los demás.

Eliminando la mentira como una justificación para el rechazo, el grupo podía ya centrarse en los sentimientos probables del muchacho y en cómo le debía parecer el mundo; asustado de todos, dentro y fuera del colegio, esperaba que al menos las profesoras le entendieran y, a pesar de eso, era incapaz de hacer que le escucharan o que se relacionaran con él, y lo intentaba de la forma más inadecuada, posiblemente por falta de experiencias mejores, en casa, de cómo construir relaciones.

Se daba la circunstancia de que en reuniones anteriores se habían referido en varias ocasiones a la frustración que los mismos profesores experimentaban cuando no eran escuchados por sus superiores. También se habían sentido abandonados por mí cuando no les di las soluciones que exigían. Por lo tanto, pude relacionar esta parte de la experiencia de Dipak con la suya propia; no ser escuchado por la autoridad, cuya obligación sería escuchar, era claramente desconcertante para la mayoría de la gente. Si, como ellos habían dicho, Dipak se creaba sus propios problemas por su manera de abordar a la gente, ¿no nos ocurría eso a todos?

Cuando esperamos no ser escuchados, ¿nos expresamos peor, parecemos más exigentes y así ayudamos a crear o a reforzar un fallo en la comunicación? ¿Acaso no habían ellos permitido a sus superiores que trataran la situación de Dipak como si fuera un caso de racismo, aunque su propia opinión era que había más que eso, de manera que el deterioro de sus relaciones personales, debido a otros factores, seguía sin ser abordado?

Con el caso de John en mente, el grupo sugirió que Dipak necesitaba un apoyo tutorial, aparte de los académicos ya existentes, que necesitaba un punto de referencia en la institución y que —a la vista de su situación personal, y teniendo en cuenta el tipo de profesores a los que recurría— debería ser una tutora, capaz de adaptar sus habilidades profesionales a las necesidades especiales del chico, tanto para darle amparo como para exigirle el máximo esfuerzo en su trabajo. Al fin y al cabo, existían aspectos concretos de su trabajo a partir de los cuales se podía elaborar, de manera que él pudiera empezar a sentirse algo más aceptado y quizás aprender a aceptarse más a sí mismo. ¿No podría también esta tutora intentar desarrollar en él algunas habilidades sociales, ayudarle a entender la reacción de los demás y encargarse de que, en clase, el trabajo de grupo estuviera organizado de tal modo que él pudiera practicar dichas habilidades, especialmente si se trataban temas de su interés (como por ejemplo, los aviones), interés que podría ser compartido por otros compañeros?

La Srta. F., quien hizo estas sugerencias, obviamente tenía ciertas ideas sobre cómo podía iniciarse esta tarea, y el grupo intuyó que si ella fuera la tutora de Dipak, necesitaría que el resto de profesores del chico aprobaran sus estrategias. Estaba claro que no existía una manera sencilla de conseguir todo esto, considerando el fuerte prejuicio que ya existía contra el chico; la propia reacción nerviosa del grupo, las risitas y los estremecimientos, con los que previamente habían corroborado y extendido en detalles la descripción del muchacho, habían quizá mostrado algo del inconsciente colectivo en relación a los rasgos que veían en él. Al principio, a través de su insistente demanda de una solución inmediata, casi no me habían dejado ayudarles a explorar el caso, lo que me había hecho sentir, por un instante, ¡tan inútil como el chico les hacía sentir a ellos!

Ahora ya podíamos comprender que Dipak tenía múltiples dificultades: la ausencia permanente de su madre; un hogar y una escuela separados culturalmente por un abismo; tal vez, un rechazo general por parte de la comunidad. Les recordé su propia *in*capacidad negativa al principio de la discusión y sus irritables demandas de soluciones rápidas de un modo que implicaba que era imposible encontrar ninguna. (Yo había citado a Keats [carta, 21 de diciembre de 1817] quien se refería a la capacidad negativa como lo que se da «cuando un hombre es capaz de quedarse en la incertidumbre, los misterios, las dudas, sin perseguir irritablemente los hechos y la razón».) Más conscientes de sus reacciones a las dificultades del chico, ya podían ver dichas reacciones como algo totalmente ajeno a su propia experiencia. Habían visto por sí mismos, lo selectivas que pueden ser las propias percepciones y cómo uno tiende a fijarse en el comportamiento que confirma sus propias interpretaciones y a ignorar, o no notar apenas, el comportamiento que contradice dichas interpretaciones pero que podría, si fuera observado, transformar el rechazo en aceptación y ayudar a reparar las relaciones dañadas. Conscientes de cómo ellos mismos reprochaban a sus superiores un comportamiento hacia ellos que era similar al que ellos tenían con un alumno, pudieron darse cuenta, por un lado, que estaban contribuyendo al desvalimiento de este alumno, y, por el otro, que estaban incrementando su propia frustración dentro de la jerarquía.

Un poco confundidos por estos cambios en sus ideas preconcebidas, los profesores decidieron intentar las propuestas de la Srta. F. Más tarde, ésta informó que Dipak estaba respondiendo a su acercamiento y estaba empezando a estar menos tenso, al menos con algunos de los chicos.

Mientras examinábamos la situación de Dipak, también nos habíamos fijado en los sentimientos que los «alumnos a los que uno no puede enseñar» pueden generar y en cómo estos sentimientos pueden llevar a plantear exigencias irritables a un tercero —a otros alumnos, a colegas dentro de la jerarquía institucional y, en este caso, también a un asesor externo. Estas exigencias se plantean, en general, de una manera que hacen sentir inútiles u hostiles a aquellos a quienes van dirigidas. Tomamos de nuevo el caso de John para examinar más de cerca las relaciones y las comunicaciones dentro de la propia institución y la cualidad de las habilidades negociadoras de sus miembros cuando las cosas iban mal entre profesores y alumnos, entre los mismos alumnos o entre colegas. Éstan son, naturalmente, las cuestiones en las que ponen énfasis los que asesoran sobre problemas individuales dentro de un «enfoque de sistemas», conscientes de la necesidad de entender las interconexiones entre el funcionamiento del grupo y las dificultades de los miembros individuales.

El grupo se había reunido conmigo semanalmente durante dos trimestres. Como algunos otros grupos, siguieron después reuniéndose por su cuenta como un grupo de apoyo al personal, invitando a cualquier otro colega a explorar con ellos las dificultades experimentadas con alumnos concretos, en la línea de grupo de consulta. Dos trimestres después de su disolución, el interés se mantenía entre el resto del personal, de manera que se estaba considerando la formación de un segundo grupo en la escuela. Dos años después, algunos miembros del grupo original todavía asistían a las reuniones complementarias que se organizaban de forma intermitente para su zona, en una de las escuelas subsidiarias.

Preparando el terreno para una ayuda profesional adicional

Por último, vamos a ver la discusión sobre el tipo de caso que precisa de una ayuda más especializada pero en el que la escuela intenta seguir «luchando» o en el que se niega el permiso para transferir al niño a un especialista —a menudo esta negativa a conceder el permiso se hace más enérgica cuanto más insiste la escuela, exacerbando posiblemente con ello la necesidad de la familia de «demostrar que ellos tienen razón y la escuela está equivocada» (Dowling, 1985).

Len

La Sra. G., una maestra de otro grupo formado por miembros de una sola escuela, había intentado valientemente arreglárselas con Len, de cinco años y medio, y con la enérgica abuela que lo había educado sin dejar que la medrosa madre, soltera, tuviera voz ni voto en la educación de su hijo, y que echaba las culpas al colegio por todos los problemas que el niño manifestaba y que la Sra. G. enumeró.

Éstos eran que Len era prácticamente incapaz de concentrarse, de coordinar sus movimientos o incluso de usar un lápiz, o de disfrutar de alguna actividad, como pintar o jugar con arena, que podría mejorar su coordinación. Nunca tranquilo o quieto en una silla, molestaba muy agresivamente a todo el mundo; no le habían enseñado a comer sin ensuciarlo todo ni a ir al aseo, así que su comida estaba por todas partes y se manchaba él mismo con excrementos. Sin embargo le gustaba hacer sumas y rompecabezas, y la Sra. G. siempre había confiado en que superaría sus dificultades gracias a su inteligencia, pero esto no había ocurrido.

Discutiendo sus síntomas, se ayudó al grupo a examinar las probables confusiones en la mente del niño. Su madre parecía ser demasiado débil para reclamarlo como suyo, así que tanto ella como el niño eran tratados como hijos de la abuela. La hija no contaba para nada y el nieto siempre era defendido. Cualquier cosa que hiciera estaba bien a los ojos de la abuela; el niño, aparentemente, mandaba en la casa, y ella culpaba a la escuela de su mal comportamiento.

La situación parecía estar llena de disociaciones, y las necesidades de Len parecían ser demasiado importantes para ser colmadas por la escuela sin ayuda exterior, ayuda que la escuela entonces se decidió a solicitar. Mientras tanto, la estrategia de la maestra de los elogios (que a Len le gustaba) y la firmeza (que no le gustaba) se podrían, tal vez, combinar, tanto con él como con su abuela. El grupo exploró cómo se podía seguir este enfoque con ambos, especialmente con la abuela, que probablemente se iba a resistir a la propuesta de la asistencia psicológica al niño y que iba a necesitar el apoyo de la escuela (¡a pesar de cómo se sentían por sus acusaciones!) para aceptar llevar a Len a la clínica y para admitir su consejo.

El grupo volvió dos veces al caso de Len durante aquel trimestre. La reacción de la abuela contra la idea de ayuda exterior había sido aún peor de lo previsto; blandiendo el puño, dijo a la maestra y a la coordinadora que su propia hija había sido «desorientada por gente de la asistencia psicológica a los niños» cuando era pequeña y que no «les permitiría apoderarse de Len», especialmente ahora que su hija estaba embarazada de nuevo y quería irse de casa para casarse con el padre del bebé.

La escuela, aunque no estaba preparada para este torrente de revelaciones, podía ahora valorar mejor los temores de la abuela. Posteriores conversaciones permitieron a los maestros mostrarse lo más solidarios posible, apreciar abiertamente su amor y su apego a Len y, finalmente, convencerla de que llevara a Len a la clínica. La abuela les previno, sin embargo, de que ella no «abriría la boca» allí.

Con estas advertencias, se animó al grupo a que considerara los temores y los malos recuerdos aparentes de la abuela, y se le recordó la cantidad de casos de asistencia psicológica infantil que no pasan de la primera visita, a causa de tales temores y de las reacciones de los padres cuando se les hacen preguntas. Esto ayudó a la escuela a preparar a la clínica para esta situación que implicaba a tres generaciones y para las inquietudes de la abuela. Al mismo tiempo, la escuela se esforzó en darle un apoyo continuado en sus visitas a la clínica que se realizaron de forma regular. Allí, los síntomas de Len —algunos de los cuales no habían sido mencionados por la maestra— se confirmaron como las señales de alarma de un niño gravemente angustiado, al que la escuela había atribuido únicamente problemas de conducta escolar.

Se capacitó a la escuela para dar un apoyo continuado a aquella abuela a la que, en un principio, habían mirado con malos ojos a causa de su hostilidad y su negativa a reconocer los esfuerzos por parte de la escuela para ayudar a Len. Esto le ayudó a él a recibir el apoyo que necesitaba y a responder a este apoyo. Cuatro meses más tarde, la Sra. G. informó que la abuela se había convertido, a su manera, en una de las defensoras más ardientes de la escuela, apareciendo en todas las reuniones de padres. Len estaba empezando a ser menos desaliñado, y la abuela estaba encantada de que en la clínica lo hubieran considerado «inteligente». Sin embargo, todavía rechazaba el consejo de la clínica de ponerlo en una escuela especial durante el día, aunque quería mirar alguna. También aceptó que la madre de Len quisiera irse de casa y empezar una nueva vida con un marido y sus dos hijos, Len y el nuevo bebé. Esto debía hacerse sin interrumpir la vida escolar de Len y sus vínculos con su abuela.

La discusión de este caso sirvió para superar la hostilidad inicial entre el hogar y la escuela y sus culpabilizaciones mutuas por las dificultades del niño, y había permitido a la escuela dar un apoyo sensible a la figura familiar clave. Desde el momento en que la escuela fue capaz de ver a la abuela como una mujer asustada y su ira contra los maestros de Len como una parte de sus inquietudes, pudieron dejar de rechazar sus acusaciones injustas y apreciar su desesperada necesidad de demostrar que estaba haciendo todo lo que podía por Len. La abuela, a su vez, pudo cambiar sus sentimientos hacia ellos, en el momento en que ambas partes se pusieron a escuchar a la otra. Como subraya Bowlby (1985): «En todo este trabajo no hay resultado que sea más deseable que uno en que la corrosión de las acusaciones mutuas desaparezca y en su lugar se instale el respeto mutuo y la buena voluntad. Porque sólo entonces pueden esperarse soluciones duraderas.»

La exploración también ilustra cómo maestros expertos, competentes y responsables pueden, a pesar de todo, no darse cuenta, o dudar, de la trascendencia de sus observaciones. No sabiendo qué problemas pueden ser sólo transitorios y cuáles indican dificultades más profundamente arraigadas, la escuela había querido proteger a un chiquillo despierto de la ayuda profesional que necesitaba y con ello entraba, inconscientemente, en connivencia con el propio deseo irracional de la abuela de proteger al niño de la ayuda que hubiera podido recibir. Una vez se hubo aceptado que necesitaba esta ayuda, la escuela también vio que tenía que contribuir a garantizarla, por un lado, dando instrucciones hábiles a la clínica a propósito de los malos recuerdos de la abuela y sus temores respecto a la asistencia psicológica infantil y, por otro, apoyando a la abuela durante unos momentos que, según se les había ayudado a ver, eran extremadamente tensos para ella. De esta manera, se experimentó todo el proceso asistencial de forma positiva por ambas partes, lo que se considera, desde el ámbito de la asistencia psicológica (Lindsey, 1985) como un aspecto crucial del asesoramiento escolar.

La escuela, que hasta aquel momento había mantenido unas relaciones ambivalentes con la clínica, sintió que éstas habían mejorado mucho, ya que estaban aprendiendo a relacionarse con ella como colegas de profesión y no defensivamente como si se tratara de expertos de rango superior.

Resumen

Como hemos visto, en ninguna de estas discusiones de casos hubo intentos de emitir consejos para los maestros, o de decir a los demás cómo debían hacer su trabajo, o de criticar sus métodos. En lugar de eso, cada caso era explorado conjuntamente, con un asesoramiento encaminado a que cada uno se planteara el tipo de cuestiones que pueden conducir a una mejor comprensión de las necesidades excepcionales de un niño y que pueden capacitar a los maestros a adaptar sus métodos a los niños, a lo largo de sus encuentros cotidianos. Esto incluyó las necesidades de los maestros de un apoyo inmediato, así como su necesidad de información sobre algunas cuestiones concretas que les permitiera poner en práctica sus propias intuiciones y principios, más allá de la dificultad inmediata. Las soluciones que se aplicaron eran sus propias soluciones y surgieron de su implicación activa en la exploración conjunta de alternativas posibles.

Las cuestiones referidas a los niños se preocupaban por:

- su comportamiento real y las respuestas que éste generaba: incidentes concretos, sus antecedentes y consecuencias, en la medida que implicaban al niño en su relación con los demás;
- ver si estos incidentes sugerían algo acerca de cómo el niño se veía a sí mismo y a los demás en relación a él;
- observar si existían actitudes del tipo: «no sirvo para nada», «todos están contra mí», «es culpa suya» o «la única forma de que me hagan caso es...», que podían comprenderse en el contexto de lo que se sabía acerca de sus circunstancias;
- descubrir si estas actitudes sugerían alguna cosa acerca de necesidades insatisfechas y ver qué nuevas experiencias de aprendizaje podían ayudarle a satisfacerlas y que el maestro fuera capaz de ofrecerlas durante un período de tiempo.

La cuestión de adaptar los métodos de los maestros a las necesidades detectadas, les comprometía a considerar el contenido curricular y las actividades educativas, maneras de entrar en contacto con el alumno sin intrusión o inoportunidad —hecho crucial en la adolescencia, pero importante a cualquier edad— de forma que no se sintiera constantemente observado, o «comprendido» en el momento erróneo. Esto comportaba:

- saber cuándo y cómo transmitir que se han reconocido los sentimientos probables de un alumno respecto a un incidente, al tiempo que se le ponen los límites que pueda necesitar;
- enfrentar al alumno constructivamente con su dificultad reconstruyendo sus fuerzas, impulsando la confianza y ayudándole a sentirse mejor consigo mismo de manera que pueda ver lo que hay de bueno en los demás;
- ampliando estas experiencias a los contactos del alumno en la escuela y en casa;

De esta manera, intuición y habilidades se relacionaban con la situación que había sido presentada como difícil, tensa y entorpecedora. Lo que descubrieron los maestros fue que con intervenciones discretas como éstas, conseguían, no sólo ayudar mejor a los alumnos, sino también evitarse nervios y pérdidas de tiempo en clase, y que el tiempo empleado en las discusiones de casos reducía el tiempo que estos alumnos les habían «hecho» perder de forma improductiva, hasta entonces, tiempo que ahora podían utilizar con buen fin.

El asesor tomó el papel de catalizador (una pobre analogía, ya que el asesor también cambia en el proceso de la exploración conjunta), complementando la comprensión de los maestros con la suya propia. Este proceso requiere del asesor que use sus recursos como un compañero que sabe escuchar, que aprecie la percepción del problema por parte del maestro en el contexto y limitaciones de su entorno de trabajo y que utilice su propia experiencia en apoyo de la de ellos. Examinaremos en capítulos posteriores qué implica emplear recursos de apoyo de este tipo.

3. GRUPOS DE APOYO AL PROFESORADO: UN EJEMPLO DE SU DESARROLLO EN UN ÁREA LOCAL

Como hemos visto, los grupos de formación y apoyo al profesorado se pueden desarrollar en marcos muy diferentes. A nivel de escuela secundaria, el profesor de Teresa se reunía solamente con los propios colegas de su escuela, todos ellos en unas posiciones directivas intermedias y, por tanto, potencialmente capaces de actuar como asesores de sus colegas, para transmitirles, a su vez, la experiencia adicional necesaria. Por contraste, el grupo de secundaria que habló de John y Dipak era representativo de toda la escuela y de toda la gama de experiencias, desde el profesor de religión más antiguo a la última incorporación a la profesión. En las escuelas primarias, los maestros de Tony, Don, Michael, Vic, Dave y Jeanie pertenecían a grupos que representaban dos o más escuelas vecinas, que cubrían todo el abanico de edad de sus alumnos y que tenían una amplia gama de experiencias (incluyendo personal de escuelas secundarias, quienes consideraron la discusión sobre alumnos más jóvenes igualmente aplicable a la franja secundaria, como hicieron los maestros de primaria con respecto a las contribuciones del personal de secundaria). La asistencia podía ir desde cinco semanas a un año y los detalles se negociaban cuidadosamente con cada escuela implicada.

La negociación detallada con cada escuela y los informes periódicos a otras escuelas de la zona con cada nuevo progreso en el desarrollo de grupos de apoyo se han considerado esenciales por los evaluadores del Proyecto SITE (véase pág. 14). En su informe de evaluación, Baker y Sikora (1982) (junto con J.P. Davies y A.T. Hider) dan los siguientes detalles de cómo se ofreció a ciertos grupos escolares el apoyo al profesorado descrito en este libro:

> El trabajo (de apoyo al profesor) con un grupo de escuelas del Proyecto surgió de la preocupación expresada por el profesorado de diversas escuelas acerca de lo que podría definirse, en términos generales, como niños con necesidades especiales dentro de la escuela normal.
>
> Durante el análisis de sus necesidades, los maestros habían informado sobre un

preocupante aumento del número de alumnos conflictivos, procedentes de familias desplazadas o multi-problemáticas, que presentaban graves problemas de organización en el aula. El coordinador del Proyecto se dirigió a una asesora escolar con formación y experiencia previa en educación de niños con necesidades especiales, con la petición de que atendiera algunas actividades INSET de las escuelas implicadas. De acuerdo con esto, la asesora se reunió con los directores de estas escuelas como un grupo y, a continuación, con el profesorado (sin los directores) para diseñar el tipo de asesoramiento que ella consideraba que proporcionaría respaldo a los maestros y apoyo para ayudarles a satisfacer las necesidades de los niños con problemas, y problemáticos, de sus clases. Después de algunas discusiones, se llegó al acuerdo de mantener reuniones semanales después del horario de clase durante un año escolar con el profesorado de 3 escuelas en un emplazamiento (1 C. Inicial, 2 C. Medio) y 2 escuelas (1 C. Inicial y 1 C. Medio) en otro. Más tarde, otra escuela de Primer Ciclo se sumó al primer grupo, aumentando el número de escuelas participantes en ese emplazamiento de 3 a 4.

Los objetivos del asesoramiento eran proveer a los profesores de:

a) alguna ayuda respecto a sus preocupaciones inmediatas, y
b) un elemento de formación a largo plazo en relación a cuestiones subyacentes más amplias

lo cual puede también capacitarles para, a la larga, construir o continuar sus propios grupos de profesorado sin la presencia regular de un asesor. El entorno consultivo, que se diseñó durante la negociación entre el profesional y las escuelas, consistía en una exploración conjunta de las dificultades cotidianas que presentaban los niños que les causaban especial preocupación. Durante las reuniones semanales de hasta 12 maestros, un miembro del grupo presentaba un «caso» con sus características más destacadas, y el asesor y los otros maestros pedirían, sin emitir ningún juicio, los detalles adicionales acerca del niño que considerasen oportunos. El proceso de presentación, preguntas y discusión traía a colación, casi invariablemente, factores a propósito del niño que hasta ese momento no se percibían como relacionados con su patrón de conducta o con las dificultades que él/ella estuviera experimentando. Estos factores, a menudo tenían que ver con el hogar del niño o con su contexto escolar, o fijaban la atención en la cualidad de las relaciones con gente significativa en sus circunstancias presentes y/o pasadas, si éstas eran conocidas. Un principio básico de estos intercambios entre los maestros y la asesora fue la autonomía del maestro que presentaba el caso, al que se había de dejar que decidiera el uso que haría de las ideas que surgieran.

El evaluador pudo asistir a 3 reuniones de cada uno de los grupos que se reunían en los dos emplazamientos escolares. Era evidente que la información acerca de los niños con problemas y problemáticos que se vertía durante esas reuniones conducía a una percepción nueva de las presiones que sufrían los niños y de las dificultades de algunos para desarrollar un concepto positivo de sí mismos, a causa de las circunstancias de su entorno. La discusión entre los participantes y el comentario de la asesora, a menudo revelaba a los ojos del maestro, y a los de los demás, algunas alternativas de acción: en concreto, cómo la imagen de sí mismo que tiene el niño, por ejemplo, puede «ampliarse hasta convertirse en algo más beneficioso para él», relacionado con la exploración de enfoques «terapéuticos» de clase destinados a ayudar tanto al niño como al resto de la clase.

A medida que crecía el interés por las reuniones, hubo cierto desencanto en las escuelas porque sólo podía haber un grupo de 12 miembros por cada emplazamiento, lo que se debía principalmente a otras obligaciones laborales de la asesora. Esta última ya había anticipado esta dificultad concreta durante la primera negociación y había sugerido que el apoyo que ella esperaba ofrecer debería llegar a un sector más amplio de profesores. De acuerdo con esto, se decidió que los grupos deberían contener:

a) una mezcla de profesorado elegido por ellos mismos de las diferentes escuelas del emplazamiento, que atendieran a la misma comunidad y que cubriera toda la gama de edades

b) cada escuela debería tener uno o dos miembros nucleares que estuvieran dispuestos a asistir a reuniones a lo largo de todo el año, y tantos miembros a corto plazo como quisieran unirse al grupo y que dejarían paso a nuevos miembros a mitad de trimestre o a final del mismo.

Los criterios para la selección de los integrantes del grupo se llevaron a cabo de forma flexible, en el sentido de que los miembros a corto plazo podían volver para la continuidad de sus casos, y se dejaba sitio a otros maestros que acudían una única vez para la presentación de un caso. Los miembros nucleares daban a ambos grupos la continuidad y estabilidad necesarias...

Un rasgo notable del asesoramiento era la ausencia, en todas las reuniones, excepto en la de final de curso, de los coordinadores. Esto surgió así porque la asesora creía que la presencia de los coordinadores, independientemente de lo colaboradores que fueran, hubiera alterado la dinámica de los grupos y hubiera coartado a los maestros a la hora de exteriorizar sus problemas. Ésta era una opinión que todos los implicados, incluyendo los coordinadores, quienes al principio estaban algo decepcionados por no poder asistir, llegaron a asumir. (Para la discusión de esta cuestión, véanse pág. 128 y sigs. [nota del autor].)

Tener reunidos a maestros procedentes de diferentes escuelas en un solo emplazamiento tuvo numerosas consecuencias positivas. En primer lugar, una gama más amplia de maestros eran, a menudo, capaces de sacar a la luz nuevos aspectos de la vida de un alumno. Por ejemplo, el(los) maestro(s) antiguo(s) de un niño o colegas que daban clase a otros miembros de la familia eran, a menudo, capaces de contribuir con lo que sabían acerca de antiguos trastornos, como períodos de abandono por parte de uno de los padres, u otras experiencias de pérdida, separación o rechazo, y esto ayudaba a crear una comprensión nueva en el maestro actual del niño. En segundo lugar, los miembros de los grupos promovieron un gran incremento de las relaciones interescolares en gran número de cuestiones, lo que en el caso de los niños con problemas y problemáticos, se concretó en el caso de un miembro masculino del profesorado de una de las escuelas de Ciclo Medio que fue descargado de obligaciones para que realizara visitas regulares a la escuela de Ciclo Inicial subsidiaria para trabajar con niños (en su mayoría chicos) que no tenían contacto con una figura masculina significativa ni en casa ni en el colegio. Una mejora adicional en la relación interescolar tuvo lugar cuando miembros del profesorado de una escuela Superior (que también había identificado a los niños con problemas y problemáticos como una necesidad propia del INSET) se sumó a los grupos de maestros de las escuelas de los Ciclos Inicial y Medio, hacia final de año.

Hacia el final del curso, este asesoramiento produjo resultados adicionales. El coordinador del Proyecto, tras realizar consultas con el Inspector general del LEA, preparó una reunión entre la asesora y una audiencia invitada compuesta de directores (y representantes) de todo el LEA para que aquélla les informara del asesoramiento que había tenido lugar en las escuelas del Proyecto SITE y para ofrecer sus servicios a otras escuelas del LEA, al año siguiente. Gran número de maestros participantes, procedentes de las escuelas del Proyecto, asistieron a esta reunión, y sus comentarios y contribuciones a la discusión que siguió añadieron autenticidad adicional a lo que la asesora había descrito. Como resultado de la reunión, gran número de escuelas se dirigió a la asesora para que atendiera algún INSET posterior, y reuniones que siguen las líneas expuestas aquí están actualmente teniendo lugar...

Comentarios a los cuestionarios y observaciones informales dirigidas al evaluador, junto con la propia asistencia participativa de este último a algunas de las reuniones, todo apuntaba muy claramente al beneficio que suponía para los maestros que sus casos fueran observados desapasionadamente desde el «exterior» con el asesor y otros maestros del grupo. Los siguientes ejemplos ilustran los logros que los maestros sentían haber alcanzado:

«...Confianza al saber que otros maestros tienen tantas dudas y problemas como yo; y estímulo por el intercambio de ideas; y descubro que cuestiono mis actitudes y acciones mucho más que antes.»

«Estoy adquiriendo la capacidad de distanciarme de incidentes aislados y de ver cómo se relacionan con los problemas de un niño (o de una clase). Práctica en descubrir e intentar estrategias para ayudar a mejorar ciertas situaciones. El sentimiento de que hay muchos que comparten mis preocupaciones.»

«Un entendimiento más amplio de los niños difíciles. Una mayor apreciación de los problemas experimentados por los otros maestros. Un repertorio más grande de métodos para intentar con niños problemáticos. Una oportunidad para no guardarme para mí solo mis propias preocupaciones.»

Los maestros apreciaban especialmente el ambiente de interdependencia solidaria que las reuniones establecían y en sesiones de seguimiento a veces podían informar de «mejoras dramáticas» en la respuesta de un niño en la escuela. Aunque obviamente la asesora daba la bienvenida a cualquier desarrollo positivo, en estas ocasiones se esmeraba en señalar que la estrategia para ayudar al niño era fundamentalmente a largo plazo y recalcaba que no podían darse curaciones milagrosas. Este punto de vista fue compartido progresivamente por los maestros:

«Fui con la expectativa de soluciones instantáneas —tener que repasar todas las cosas fue, al principio, un choque desagradable, pero ahora veo que proporciona grandes satisfacciones.»

«Estos problemas no pueden ser resueltos en un espacio corto de tiempo.»

Había algunos dentro del LEA que consideraban que, a lo sumo, la asesora ofrecía a los maestros del Proyecto SITE técnicas escolares para manejar a niños con dificultades conductuales o emocionales, pero los objetivos declarados por la propia asesora y el formato de las reuniones no justifican en absoluto esta opinión. La función principal del asesoramiento consistía en ayudar al maestro a tratar al niño «terapéuticamente» dentro del contexto y la matriz de las relaciones de la clase, y a la luz de la discusión con otros colegas y (en el mejor caso) con los padres. La observación de las reuniones puso de relieve que la asesora estaba tan interesada por las cuestiones subyacentes presentadas en un caso individual, como en ayudar a los maestros a construir por sí mismos un marco de análisis con el que considerar las necesidades de otros niños alborotados y alborotadores y encontrar salidas en su enseñanza cotidiana para apoyar su progreso educativo. También se hacía un esfuerzo evidente para no desequilibrar la balanza entre la parte puramente consultiva y la exploración conjunta, de manera que lo que los maestros experimentaban realmente pudiera ser aclarado a través de unos cuantos comentarios a propósito, por ejemplo, de la dinámica de las familias o de los grupos de clase y los efectos de esta dinámica en los niños con problemas, de manera que los aspectos universales de algunos casos pudieran descubrirse. No es posible (aquí) medir hasta qué punto, el asesoramiento capacitó a los maestros para construir sus propios grupos de profesores, aunque existe la evidencia de que miembros nucleares han intentado construir grupos de apoyo para el profesorado durante 1980-1981 con solamente alguna visita ocasional por parte de la asesora exterior. (Las reuniones de seguimiento hasta 2 años después del final del curso semanal, demuestran que tales grupos han continuado; véase, por ejemplo, pág. 135) [nota del autor].)

Finalmente, los datos procedentes de los cuestionarios administrados independientemente por la asesora y por el evaluador indicaban que la confianza en sí mismo del maestro y sus propios recursos de autoseguimiento se habían desarrollado notablemente y los coordinadores comentaron que se habían profesionalizado las discusiones en las reuniones de profesores y había una mayor predisposición, por parte de los maestros, a participar más activamente en conferencias clínicas interprofesionales.

Los ejemplos, procedentes de estos grupos y de otros más tardíos, citados en el capítulo 2 muestran cómo, independientemente del emplazamiento, la consideración de un caso específico permitió al asesor promover entre el profesorado, por encima de departamentos y jerarquías, la exploración de cuestiones más amplias surgidas de ese caso. La relevancia de un comportamiento aparentemente incomprensible, las necesidades especiales que puede indicar, qué respuestas a él son más adecuadas y la necesidad de entender nuestras propias reacciones ante las necesidades expresadas y ante el comportamiento mostrado son ejemplos del tipo de cuestiones que surgieron. Vimos el capital considerable de habilidades latentes y recursos personales que tales exploraciones podían extraer de los maestros y poner a su disposición para su uso en clase. Los maestros, que se mostraban ambivalentes a la hora de pedir ayuda, al tiempo que esperaban recibir consejo, celebraron la oportunidad de descubrir y decidir por sí mismos cómo podían mejorar la situación de un alumno. Vimos cómo estos procesos se desarrollaron y cómo su desarrollo en los miembros nucleares (que decidieron asistir al grupo desde el principio hasta el final) benefició a los miembros a corto plazo y a los recién llegados que aprendían de las preguntas que se planteaban en el grupo acerca de cómo buscar soluciones factibles. Aumentando su conocimiento sobre el modo en que las situaciones y el entorno pueden producir trastornos en un caso concreto, los maestros tenían la oportunidad de desprenderse de ideas preconcebidas sobre el niño en cuestión y sobre su propia inefectividad con él. El grupo les ayudaba a mirar la situación desde nuevos ángulos, a verla también desde el punto de vista del alumno y a responder más adecuadamente a las necesidades que su actitud parecía indicar. Vimos cómo los maestros se volvían más objetivos, recuperaban la confianza perdida al tratar a los alumnos y eran más capaces de exigirles cosas de una manera que permitía a los alumnos empezar a cumplirlas.

No está claro hasta qué punto los beneficios correspondientes al niño se debían a los intentos del maestro para entender mejor sus necesidades o al apoyo que ellos mismos recibían en relación a sus propias preocupaciones sobre cómo manejarlo. Ambos argumentos se desprenden de las respuestas a los cuestionarios suministrados a ochenta profesores, en el curso de evaluaciones (1) detalladas sobre su experiencia en estos grupos escolares de apoyo al profesorado, remarcando típicamente que habían descubierto que:

- era «un alivio poder admitir que tenían problemas, valorar los de los colegas y adquirir práctica en desarrollar medios para mejorar las condiciones de los niños con dificultades»;
- ya «no se resentían del tiempo empleado en los alumnos difíciles —¡ha llegado a gustarme!»;
- «la medida en que uno se hace más eficaz con sus alumnos más difíciles, es la medida en que uno mejora como profesor para toda la clase»;
- las capacidades que ellos ya poseían pero no siempre utilizaban, podían ser eficaces con los niños con dificultades excepcionales y podían aplicarse conjuntamente a las nuevas capacidades adquiridas;
- se sentían seguros de sí mismos en sus relaciones con los padres de los alumnos;
- habían desarrollado un mejor compañerismo con los colegas de su propia escuela y de las subsidiarias y, en algunos casos, con los de los servicios externos de apoyo («...Las discusiones en el grupo y las sugerencias [de la asesora] me hicieron confiar más en que yo pudiera hacer algo por esos niños. Además, tenía más confianza a la hora de entrar en contacto y relacionarme con entidades externas para ayudar a estos niños, p.e. la clínica de asistencia psicológica infantil, los asistentes sociales, los padres, el psicólogo del colegio»).

Como resultado de las reuniones informativas a audiencias invitadas de coordinadores y representantes escolares, como la citada en el informe anterior (véase más arriba), y reuniones similares a partir de aquélla (y también realización de informes a escuelas individuales), más escuelas solicitaron iniciar o adherirse a grupos de apoyo, y éstos se plantearon con una duración de uno a tres trimestres en años consecutivos. Los coordinadores, promoviendo la idea de un trabajo de apoyo de este tipo a nivel de administración superior y media, sugirieron que un grupo de consulta estuviera formado por los propios coordinadores, con los siguientes objetivos:

a) discutir las necesidades especiales de los niños en la clase y en la escuela y explorar cómo las escuelas pueden ayudar a satisfacerlas;
b) examinar las maneras, similares a las que habían sido consideradas eficaces en los grupos de formación y apoyo al profesorado, en que el profesorado más antiguo y de más grado pudiera ayudar al resto de los profesores a aplicar sus capacidades con alumnos de estas características.

Dicho grupo se inició, entonces, para reunirse semanalmente durante un trimestre, en primera instancia. El grupo se amplió, por decisión unánime, a todo el año académico y finalmente, ejerció durante dos años, continuando, después de esto, como muchos otros grupos, únicamente con asistencia o contacto intermitente por parte del asesor.

Desarrollos como éstos ofrecen valiosos indicadores del avance del trabajo de apoyo con colegas y de la formación de miembros cualificados del profesorado por parte de otros profesionales (una oportunidad que examinaremos en la parte III). Destacan el grado de importancia de este apoyo y muestran lo rápidamente que las escuelas lo aceptan cuando su justificación queda clara y cuando se usan los canales de comunicación adecuados para informar de ello a las escuelas. Recalcan que un apoyo de este tipo debería implicar a cualquier profesor y a cualquier tipo de necesidad especial de un niño. Claramente, no tiene por qué ser, ni debería serlo, reservado para los casos más extremos que son remitidos a entidades externas para tratamientos especializados o para los niños que reciben ayuda de los gabinetes psicopedagógicos escolares, sea a través de métodos individuales o de grupo. Lo que se ha demostrado es que algunos de los principios y prácticas con que los especialistas se las arreglan para satisfacer las necesidades especiales de los niños pueden ser transmitidos sistemáticamente a los maestros y que los maestros están interesados en saber más acerca de ellos. Los maestros están preocupados por la diferencia entre lo que sienten que debería hacerse para responder a las necesidades especiales de los niños y su respuesta real a éstas. Como estos desarrollos muestran, están dispuestos a aceptar el tipo de apoyo que ponga a su disposición este conocimiento y estas capacidades, que reduzca la diferencia que mencionábamos y que estimule y optimice sus propios recursos, como parte de la consecución de sus objetivos profesionales.

Como se ha mostrado, existen poderosos argumentos en favor de extender a todos los maestros parte de la experiencia disponible tanto en las escuelas para necesidades especiales como en los sistemas de apoyo pastoral y en toda la red de servicios educativos y psicológicos y en favor de convertir dicho apoyo en una parte importante de sus objetivos. Puesto que las recomendaciones del informe Warnock (1978) sugieren que los LEAs deberían tender a un apoyo más eficaz del maestro de clase con respecto a las necesidades especiales con las que se enfrenta diariamente, y dado el ímpetu generado por el Acta de Educación de 1988, las autoridades locales han empezado a reestructurar sus servicios psicopedagógicos, y ahora esperan realizar un «trabajo interior substancial con maestros y profesionales afines» con la ayuda de sus psicólogos educativos. Hemos visto cuánto pueden ofrecer, en las escuelas, los especialistas con experiencia, a un número máximo de profesores (volveremos sobre la viabilidad de hacerlo así en la parte III), y hemos visto también cómo esto puede salvar la escasez de oportunidades de formación en las escuelas normales y la arbitrariedad, percibida como inherente, en la elección de únicamente unos pocos profesores para la asistencia a los cursos externos (Mittler, 1984), ya que el curso, contextualizado en la escuela, puede estructurarse como un servicio interior normal. La evidencia muestra que las presiones de tiempo en estos expertos y en los maestros de clase no tiene por qué ser un obstáculo para dar un desarrollo más amplio a la experiencia del profesorado. El asesoramiento temprano en un contexto de grupo ha demostrado disminuir las presiones en ambos grupos de profesionales, que surgen, por un lado, de visitas al psicólogo, tardías o inadecuadas, resultando en largas listas de espera o, por el otro, de tener que dar clase a niños cuyas necesidades uno no entiende completamente. Como se ha señalado (Wolff, 1969; Daines *et al.*, 1981), no es una cuestión de tiempo extra sino de habilidad y flexibilidad en el uso de la experiencia. Cada profesional deseoso de compartir sus conocimientos con grupos de otros profesionales tendrá su propia manera de utilizarla. Hacerlo de forma eficaz, sin embargo, requiere habilidades interprofesionales especiales, basadas en la compresión del contexto de trabajo en las que van a ejercerse. Son estos «aspectos del panorama» del trabajo de apoyo al maestro los que ahora trataremos.

Nota

Baker y Sikora (1982) y Hider (1981) evaluaron los grupos que formaban parte del Proyecto SITE subvencionado por la DES (1978-1981). Esto fue continuado por Hanko (1982) bajo los auspicios del Instituto de Educación de la Universidad de Londres como un trabajo aprobado por la Asociación del Instituto. Los emplazamientos evaluados iban de grupos de un trimestre hasta grupos de tres trimestres, e incluían:

a) grupos interescolares con miembros nucleares y a corto plazo, cubriendo toda la gama de experiencia profesional;
b) agrupaciones interescolares de miembros con rango y experiencia similares

(coordinadores o personal de rango medio; maestros en su segundo año de docencia);

c) agrupaciones intraescolares de miembros procedentes de todos los departamentos de una escuela y de todos los niveles de jerarquía, desde nuevos en el oficio hasta los de categoría superior;

d) agrupaciones intraescolares de miembros extraídos de posiciones medias de la jerarquía.

SEGUNDA PARTE

UN MARCO PARA EL APOYO AL MAESTRO

Propuestas de tratamiento

Los maestros que buscan el apoyo de los especialistas, sea en la misma escuela o en servicios externos, para hacer frente a las dificultades emocionales y de conducta de los niños, pueden descubrir que aquéllos basan sus métodos en diferentes hipótesis teóricas. Todos ellos serían capaces de proporcionar un apoyo útil. Desgraciadamente, es posible que los partidarios de las teorías de desarrollo de la personalidad, psicodinámica, por un lado, y conductista, por el otro, menosprecien cada uno la teoría de los otros, así como la metodología que de ella se deriva, y reclamen la suya propia como la única eficaz. Kolvin *et al.* (1982), que compararon y evaluaron estos métodos aplicados a los niños, encontraron que estas afirmaciones competitivas eran irrelevantes. Con ambos métodos aparecían mejoras significativas, y cualquier diferencia existente durante el tratamiento había desaparecido en el seguimiento final.

Es dudoso que los que abogan por uno de los dos modelos en exclusiva y se centran enteramente, sea en síntomas, sea en causas, ofrezcan a quien tiene que aplicarlos en clase una perspectiva plena de lo que puede conseguir. Vimos cómo, en nuestros grupos, se ayudaba a los maestros a enfrentarse a las dificultades de los niños dentro del contexto en que éstas tenían lugar, se les animaba a enfocar directamente los síntomas, así como a examinar dónde podía estar el origen del problema, cómo podía mejorarse la situación y cómo podían ellos ayudar al niño a enfrentarse con ella para entenderla mejor. La maestra de Jeanie (págs. 46-48), por ejemplo, usó la técnica de ignorar la conducta irritante mediante la cual la niña pretendía conseguir la atención que reclamaba, al tiempo que la recompensaba con su atención siempre que era servicial de una manera menos importuna (una técnica conductista). También utilizó su comprensión de las motivaciones de la niña, para hablarle de lo que hace que la gente acepte y rechace ayuda y sobre los sentimientos que todos podemos experimentar por el hecho de ser rechazados y cómo podemos enfrentarnos a ellos, ayudándola así a comprenderse mejor a sí misma. Esto era un método conductista pero incorporaba comprensión psicodinámica. Debe pues distinguirse del uso de métodos conductistas sin intentos de comprender las necesidades que la conducta puede expresar. Como advierte también el Consejo Nacional del Currículum (1989b), una mera reacción a la conducta superficial puede conllevar un «éxito administrativo superficial» (véase Kounin *et al.*, 1965) pero puede no satisfacer la necesidad subyacente en tales casos o puede incluso aumentarla, aun cuando los síntomas puedan hacerse desaparecer. Otros autores (p.e. Lim y Bottomley, 1983; Wilson y Evans, 1980; Laslett, 1982) han abogado por formas combinadas de tratamiento y han descrito en detalle los resultados beneficiosos de una combinación flexible de métodos, en contraste con los que encasillan sistemas de trabajo, rechazando los que perciben que pertenecen a escuelas rivales, y «se aferran a sus pretensiones de separación».

Tales pretensiones se combinan, a menudo, con una idea estereotipada y errónea de «la otra parte». Algunos seguidores del enfoque psicodinámico parecen ver sólo como terapia conductista su vertiente Skinneriana más radical de condicionamiento automático. Aparentemente, no se dan cuenta de que algunos de los principales defensores de los métodos conductistas también rechazan esto, resaltan sus raíces en el aprendizaje social y en las psicologías cognitivas y ellos mismos desaprueban algunos de los abusos de sus colegas, considerándolos como «tecnología despreocupada» (Berger, 1979a, 1979b). La escuela psicodinámica acusa a los conductistas de simplificar demasiado los problemas complejos mientras que los conductistas consideran inevitable la simplificación, e incluso una virtud científica, considerando que «se satisfacen mejor las necesidades si se ignoran las complejidades» (Yule, 1974).

Los conductistas, por su parte, pueden desechar los intentos psicodinámicos de entender el comportamiento difícil y considerarlos como un lamentable rebajamiento de las soluciones prácticas (Cameron, 1988) o como una búsqueda inútil de causas en un pasado lejano, que no pueden cambiarse (Ainscow y Tweddle, 1979). Desconocen el hecho de que para que las soluciones sean «prácticas», debe entenderse el comportamiento, que la percepción del pasado puede ser modificada por medio de nuevas perspectivas y experiencias, y que las asunciones basadas en experiencias pasadas pueden ser rebatidas a través de nuevas experiencias de aprendizaje. También pueden pensar que es inútil especular acerca de sucesos en la familia del niño así como considerar el pasado del niño y sus experiencias familiares, ya que ambos están fuera del control del maestro (poniendo énfasis en control más que en influencia). También se sugiere que, si los maestros tienen en cuenta dichos factores, pueden llegar a verlos como excusas para el comportamiento difícil («pobre Tom, tiene un hogar tan difícil»), no hacer nada para cambiarlo y dejarse apartar de lo que ellos pueden controlar en clase en beneficio del progreso del niño.

Las polarizaciones más radicales —si no son simplemente parodias— pueden, sin embargo resaltar los riesgos potenciales de un abuso despreocupado, como ocurre en ocasiones. Por lo tanto, no asumiremos que los críticos están simplemente desinformados o preocupados únicamente por establecer la superioridad de su propio punto de vista. Está claro que únicamente la intuición, si se usa (o abusa) sólo como excusa para la inacción, sería tan poco educativa como la mera manipulación del comportamiento superficial.

Los dos métodos en sí mismos, cuando se aplican adecuadamente, parecen ser cada vez más complementarios. Un principio de la teoría conductista es que la conducta se modela según los antecedentes que la evocan y según las consecuencias que la mantienen. Se debería, pues, fijar la atención en la conducta real del niño, sus antecedentes y sus derivaciones, p.e. cómo la conducta no deseable se ve reforzada por sus propias consecuencias. Dicho refuerzo (p.e. la atención negativa que refuerza el mal comportamiento del niño que reclama atención) debería, pues, evitarse, y deberían, en cambio estimularse sistemáticamente las formas deseadas de conducta y recompensarlas en el momento que aparezcan (refuerzo positivo). Lo que se propone es enseñar al niño un repertorio de nuevas habilidades «sin especulaciones acerca de las relaciones entre experiencias anteriores y problemas actuales», concentrarse en el entorno específico y manipular sus características. Un sistema de ahorro de valores simbólicos (recompensando y reteniendo estos valores de acuerdo con la actitud mostrada) es una forma de manipulación.

Y sin embargo, los conductistas se ocupan también de la historia del niño y de su situación y origen familiar, ya que la conducta se aprende socialmente y sufre la influencia de la experiencia privada, de lo que «hacemos» con los sucesos de nuestras vidas, de cómo percibimos, pensamos y sentimos estos sucesos y de cómo aprendemos a poseer estas experiencias nuestras. Los conductistas actualmente ya no desprecian la relación entre ellos mismos y el niño, como algo irrelevante para el éxito de la técnica, lo que anteriormente se veía como una «prueba de terapeuta». Ahora consideran que «lo que el cliente piensa y siente acerca del terapeuta y de su método, y lo que el terapeuta piensa y siente acerca del cliente... son condiciones importantes» (Berger, 1979), como mínimo como «propiedades motivantes» para que la técnica sea eficaz.

Según la óptica psicodinámica, los patrones de las experiencias tempranas afectan a las experiencias sucesivas y, a menudo, dificultades tardías tienden a encontrar sus antecedentes en experiencias previas significantes, en el contexto familiar; estas experiencias pueden crear expectativas y asunciones acerca de posteriores relaciones y el papel adoptado en ellas. El tratamiento reside en la asunción de que tales expectativas y respuestas pueden ser reemplazadas por nuevas experiencias de aprendizaje, especialmente estructuradas (véase por ejemplo el caso de Teresa [págs. 32-35]). No siempre es necesario ahondar en el pasado de un niño para entender su conducta, ya que la conducta misma nos puede decir algo acerca de cómo se ve a sí mismo, qué es lo que ha llegado a esperar del comportamiento de los otros con respecto a él y cómo puede interpretar lo que hacemos de acuerdo con esto. De esto se sigue que uno puede aprender a discriminar y a percibir la diferencia entre nuevas experiencias en el presente y las asunciones estereotipadas basadas en el pasado. Parece que es más fácil ayudar a la gente a enfrentarse a sus problemas presentes si se comparten y se comprenden sus sentimientos y ansiedades. Como se ha demostrado en el caso de los maestros (Chandler, 1980), éstos pueden no ser capaces de resolver los problemas del hogar pero «pueden hacer mucho por aliviarlos si reconocen que existen».

La aceptación cada vez mayor, por parte de los conductistas, de la importancia de conceptos intangibles como relaciones y experiencias presentes y pasadas y lo que se siente acerca de ellas, y la atención psicodinámica a la dinámica conductual del aquí y ahora facilitará las cosas al maestro, que no ve por qué sólo debería considerarse la conducta externa de un niño, o sólo lo que ha llegado a sentir acerca de su mundo. Como veíamos, los maestros en los grupos de consulta no parecían ver ninguna contradicción en intentar modificar ambas cosas, poniendo énfasis en una u otra según la dificultad evidenciada. Dirigían su atención a la situación completa del niño y a sus rasgos perturbadores. El objetivo siempre era extender su experiencia más allá de la probable influencia de las experiencias pasadas y de los patrones de reacción y, conscientes de tales posibles influencias en la conducta actual y en lo que ésta parecía expresar, proporcionar oportunidades de experimentar nuevas situaciones y de aprender maneras alternativas de interactuar. La manera en que los maestros enfocaban las dificultades de conducta y de aprendizaje (orientado al problema y al ahora y aquí) también incluía el considerar posibles influencias e implicaba que los maestros tenían que poder aprender *del* niño. (Una de las reservas expresadas por Warnock (1982) acerca de un método basado exclusivamente en la modificación de la conducta es que «presupone que el maestro siempre sabe mejor que nadie lo que hay que hacer».) Ayudaban al niño a entenderse a sí mismo y a entender su conducta sin invadir su intimidad, como vimos, por ejemplo, con Tony (págs. 28-31). Usaban las premisas, tanto psicodinámicas como orientadas a la conducta de que, por un lado, el comportamiento problemático (a menos que venga determinado por causas fisiológicas) expresa algo para el niño, surgiendo a partir de necesidades insatisfechas y de expectativas ancladas en el pasado y de que, por otro lado, alguna cosa en la situación actual coincide con tales expectativas y ayuda a activar o mantener este comportamiento. Estableciendo nuevas experiencias de aprendizaje con una relación educativa consistentemente constructiva, los maestros podían reconocer de forma más completa los elementos terapéuticos en los procedimientos educativos en relación a las necesidades especiales de un niño, al tiempo que respetaban su intimidad. (Esto lo diferencia de otros enfoques psicodinámicos tales como consulta, psicoterapia o terapia familiar.) Esta manera de ayudar a los niños no sólo estaba al alcance del maestro sino que también, como argumenta Elliott (1982), queda claramente dentro del entorno educativo. Por contraste, en los casos en que las técnicas conductistas se quedan a un nivel puramente manipulativo, pueden, a menos que se apliquen de forma experta, producir cambios de poca duración, específicos a aquella situación. (Por ejemplo, uno de los maestros descubrió que, usando una técnica así, un alumno mejoraba su comportamiento en el aula, de acuerdo con las recompensas del maestro, pero, entonces, le llegaron quejas de la madre que decía que ya no podía conseguir que su hijo hiciera nada si antes no le prometía una recompensa.) Tales técnicas conductistas pueden llevar a un mero conformismo en el niño, o a una manera de enseñar árida y repetitiva, y puede carecer del elemento cognitivo necesario para una parte legítima del proceso educativo.

El concepto de asesoramiento y su práctica en las escuelas

Al tiempo que existen tantas interpretaciones del término asesoramiento como existen contextos en los cuales es útil «considerar conjuntamente» y «dejarse aconsejar» (véase la tipología de los papeles en Eraut [1977]), éste ha llegado a ser un concepto bien definido en el ámbito de la salud mental. Steinberg (1989) lo define como un ejercicio conjunto de clarificación y solución de problemas, que eleva la competencia profesional de los asesorados, al tiempo que les ayuda a aprender cómo asesorar a otros.

Como se ha demostrado, el asesoramiento se ve aquí, no como un proceso en el que un profesional actúa como un «experto en resolución de problemas que puede proveer (a otros) de soluciones o de un conjunto de líneas de acción alternativas», sino como alguien que interviene, «de forma no dirigista», con tres tareas esenciales: «generar información válida...; mantener la autonomía del cliente permitiéndole realizar elecciones libres e informadas respecto a la naturaleza de la intervención; y permitir un alto grado de compromiso... por parte del cliente... en la puesta en práctica» (Bell, 1979). Esto le obliga a crear una atmósfera en la que el asesor y los asesorados pueden trabajar juntos como profesionales con igual, aunque diversa, experiencia, comprometidos en un proceso de exploración conjunta que persigue el desarrollo de la capacidad de los asesorados para comprender los problemas desde un punto de vista profesional y de las habilidades que conciernen a una tercera parte implicada (como los alumnos). El asesor complementa la experiencia de los asesorados con la suya propia, ayudando así a resaltar las cuestiones subyacentes al caso que se está explorando y permitiendo a los asesorados llegar a nuevas soluciones. La atmósfera creada es lo que Bion (1961) llama un «grupo de trabajo», que funciona abiertamente de acuerdo a una tarea acordada, a ser posible sin estorbo de preocupaciones ocultas («agendas ocultas») acerca del liderato u otras cuestiones (los «supuestos básicos» de Bion) mediante las cuales los grupos pueden intentar evitar abordar la tarea (véase por ejemplo el caso de Dipak y la discusión subsiguiente [págs. 52-55]).

El asesor, como alguien informado que facilita la discusión —no como un instructor didáctico—, no aparece como un juez, un evaluador o un supervisor de la actuación de los asesorados, ni tampoco tiene poder para realizar terapia personal o para dar consejos. Por lo tanto, no debe permitir que la discusión se centre en problemas personales que pueden influir en cómo un asesorado manejará el caso (como vimos, estos problemas, sin embargo, pueden aliviarse indirectamente a medida que se discute el caso). El asesoramiento basado en discusiones de casos también difiere de la típica conferencia sobre un caso. Se entiende como una serie regular de reuniones entre asesorados y asesor, quien no ha conocido en persona al niño acerca de quien se discute o, si lo ha hecho, sabe menos del niño que el asesorado. Por contraste, las conferencias sobre casos son reuniones *ad hoc* para informar y discutir entre todos los profesionales en contacto con un caso.

Tanto si el asesor viene a la escuela desde fuera o ya pertenece al personal, como especialista en necesidades especiales o en apoyo pastoral, todas las consideraciones mencionadas aplican al modelo de asesoramiento que elija con el objetivo de ampliar la capacidad de los maestros para comprender el comportamiento de los niños, sus efectos y tratamiento y la importancia del papel que ellos juegan en este tratamiento.

Seguidores, tanto de los métodos conductista como psicodinámico, coinciden en que se puede ayudar a los maestros a hacer frente a conductas problemáticas que interfieren en su docencia y en la capacidad del niño para aprender. Difieren, sin embargo, en la cuestión de si es mejor dar consejos directos y prescripciones, punto de vista sostenido por el primer método, o, como pretende el segundo método, ayudar a los maestros a ver por sí mismos hasta qué punto la situación puede estar contribuyendo a las dificultades del niño y a descubrir cómo mejorarla a través de recursos educativos. Los asesores de este tipo consideran importante que los maestros tomen sus propias decisiones como profesionales autónomos, a la luz de una mayor comprensión del caso y de un mejor uso de las habilidades afines que ellos ya poseen y que desarrollan de forma más amplia.

Los profesionales conductistas ofrecen sus propias técnicas de evaluación e intervención (véase Ellis, 1985) que los maestros pueden aprender sin gran dificultad, por ejemplo mediante una formación directa en cómo reconocer las actitudes «buenas» de los niños y cómo usar el refuerzo positivo de forma efectiva. Colaboran con el maestro, por ejemplo a través del uso de listas de control, durante la puesta en práctica de la técnica recomendada.

Las objeciones a este método se refieren, entre otras reservas, a la presunción de «que son los niños, más que los planes de estudio, los que necesitan remedio» (Swann, 1983), a la naturaleza especializada de un programa de objetivos conductistas que puede inhibir la integración de niños con necesidades especiales (Galloway, 1985), su énfasis excesivo en la «normalización» y el «éxito» definidos en términos de comparación con los demás, y por tanto cargados de problemas con respecto a las necesidades especiales (Dessent, 1987).

En cambio, el asesoramiento basado en principios psicodinámicos fija la atención tanto en el comportamiento del niño como en su situación, y también tiene en cuenta cómo percibe el maestro la dificultad y sus efectos en él, como, por ejemplo, deterioro de la confianza o pérdida de objetividad. Le ayuda a enfrentarse a estos efectos, como ilustran los estudios de casos vistos anteriormente. Este modelo de asesoramiento no prescribe lo que el maestro tendría que hacer sino que destaca las diferentes cuestiones de forma que apunten hacia alternativas factibles. El maestro conserva el control sobre el problema y se le deja decidir cómo emplear su propio discernimiento y habilidades con el niño en cuestión y, en definitiva, en cualquier situación problemática.

Estos aspectos cruciales del proceso educativo hacen que el modelo de asesoramiento elaborado por Caplan (Caplan, 1970; Plog y Ahmed, 1977; Irvine, 1979; Conoley, 1981) se vea como particularmente adecuado en el contexto educativo, puesto que se centra en maximizar los propios recursos de los maestros para tratar, de forma eficaz, con un alumno que presenta problemas. En contraste con el modelo de Balint (1957), que se basa en premisas similares pero que se enfrenta directamente con la relación trabajador-cliente, el modelo de Caplan hace lo mismo sólo de modo indirecto, como ya se ha detallado. El asesorado puede tener un conocimiento o comprensión insuficiente respecto al caso en concreto y, por tanto, puede no utilizar sus habilidades de forma adecuada, a la vez que puede necesitar restaurar su confianza y objetividad. Aunque la falta de objetividad puede deberse a un problema en la situación del maestro, que se refleja en el problema del niño, este extremo no se menciona nunca explícitamente, ya que el asesor no tiene autorización para realizar terapias. Sin embargo, al reducir las inquietudes del maestro acerca del problema del niño y ayudándole a entenderlo mejor y a encontrar posibles soluciones, el asesor lo desenreda de las propias inquietudes del maestro y así puede, indirectamente, ayudar a aliviarlo. Hemos comprobado que esto permitía al maestro mirar con nuevos ojos la situación y descubrir los medios de mejorarla.

El modelo de Caplan concuerda, pues, con lo que actualmente se considera una provisión efectiva de servicio interior (véase pág. 14 y sigs.) y con ciertos estudios de estructuras organizativas (Argyris, 1963, 1982) que señalan que sus trabajadores clave tienen que verse a sí mismos como capaces de tomar decisiones responsables y con derecho a encontrar sus propias soluciones, profesionalmente aceptables, a los problemas con los que se encuentran. Sin embargo, los maestros, con frecuencia, «colectivizan» o «privatizan» sus problemas profesionales —para usar los términos que emplea Lacey (1977)— echando las culpas al centro o a los alumnos, o manteniendo estos problemas escondidos, temiendo que sean una muestra de ineptitud personal. Los maestros, durante las discusiones, coinciden en que estas «soluciones» no hacen avanzar su labor profesional y también que es notablemente difícil seguir consejos que parezcan implicar crítica a sus métodos.

El modelo de Caplan previene esto, ya que proporciona una estructura de apoyo que permite a los maestros aceptar la responsabilidad de encontrar soluciones factibles a muchas de sus dificultades con los alumnos, experimentando con ello una profesionalidad más elevada. El modelo también les permite utilizar los métodos que más se adapten a su manera de trabajar, examinarlos desde la perspectiva de la labor educativa y adquirir un mayor conocimiento acerca de sí mismos en el contexto educativo sin quedar realmente expuestos. Este elemento cognitivo del modelo, demostrable en el contexto de asesoramiento, capacita a los maestros a transmitir el conocimiento y las habilidades adquiridas a otros niños aparte del niño cuyo caso se discute. Esto también hace que el método sea particularmente adecuado para los maestros, teniendo en cuenta el papel que juegan y su contexto institucional, y refuerza y amplía aquellos aspectos —definición de problemas y ayuda para resolverlos— que los buenos consejeros pastorales ya asumen dentro de sus funciones.

Pocos asesores adoptarán un solo modelo en exclusiva, y existe un considerable solapamiento entre los distintos modelos. En nuestro caso, el método ejemplificado en las discusiones de casos está basado en el modelo de Caplan para la discusión conjunta de los problemas habituales en el trabajo. También contiene un *elemento formativo*, ya que va más allá de las discusiones de casos específicos por medio de resaltar algunas cuestiones de manera que todo el grupo —tanto si otros miembros conocen al niño como si no— aprenden un método de resolución de problemas que pueden aplicar en problemas futuros y en las necesidades que puedan surgir (véase Wall [1977, 1979], para la importancia de este aspecto del apoyo).

Independientemente de qué modelo adapte un asesor a su propia manera de trabajar, encontrará útil tomar nota de los éxitos y las dificultades que otros han encontrado. Por ejemplo, Kolvin *et al.* (1982) combinaba el papel de asesor externo con el de consejero de las familias, y descubrió que esto generaba ciertas dificultades (Para ejemplos de lo mismo, pero con éxito, véanse Taylor [1982, 1985] [véanse también págs. 109-110], el método de sistemas conjuntos de Dowling y Osborne [1985] y Ellis [1985].) Además tampoco pudo disponer de unas discusiones regulares de grupo, de manera que sólo podía reunirse con los maestros en los momentos libres de cada uno. Lo cual, a veces, significaba hablar hasta con 16 maestros, por separado, acerca de los mismos niños. Además esto sólo permitía centrar la discusión en los casos específicos, sin que los maestros tuvieran la oportunidad de considerar su relevancia a nivel general. No es, pues, sorprendente que, como subraya un analista (Wolff, 1983), el asesoramiento, sin discusiones regulares de grupo, no fuera tan eficaz como podría haberlo sido. (Véase también Ellis [1985].)

Las presiones de tiempo son también parte de las dificultades citadas por Daines *et al.* (1981) en su estudio de un servicio de asesoramiento para la asistencia psicológica infantil. Se consideró que el servicio había tenido éxito porque comportó asistencias en la clínica más apropiadas (uno de los objetivos perseguidos por el servicio de apoyo a la clínica). Las reuniones, sin embargo, organizadas durante la hora del almuerzo, duraban solamente de media a una hora y siempre eran precipitadas. Los maestros pasaban de una cosa a otra a causa de intereses en conflicto, y ellos mismos vieron que esto era contraproducente para unas discusiones reflexivas —como debe haber sido el caso dado el número de alumnos (de cuatro a quince casos) discutidos en cualquiera de las reuniones. La asistencia fluctuaba según los alumnos de los que se hablaba, ya que los tutores tendían a asistir únicamente a sus propios casos y dejaban de interesarse cuando se hablaba de otros niños, sin darse cuenta de que la discusión de cada caso podía proporcionar ideas a todo el mundo. Los maestros de clase asistían muy raramente y tendían a acobardarse por la composición jerárquicamente descompensada, por arriba, del grupo. El tamaño de éste también dificultaba la participación de todos.

El personal de la clínica asistía como equipo y, por tanto, tenía que arreglárselas con su propia jerarquía. Los observadores estaban impresionados por las buenas relaciones y la confianza que se había desarrollado entre la clínica y las escuelas, pero intuían que el equipo dejaba pasar ocasiones de aliviar las preocupaciones de los maestros y las presiones producto de su trabajo, haciendo explícita su capacidad de comprensión. Parecían tener como único objetivo ayudar al niño a adaptarse al sistema escolar, sin considerar demasiado sus interacciones con los otros niños y con los maestros, y con la misma escuela. También parecían dejar pasar las ocasiones de reconocer y apreciar el trabajo de los maestros y, por tanto, de promover un mayor desarrollo de sus habilidades —tal vez inhibidos por el temor de transgredir los límites de su labor pero quedándose cortos respecto al modelo de Caplan en cuanto a esto.

A pesar de estas dificultades, las escuelas y la clínica habían conseguido un sistema viable de asesoramiento en funcionamiento que había comportado una mejor comunicación entre ambas instituciones y un servicio mejor. Como subrayan los observadores, aún se hubiera conseguido más, de haber mediado una clarificación explícita de los objetivos y de la estructura, establecida desde el inicio y constantemente renovada a medida que los miembros fueran cambiando. Examinaremos en la parte III qué supone esto tanto para asesores escolares como para externos.

5   LAS REUNIONES: OBJETIVOS Y CENTROS DE INTERÉS

En los entornos de trabajo de cualquiera de las escuelas, la base de las sesiones descritas en la parte I era, como vimos, tomar como punto de partida la experiencia de los maestros y su conocimiento del proceso de aprendizaje, del desarrollo del niño y de la conducta humana, observando que dicho conocimiento es susceptible de ser completado por profesionales externos o miembros del personal especialmente designados, con experiencia adicional, o especial comprensión de las necesidades extraordinarias. Como se ha mostrado, no tienen que conocer directamente al niño acerca de quien se discute o, si pertenecen al personal, pueden no conocerlo tan bien como el profesor que presenta su caso. El proceso de exploración conjunta con un colega cualificado se utiliza para capacitar a los maestros a redirigir sus ideas y a contestar por sí mismos las cuestiones surgidas de la exploración, más que dejar que alguien lo haga por ellos. A través del examen de las cuestiones subyacentes, tienen más posibilidades de ver dónde puede estar el problema real para el niño y cómo pueden optimizar el uso de sus habilidades para mejorar la situación y para ayudar al niño a enfrentarse con ella, a medida que reconocen mejor el aspecto terapéutico de los métodos educativos y de las relaciones humanas. También pueden darse cuenta de que, como maestros enfrentados a las necesidades especiales de todo tipo de niños, pueden hacer mucho. Pueden llegar a reconocer que incluso la «inadaptación» no es una condición cualitativamente distinta que deba ser necesariamente tratada por expertos, y que sus propias habilidades profesionales pueden ser relevantes también, especialmente de cara a las dificultades emocionales, de conducta y de aprendizaje.

En cada sesión, teniendo como centro de atención a un niño específico, se compartían conocimientos y técnicas que podían ayudar al maestro a entender y a enfrentarse mejor con ese caso, y, a todo el grupo, con casos similares. Se compartían *conocimientos*, que ayudarían a restaurar la *objetividad* sobre la situación, y *técnicas*, que elevarían el grado de *confianza* del maestro con respecto a la tarea, de manera que los maestros podían mostrar sus recursos y usarlos de forma eficaz en apoyo del progreso del niño.

Se compartían conocimientos con respecto a:

a) el niño, respecto a cómo se desarrollan sus dificultades emocionales, de conducta y de aprendizaje (experiencias causantes de trastornos);

b) todo el grupo clase en relación con el niño —como parte de la dinámica de grupos con respecto a diferencias individuales (la conducta problemática puede cumplir una función para el grupo que, en cambio, podría ser ayudado a apoyar el aprendizaje del niño);

c) interacción maestro-alumno de cara a las necesidades especiales y a las dificultades de comportamiento;

d) el potencial terapéutico de los contenidos curriculares.

Las técnicas que se compartían estaban relacionadas con:

a) calibrar las necesidades de un caso específico a partir de la conducta mostrada;

b) hacer esfuerzos en la línea de llegar hasta el «yo educable» del niño;

c) proporcionar un contexto coherente de nuevas experiencias educativas candidatas a satisfacer las necesidades estimadas;

d) implicar, si es posible, a los padres del niño y, si es necesario, a los colegas (compañeros en la labor docente y miembros de otras profesiones) como auténticos colaboradores.

Al dirigir de forma coherente la atención hacia las cuestiones subyacentes al caso específico, se aseguraba la implicación de todo el grupo, independientemente de que conocieran o no al niño del que se hablaba en aquella sesión, y se contribuía al desarrollo de la capacidad para resolver problemas que podía aplicarse a otros casos. Vamos a ver ahora, en detalle, qué implicaba esto.

Compartir conocimientos

Como hemos visto, el asesor ofrece la información que requiere la comprensión del caso en discusión, más allá del comportamiento manifestado, para ayudar a descubrir maneras adecuadas de resolver el problema. Su importancia debe quedar clara y debe ser ofrecida de manera que no se sugiera que el asesor se ve a sí mismo como el único experto y que no socave aún más la confianza del maestro que ya puede estar resentida por la dificultad del caso.

En segundo lugar, es crucial —tanto si el asesor es un miembro del equipo, especialmente formado, como si es un experto del exterior— que se respete a los maestros como profesionales autónomos; así, la puesta en común de los conocimientos debe reflejar el primer principio del asesoramiento, que es la exploración conjunta entre compañeros que contribuyen con un mismo grado de experiencia, por muy diversa que ésta sea. La contribución del asesor es una más entre otras. Ayuda a resaltar las diferentes cuestiones, equilibrando su aportación con la exploración conjunta y elevando la sensación de autonomía del maestro, al animarles a extraer sus recursos latentes y al capacitarlos para enfocar su tarea con nueva comprensión y confianza. Esto es, al mismo tiempo, un ejemplo de cómo el maestro puede abordar al alumno.

De esta manera, el asesor parte del propio conocimiento profesional del maestro, conocimiento que él mismo comparte, si ya pertenece a la escuela, o que debe dejar claro que valora, si se trata de un asesor externo. Parte de este conocimiento puede haber quedado desfasado, anticuado o ser inadecuado; parte puede arrastrar tópicos o estereotipos y carecer, por tanto, de interés, como las «profecías autocumplidoras» o las pseudoexplicaciones del tipo «hogar roto» y «familia monoparental».

Como vimos en las discusiones de casos, la información necesaria estaba relacionada con tres grandes áreas: el niño «en el mundo exterior» con sus experiencias que mandaban sobre sus reacciones a las distintas situaciones; el niño y su grupo de condiscípulos; el maestro en su interacción con ellos.

1. Acerca del niño

El niño «en el mundo exterior» puede decepcionar u ofender a los maestros al rechazar sus bienintencionados esfuerzos para ayudarle a aprender; el niño puede desconcertarlos con un comportamiento que le hace ser rechazado por todos; el niño puede hacerles sentir inútiles porque no se esfuerza y está convencido de que es incapaz de hacer lo que le piden. De estas y otras maneras, el niño provoca, y habitualmente recibe, el rechazo y la desconfianza que confirma sus propias expectativas. Esto coincide con lo que se conoce acerca de estos «aspectos de distorsión perceptual, de emoción inadecuada y de acción manipulativa que tienden a transformar la persona actual y la situación actual en la imagen y la semejanza de una persona anterior y de una situación pasada» (Irvine, 1979). A medida que los maestros van profundizando en la comprensión de estos patrones, consideran cada vez más posible resistirse a estos intentos, romper el círculo vicioso en el que han estado atrapados y ayudar al niño a encontrar maneras más fructíferas de relacionarse y de abordar su trabajo con más esperanza.

La conducta del niño se hace inteligible mediante la aplicación de información acerca de cómo se aprenden los patrones de conducta y cómo se adaptan los conceptos sobre sí mismo a lo que se sabe acerca de sus circunstancias e historia. El grupo puede pasar a considerar entonces, qué métodos se pueden usar para capacitar al niño a establecer diferentes relaciones con los maestros y con sus compañeros de clase, lo cual puede ayudarle a reemplazar sus ideas erróneas acerca de sí mismo como alguien sin remedio, inaceptable y sin valor, o acerca de los demás como personas hostiles, que le rechazan o que se muestran indiferentes.

Los maestros consideraron útil explorar cómo pueden los niños intentar enfrentarse, en la escuela, a sus ansiedades de origen familiar, cómo pueden sentirse afectados de manera diferente, en diferentes estadios de su desarrollo, por lo que precede y sigue al desmoronamiento de un hogar, cómo pueden, hermanos de familias aparentemente intactas, enfrentarse a sus profesores con desconcertantes diferencias de comportamiento —que afectan a su aprendizaje— dependiendo de los diferentes papeles familiares que les han sido impuestos, cómo pueden unos padres afligidos impedir a un niño la expresión de su propia pena, cómo puede un progenitor abandonado intentar desacreditar al que se ha ido, inconsciente de los riesgos que supone para un niño que no se le permita pensar bien de sus dos progenitores, y cómo esto también puede afectarle en la escuela.

A medida que las cuestiones subyacentes se hacían más claras, no se tomaban decisiones por cuenta de los maestros suministrando diagnosis clínica o consejos de tratamiento, ni se sugería que debían abordarse las relaciones familiares complejas o esforzarse en obtener las informaciones más íntimas, más allá de lo que los padres divulgan de buen grado. Los maestros, por su propia cuenta, se hicieron más atentos a las claves que estaban a su disposición, discutiendo las implicaciones de las diversas cuestiones, y esto les ayudó también a responder más adecuadamente a las necesidades pasajeras, o a largo plazo, de los niños. Hemos visto cómo los maestros aprendieron a prestar más atención a la situación en la que el niño empezó a comportarse de forma problemática y a su respuesta a las medidas tomadas para «corregir» esto, y lo que tales medidas podían significar para él. Observando los síntomas conductuales como parte de un patrón de posibles ansiedades y defensas contra éstas, los síntomas empezaban a indicar la posible naturaleza de la dificultad y de las clases de experiencias de aprendizaje que podrían ayudar a un niño a enfrentarse a ello de forma más eficaz, a través de unas relaciones mutuas más satisfactorias y menos deterioradas.

2. Acerca del grupo clase

El grupo de condiscípulos del niño, sin embargo, puede no desear que éste cambie —una causa frecuente de frustración para los maestros, cuando se echa a perder su sensible tratamiento de un niño en concreto, por las reacciones del grupo, que puede oponerse a sus progresos. Las tendencias ocultas de la clase, si se controlan únicamente desde arriba o si se dejan incontroladas, como saben todos los maestros, pueden bloquear todos sus esfuerzos con un niño cuyos compañeros no «permiten» que trascienda su función en el grupo, de revoltoso, víctima, payaso o cabeza de turco. Se puede entonces examinar de qué manera las experiencias de aprendizaje que un maestro puede diseñar para un alumno concreto, deben tener en cuenta a la clase completa tanto por el bien del niño como por la educación personal y social de los otros; ver a los demás bajo una nueva perspectiva es tan importante como ayudar a un niño en particular. Las presiones que operan en los grupos clase, sin embargo, son, a menudo, consideradas por los maestros como «propias de la naturaleza de las cosas» y piensan que pueden hacer poco por cambiarlas sino es eliminando sus peores características.

Los maestros, por tanto, encontraron útil examinar cómo pueden los grupos, a causa de las tensiones en su interior, utilizar a los individuos para expresar sus necesidades como grupo y entender los papeles jugados en connivencia por otros niños, que refuerzan las dificultades individuales de comportamiento. Hacer reír a carcajadas a toda una clase con sus bufonadas deliberadas, puede suponer un éxito para el payaso de la clase, apartando así su miedo de ser, en otro caso, el centro de sus burlas. Relatos autobiográficos dan testimonio de que detrás de muchas «travesuras y conductas indisciplinadas... (podría estar) el temor oculto a que (ellos mismos) pudieran en algún momento perder el favor del grupo y convertirse en objeto del desprecio general» (James, 1980). Entender ciertas teorías de grupo ha ayudado a los maestros a ver que el payaso de la clase puede estar también expresando algo en nombre de todo el grupo y que otros papeles pueden asignarse del mismo modo —el rebelde, el provocador, el revoltoso, el chivo expiatorio y víctimas similares, el bobo, el empollón y el conciliador. Cada papel expresa ciertas necesidades o deseos para los otros miembros del grupo, y lo asume aquel que el grupo presiona o el que es menos controlable, que queda aislado en la representación de su papel sufriendo las restricciones que éste le impondrá en su desarrollo como persona completa. Como vimos en el caso de Don y Martin (págs. 35-38), si se ayuda a un niño a superar estas restricciones —restricciones a las que la Sra. B. descubrió que había contribuido— o, si el que representaba un papel dentro del grupo se ausenta o se va, este papel puede llegar a ser adoptado por otro alumno.

Esto lo han comprobado muchos maestros que se habían sentido imprudentemente tranquilos por la ausencia de un niño problemático. Un mejor entendimiento de los procesos de grupo y de la función del maestro en estos procesos puede ayudarles a considerar lo que un grupo clase percibe como sus objetivos. Tanto si el objetivo es cooperar con un maestro que les parece que está de su parte, como si es rechazar a otro que a su vez parece rechazarlos, el grupo se confabulará con aquellos de sus miembros que están dispuestos a expresar estos deseos. Advertir a los maestros de estas posibilidades les ha permitido intentar métodos alternativos de gestión del grupo, para evitar la connivencia con las necesidades irracionales de un grupo, y activar, en cambio, el potencial del grupo en apoyo del aprendizaje de cada niño.

Al mismo tiempo, la información acerca de las posibles relaciones entre las necesidades de los individuos y la dinámica de los grupos ha ayudado a los maestros a no sentirse personalmente heridos, ofendidos, decepcionados o sorprendidos ante inesperadas corrientes subterráneas en grupos o individuos abiertamente cooperadores y a darse cuenta del potencial de cooperación que existe en los que se muestran abiertamente hostiles. Les ha ayudado a redirigir estas corrientes hacia un apoyo más constructivo, incluso para los miembros más vulnerables del grupo.

Para conseguir esto, los maestros tienen que saber y recordar cómo alimentar las fuerzas unificadoras en los grupos —sentimientos de pertenencia al grupo, autoestima, objetivos constructivos, seguridad en ausencia de amenaza— y cómo reducir las tensiones divisivas, como la dependencia competitiva, sea del profesor o de miembros poderosos del grupo, lo que puede provocar miedos y resentimientos. Los maestros pueden ver, por sí mismos, cómo su manera de llevar la clase, así como el contenido curricular normal, pueden suministrar experiencias de aprendizaje (como examinaremos en detalle en una sección posterior) que sirvan para ampliar la comprensión que tienen los niños de sí mismos y del mundo que les rodea y para aplicar esta comprensión en sus relaciones interpersonales.

Si los maestros son capaces de considerar, en casos concretos, que ciertas fuerzas reparadoras pueden estar latentes en grupos y en individuos abiertamente opuestos a ellos, pueden también examinar si acaso el clima de su institución influye en su propia disposición a colaborar o a oponerse a dichas fuerzas, al tiempo que ejercen su autoridad. Pueden aprender de ejemplos tales como el relato de Jimmy Boyle (1977) («el hombre más violento de Escocia») acerca de sus días en la escuela, cuando sentía, con diez años, que los profesores que castigaban tan severamente su violencia no esperaban realmente que él fuera menos violento, o como la «anécdota relevante» utilizada para dar nueva luz al caso de Dave (págs. 42-46) y a otros casos. Estos ejemplos recuerdan a los maestros que tienen una elección que tal vez han olvidado —la de ignorar este potencial reparador y dejarlo sin explotar, de manera que incluso los infractores desconocen su existencia, o la de aprender a encontrarlo y a descubrirlo y ser capaces, en consecuencia, de comunicarlo al grupo y al alumno.

3. Acerca de la interacción profesor-alumno

Los maestros pueden ver, pues, que la manera en que respondemos a las necesidades y dificultades de los niños depende, no sólo de nuestros conocimientos sobre los niños y sobre los grupos en los que se mueven, sino también de nuestro grado de comprensión acerca de nosotros mismos y acerca de nuestras propias reacciones a toda la gama de necesidades especiales de los niños, especialmente si se manifiestan en un comportamiento perturbador o anormal. Es bien conocido que, aunque podamos haber sido formados como profesionales, podemos continuar respondiendo a las muchas dificultades con que nos encontramos, no como profesionales sino a través de nuestro «yo no instruido» (Kahn y Wright, 1980). No hacerlo requiere un cierto grado de autoconciencia y, para los maestros, una comprensión de los aspectos personales que pueden influir en las relaciones entre profesores y estudiantes. Las discusiones de casos ilustraban dos grandes rasgos del proceso de aprendizaje en los grupos de asesoramiento: que los miembros tienen que desarrollar una comprensión suficiente de lo que ocurre «ahí fuera» en el objeto de investigación y que tienen que tomar nota y enfrentarse por sí mismos a aquello que es especialmente significativo para ellos. Como ya se ha subrayado (véase cap. 4) y demostrado (p.e. en la discusión del caso de Dave [págs. 42-46]), el hecho de que durante el asesoramiento no se recojan referencias personales —no se trata de psicoterapia— requiere que dicha autocomprensión sea profundizada solamente a través de las referencias a lo que tienen de universales tales relaciones, sin ninguna referencia a los individuos.

Vimos en el caso de John (págs. 49-52) cómo debía hacerse esto. Allí, el grupo examinó cómo los malos sentimientos de un alumno hacia él mismo podían ser proyectados agresivamente hacia profesores «adecuados». Se consideraron brevemente las relaciones existentes entre la manera en que nuestras propias agresiones fueron manejadas cuando éramos niños y las exigencias que luego planteamos a los demás y que influyen en que seamos un blanco más o menos adecuado para sus agresiones. Si entienden esto, los maestros se dan cuenta de que una amplia gama de angustias dependen de lo que nosotros sintamos acerca del éxito, el fracaso y la incapacidad, así como de lo que nos exijamos a nosotros mismos y a los demás. Esto puede ayudar a los maestros a manejar, e incluso a prevenir, aquellas batallas con los alumnos en las cuales ambas partes se sienten perseguidas y criticadas por la otra parte y en las que las provocaciones defensivas de un bando se convierten en «evidencia» de la maldad del otro. Cuando se tuvo esto por válido, desde un punto de vista general —es decir no sólo referido a un maestro— los mismos maestros admitieron que resulta tentador enfrentarse a un alumno de forma que deje de expresar y desafiar nuestras no reconocidas dudas acerca de nuestra competencia. También pudieron ver que el aceptar las dudas y las dificultades, en lugar de reflejarse negativamente en su competencia, de hecho podía incrementarla y que, si entendían la posibilidad de tales «identificaciones proyectivas» mutuas, encontraban más fácil sobrevivir a su impacto. Renunciando a las represalias, los maestros podrían ayudar al alumno a dominar sus sentimientos, mostrándoselos suavemente y dándole a entender que probablemente tiene motivos para sentirse así, y podrían ayudarle a ver que, aún teniendo motivos, no hay por qué hacérselo pagar a los demás. Vimos cómo esto había ayudado a Tony (págs. 28-31) y a Vic (págs. 40-42), por ejemplo.

Para poner en práctica tales reflexiones, es necesario que los maestros intenten comprender lo que sus alumnos les hacen sentir, y a continuación apliquen esta autocomprensión para acceder a los problemas del alumno, a su experiencia y, finalmente, a su «yo educable». Lo que Oashott (1973a) considera el descubrimiento de las «áreas no conflictivas» del alumno debe ser precedido de una exploración de las propias. Ambos procesos se ven favorecidos por el asesoramiento, sin tener que incluir los sentimientos reales de los maestros en la discusión.

Como hemos visto, a la hora de compartir conocimientos, los maestros aprecian poder implicarse plenamente, como ocurre cuando el asesor consigue el equilibrio entre aportar su propio conocimiento profesional y solicitar el de ellos. A lo largo de las diferentes sesiones, este equilibrio puede oscilar hacia uno u otro lado, como vimos en las secuencias de estudios de casos. El asesor puede restablecer el equilibrio si él mismo solicita ayuda y aclaraciones y reconoce que carece de cierto tipo de conocimiento que otros del grupo poseen —como, por ejemplo, conocimiento acerca de los niños que él no conoce o, en el caso de un asesor externo, cuestiones de organización interna de la escuela que le son desconocidas. Caplan (1970) considera que la mejor manera de transmitir los conocimientos del asesor es que éste plantee «preguntas que puedan ser contestadas» con objeto de provocar la reflexión de los miembros del grupo pero sin minar su confianza en sí mismos, que puede estar deteriorada tras su fracaso a la hora de resolver el problema. Si uno se incluye a sí mismo entre los que no hubieran entendido inmediatamente qué estaba ocurriendo («la mayor parte de los niños reaccionarían así si nos malinterpretaran como ha ocurrido aquí, pero no siempre nos damos cuenta de ello cuando estamos implicados en la situación»), se deja una puerta abierta para recoger más información acerca de los patrones de conducta así como para enfocar la cuestión desde distintas perspectivas. Al reconocer sus limitaciones, el asesor facilita que los demás hagan lo mismo. En todo momento, el asesor agradece y trabaja con la experiencia diaria del maestro, de la cual él, como especialista en necesidades especiales, se sitúa a una distancia suficiente que le permite actuar como un observador externo más objetivo, cuyas preguntas pueden aclarar o descubrir lagunas en la conciencia de los maestros y en sus suposiciones no exploradas acerca de los actos de enseñar y aprender. Si el asesor comparte su conocimiento de esta manera, es más probable que los maestros examinen su validez y pongan a prueba sus implicaciones.

Al mismo tiempo, ofrecer información en el contexto de un proceso de exploración conjunta y de planteamiento de preguntas legítimas, constituye una técnica pedagógica por derecho propio y puede ser especialmente interesante para los maestros, que pueden desear desarrollarla en sus propias aulas, junto a las otras técnicas que emplean.

Restablecer la objetividad

Cuando los sentimientos personales han interferido en una situación profesional, puede ser difícil para un maestro tratar objetivamente a un alumno. Como vimos en las discusiones de casos, un maestro puede demostrar que prefiere o rechaza a un alumno en base a una identificación positiva o negativa con él. Esto distorsionará su criterio e influirá en la manera en que aplicará su autoridad. El maestro puede reaccionar exageradamente o incluso renunciar, a la vista de un desafío, real o aparente, a su competencia si él mismo alberga dudas acerca de ella. Por otra parte, puede adoptar una postura subjetiva surgida de sus convicciones más profundas acerca de la vida y el aprendizaje, y puede sentirse presionado por sus superiores, por los padres de los alumnos o por lo que la opinión general espera de los maestros.

El asesor se dará cuenta de estos problemas únicamente a través de la contribución que el maestro haga a la discusión. Tiene que decidir si utilizará estas contribuciones en ese momento o después, cuando la tensión haya desaparecido y las alternativas se vean más claras. El asesor, así, intenta calibrar el «espacio entre palabras», entre lo que se ha dicho y lo que parece implícito y entre lo que puede haberse ocultado voluntariamente, y que debe ser respetado como algo privado, y lo que no se ha dicho porque el maestro puede no ser consciente de ciertos datos que, una vez llevados a la luz, pueden resultar ser recursos no explotados esperando ser utilizados.

Otros autores han tratado de los diferentes niveles de comunicación y su importancia en el marco del asesoramiento. Schein (1969), por ejemplo, distingue cuatro áreas dentro del yo:

a) el «yo abierto» (o lo que estamos dispuestos a revelar acerca de nosotros);
b) el «yo oculto» que representa lo que se oculta deliberadamente a los demás (como subraya Caplan, esto debe ser respetado como algo personal en el proceso de asesoramiento);
c) la «zona ciega» del yo (el «yo ciego»; nuestros puntos flacos) que escondemos incluso de nosotros mismos pero que pueden ser evidentes para los demás (por ejemplo, el asesor y el grupo pueden darse cuenta de cuando un maestro está contribuyendo a sus problemas con los alumnos sin darse cuenta);
d) un «yo desconocido», desconocido para la persona y para los demás (Schein considera esta parte del yo como irrelevante a efectos de asesoramiento —sorprendentemente, puesto que este yo desconocido puede ser la zona donde se hallen las fuerzas, habilidades y potenciales escondidos y puede ser explotado durante el proceso catalizador del asesoramiento).

Es probable que durante las discusiones de casos se produzcan contribuciones que sean reflejo de los cuatro tipos de «yo».

Aparentemente el «yo abierto» no comporta problemas. Sin embargo, una comunicación excesivamente íntima y personal puede plantear problemas en un grupo de asesoramiento. Un maestro, por ejemplo, puede describir la experiencia de un niño claramente como «idéntica» a la experiencia de su propia infancia, tal como ocurrió en el caso de un alumno cuyo aprendizaje se veía perjudicado por un padre demasiado exigente que imponía niveles inalcanzables. El asesor debe resistirse a la tentación de profundizar en esto y tiene que seguir focalizando la atención en el niño en cuestión y en la búsqueda de una solución a su problema, sin que parezca tampoco que rechaza el comentario personal del maestro. Esta identificación con el niño (evidente a través de comentarios tales como «Sé por lo que está pasando este niño; a mí me ocurrió lo mismo») puede entorpecer la percepción del maestro puesto que, si la situación del niño queda ligada a sus debilidades personales, el maestro puede proyectar sus propios sentimientos y problemas en el niño, y cualquier acción en beneficio del niño puede verse afectada. En el caso del «padre severo», por ejemplo, supimos por el propio maestro que éste no podía evitar hablar con el padre en un tono de voz recriminador y exigente, que hacía que el padre no aceptara ni una sola de sus sugerencias. Se ayudó al maestro a darse cuenta de que, en lugar de pelearse con el padre, sería de más utilidad para el chico si le ayudaba a ajustarse más a las exigencias del padre, tomando éstas como posibles señales de preocupación por el futuro de su hijo. Al cambiar sus sentimientos hacia el padre, el maestro consiguió entonces ayudarle a valorar los esfuerzos reales que su hijo estaba haciendo, discutir juntos la cuestión con tranquilidad, reconocer su preocupación como padre y ayudarle a apoyar los progresos graduales del chico. Otra maestra mencionó que una de sus alumnas le resultaba muy irritante, era la segunda de una familia con tres hijas («como yo») y la madre constantemente la comparaba de manera desfavorable con las otras dos, cuando hablaba con la maestra, y la maestra se veía a sí misma reaccionando ante la niña como, según ella, su propia madre lo había hecho con ella. El grupo exploró la manera de ayudar a la niña a ser menos irritante y de hacer que la madre viera que la maestra la aceptaba mejor. A su vez, esto hizo que la maestra se mostrara más relajada ante la niña, respondiendo a su negativismo provocativo de una manera tranquila y constructiva, consiguiendo la actitud a la que Irvine (1979) se refiere como que «responde a la realidad de la otra persona, con habilidad para percibir sus cualidades, y para sentir y reaccionar adecuadamente», en lugar de reforzar la propia tendencia de la niña a distorsionar su relación con la maestra de acuerdo con su experiencia de una madre hipercrítica. Por el contrario, en otro grupo, una profesora presentó las dificultades que tenía con una adolescente que, al tiempo que se llevaba bien con otros profesores, la había elegido como blanco para desafiar su autoridad —mientras la profesora misma estaba en constante lucha con la nueva coordinadora de cuya autoridad se resentía. El grupo discutió, en general, los sentimientos de desafío hacia una figura de autoridad y el impacto que éstos suponen, y si es factible encontrar maneras de obtener y fortalecer sentimientos alternativos, más constructivos, latentes en tales alumnos, y al mismo tiempo poner límites a la ira mostrada. Finalmente, la profesora participó en la exploración de cómo podía llevarse a cabo esto y reflexionó sobre «la experiencia que supone ser el receptor de tales estallidos de cólera».

Encontrar posibles soluciones tiende en sí mismo a reducir la ansiedad producida por un caso, esté relacionado o no con la vida personal del maestro. Sin embargo, en los casos en que los comentarios personales sugieran que tal relación existe, es posible tomar brevemente nota de ellos con el respeto que se merecen como reflejo que son de un dolor pasado y aceptarlos como elementos que pueden iluminar la situación bajo discusión, sin profundizar más en ellos. El foco debe permanecer en el alumno y en el problema puesto de manifiesto, conservando en la relación asesor-maestro el carácter de exploración objetiva conjunta.

Durante todo el proceso, sin embargo, el asesor se ha estado comunicando a varios niveles; ha escuchado el mensaje manifiesto del maestro (como en estos casos, la dificultad de aprendizaje del chico y la conducta irritante de la chica) y se ha dado cuenta, sin un reconocimiento explícito, del mensaje latente (acerca de los niños y del «progenitor perjudicial» del propio maestro) que obtuvo también una respuesta tácita (viendo la conducta de los padres como un síntoma quizás abierto a cambios si oían hablar de los progresos de sus hijos de una manera que fuera aceptable para ellos).

En lo que se refiere a nuestro «yo oculto» y a nuestro «yo ciego», es quizás el aspecto más básico de este tipo de apoyo que la experiencia íntima o incluso inconsciente, que puede estar interfiriendo con la tarea profesional, se respete como algo privado, aunque no se ignore su posible relevancia para el contexto de trabajo. Los maestros a menudo introducen en su presentación diversos temas, tales como sus sentimientos hacia el niño, hacia los padres y hacia el papel que juegan madres o padres, o sentimientos acerca de sí mismos en relación con la escuela. Pueden hacer esto de forma consciente o inconsciente. De una manera u otra, un profesor puede estar de acuerdo con las críticas de unos padres respecto a la escuela y a pesar de eso resentirse de que las hagan, pero sin llegar a sentirse libres para discutirlo en el grupo. Puede existir una ambivalencia no resuelta, si el mismo maestro ha provocado parte de la insatisfacción de los padres, merecidamente o no. Durante la exploración, se puede hablar en términos generales del origen de las insatisfacciones —propias y ajenas— y de los métodos alternativos de tratarlas, antes de examinar las razones particulares de los padres, como algo que se debe en parte a la escuela y en parte a los mismos padres. La escuela, entonces, puede convertirse en un objetivo conveniente para los padres, puesto que puede adolecer de ciertas insuficiencias ante las cuales los padres se sientan especialmente sensibles por motivos personales. Puede ser útil considerar respuestas alternativas a las proyecciones de los demás y tal vez discutir las respuestas de los padres a nuestras propias insuficiencias, y cómo podemos atribuirles lo que sentimos acerca de nuestras propias imperfecciones. Los maestros tienden a sentirse sorprendidos, aliviados y estimulados cuando se les sugiere «simplemente» que lo que los demás piensen de nosotros puede verse como su problema, pero que la reacción a ello es nuestra y puede muy bien influir en su actitud. Se sorprenden porque la relevancia que esto suele tener en las discusiones se aprecia inmediatamente; se sienten aliviados porque se presenta como algo universal, y estimulados a abordar los motivos reales que pudiera haber detrás de tales quejas. Esto también les ayuda a sensibilizarse hacia las preocupaciones que subyacen a las quejas aparentemente sin fundamento, como se vio en el caso de Len (págs. 55-58).

Todo esto queda claramente dentro del ámbito de influencia de un grupo de apoyo profesional pero, puesto que la meta es la objetividad, y no la terapia, cualquier discusión de este tipo debe ser relevante al caso en discusión y a las relaciones profesionales implicadas. Esto permite que la parte personal, oculta o ciega al principio, empiece a proporcionar información a la actuación profesional, en ayuda del aprendizaje del niño. Veremos, más tarde, hasta qué punto puede involucrarse a los padres de forma similar.

Viendo, así, que se respeta su propia intimidad, los maestros descubren que pueden reconocer la intimidad de sus alumnos y pueden desarrollar la capacidad de responder a sus necesidades emocionales especiales sin violarla. Scharff y Hill (1976) y Hill (1975) han documentado un enfoque similar con adolescentes como parte del currículum. El caso de Tony (págs. 28-31) mostraba de qué manera el respeto a este principio ayudaba a un niño mucho más joven a compartir su angustia con su maestra sin hablar de ella y, de esta forma, a hacerle frente mejor. Sin embargo, los secretos «mantenidos en silencio» y, a pesar de ello, claramente aceptados por el grupo en términos generales —como el hecho de que existen problemas independientemente de lo larga que sea la experiencia profesional— pueden llegar a ser admitidos abiertamente, respetados, superados y considerados dignos de ser compartidos objetivamente. Los maestros descubrían que su silencio acerca de fracasos inevitables había contribuido a la tensión, había socavado más su seguridad, mientras que aceptar un fracaso y examinarlo conjuntamente había contribuido a restaurarla. Se había utilizado para iluminar la tarea y no se había convertido en un juicio de valor sobre la persona.

A menudo se descubren éxitos parciales dentro de un aparente fracaso, y se pueden manifestar los recursos del «yo desconocido» y pueden utilizarse en favor de alguna estrategia deliberada. Una ventaja del apoyo continuado (de duración suficiente que permita discusiones de seguimiento) es que los maestros pueden llegar a darse cuenta de los cambios ocurridos en su visión e interpretaciones de la conducta de un niño, entre la presentación inicial de un caso y los seguimientos, y que la discusión puede traer nuevas respuestas a las necesidades especiales de un niño. Entonces se ve más claro cómo el uso o el no uso de nuestras capacidades profesionales depende de los detalles en que nos fijamos acerca de un niño, cómo los interpretamos y cómo podemos distorsionar lo que vemos y luego adaptar lo que vemos a las distorsiones que hemos hecho. Caemos de pleno en el lugar común de la profecía autocumplidora cuando vemos que la conducta de un niño cambia en respuesta a ciertos cambios en la manera de percibirla y de anticiparla, como vimos en el caso de Dave (págs. 42-46). Los maestros informaban que su punto de vista, en ocasiones, cambiaba incluso mientras volvían a casa, después de la reunión. Una vez, una maestra descubrió que su opinión cambiaba incluso mientras planeaba presentar el caso de un chico difícil («que no había dado más que problemas durante todo el curso») en la reunión a última hora del día y «por primera vez, curiosamente, se ha comportado bien durante todo el día», ¡su conducta había cambiado incluso antes de que su caso llegara a ser discutido!

Es crucial que los maestros se den cuenta del papel que desempeñamos en los procesos de atención selectiva que influyen en nuestros juicios y que reconozcan hasta qué punto éstos afectan a los propios objetos de juicio, cómo nuestros sentimientos acerca de los alumnos, influidos por esta atención selectiva, se transmiten a los alumnos a través de nuestras reacciones y cómo nuestra objetividad perdida puede entrar involuntariamente en connivencia con la propia predisposición del alumno y llevar a un reforzamiento de sus problemas. Britton (1981) ha analizado hasta qué punto intentar resistirse a esta connivencia puede ir en contra de las propias inclinaciones emocionales de un profesional. La aplicación por parte de Hargreaves (1972) del concepto de Laing de las «metaperspectivas» en el aula y en las relaciones profesor-alumno es de interés aquí, puesto que describe cómo las percepciones, interpretaciones y reacciones tanto del profesor como del alumno —todos esos «esfuerzos proyectivos según el significado»— pueden llevarles a atribuir al otro las mejores o peores intenciones posibles. Desde la descripción de Abercrombie (1969) de su técnica de enseñanza con estudiantes de Medicina, han tenido lugar una serie de intentos para conseguir tomar conciencia de estas cuestiones a través de enfoques dentro del currículum. Volveremos a este punto cuando examinemos la importancia de las enseñanzas curriculares a la hora de satisfacer las necesidades especiales. Lo que importa aquí es que durante el proceso de asesoramiento puede interrumpirse una espiral potencialmente nociva de proyecciones negativas que se confirman a sí mismas, y que los profesores pueden descubrir que son capaces de empezar a dar una réplica más positiva. Ellos están en una posición mejor para hacer lo que Wall (1973) subraya que depende únicamente de ellos; una vez restaurada la objetividad, en lugar de acentuar más las dificultades que las necesidades especiales pueden haber creado, los maestros capaces de acceder a los niños pueden ofrecerles un conjunto consistente en experiencias nuevas de aprendizaje en el marco de un proceso genuinamente reeducativo.

Compartir capacidades

Como hemos visto, las capacidades que esto requiere son, en primer lugar, la habilidad para ver más allá de la conducta mostrada, para *calibrar las necesidades de un niño* que pueden estar enmascaradas por su comportamiento. Esto implica una observación discreta, valoración (de cómo, por ejemplo, una conducta enérgica oculta un bajo concepto de sí mismo [Burns, 1982]) y revaloración, al tiempo que las necesidades evolucionan. En segundo lugar, deben hacerse *especiales esfuerzos* para alcanzar el «yo educable» del niño. El maestro debe ser capaz de captar y construir a partir de lo que hay de bueno en un niño, de escuchar y de compartir su experiencia sin interferir, de expresar su aceptación y de transmitir implícitamente que sus palabras y actos son entendidos e interpretados como señales de la ansiedad del niño. El niño puede conseguir superar estas ansiedades porque son comprendidas y éstas pueden dejar de interferir en su trabajo y en las relaciones con sus compañeros. Sus sentimientos se vuelven más manejables al tener la oportunidad de exponerlos ante alguien que se presenta como un apoyo. Vimos cómo la maestra de Tony (págs. 28-31) intervino hábilmente en la crisis de comportamiento del niño, le ofreció apoyo al tiempo que ponía límites a su conducta y le ayudó a volver a aprender. Con estas capacidades, ella descubrió el «área donde no había conflictos» y pudo alcanzar «la parte educable del yo» (Oakeshott, 1973a). Esto requiere un tercer conjunto de capacidades: *la organización de las experiencias docentes y la presentación del material educativo* de manera que ayuden a enmendar las ideas limitadas que el niño haya podido desarrollar acerca de sí mismo en relación con los demás y con las tareas que se le presentan. Esto se hace a través de estrategias de estímulo, del uso de las «habilidades confirmadoras» y del contenido curricular, y a través de una especial atención a la dinámica de la clase y de la gestión de los puntos potencialmente perturbadores del sistema educativo y de las instituciones escolares (tales como primer año, cambios de final de curso, cambio de profesores y cambio de escuela).

Los maestros de los distintos grupos se mostraban siempre sorprendidos ante el escaso uso de ciertas técnicas bastante elementales de estímulo y reconocimiento que ellos afirmaban valorar pero que «olvidaban» aplicar con sus alumnos más problemáticos —quienes, admitían, eran los que más las necesitaban. Gulliford (1971) menciona esta paradoja en su discusión de las técnicas docentes de Redl con «niños que odian» (Redl y Winemann, 1957).

Como he intentado mostrar, para que los maestros descubran y desarrollen su habilidad para responder a las necesidades especiales, en los grupos de apoyo no hay que decirles qué deberían hacer. El asesor, al tiempo que les ayuda a centrarse en las cuestiones subyacentes, les está ayudando también a ver qué capacidades necesitan emplear para asegurar las experiencias educativas requeridas por cada niño. En un caso de este tipo, por ejemplo, un maestro presentó a Ivan, un niño de diez años, difícil e inasequible, al cual no había podido enseñar nada y que ni siquiera respondía al halago, como en la ocasión en que, inesperadamente, había escrito una redacción muy imaginativa acerca de uno de los «Cuentos de la colina» de Kipling que el maestro había leído en clase. Al alabarle su trabajo, el maestro descubrió que Ivan se encerraba de nuevo en su caparazón. Cuando se discutió este caso en el grupo, se descubrió que el contenido de la historia —«Por qué tiene púas el erizo»— era revelador; sólo entonces reconoció el maestro la interpretación terapéutica que la historia tenía para el niño, lo cual se le había pasado por alto en aquel momento. El maestro encontró entonces la manera de llevar a la clase el tema de la protección y la supervivencia, mostrando respeto y admiración por la manera que tiene el erizo de defenderse contra el peligro, como había hecho Ivan en su redacción. Más que ser alabado por su trabajo fuera de contexto, sus opiniones podían ser aceptadas como parte del trabajo de la clase. Algunas de las necesidades de Ivan eran comprendidas a un nivel más profundo, y podían empezar a ser satisfechas a través de nuevas experiencias educativas con sus compañeros.

De nuevo se dejó al maestro la decisión de cómo podía llevarse a cabo esto. Como había ocurrido con la maestra de Tony (págs. 28-31), utilizó sus capacidades como resultado de comprender mejor un hecho aislado (véase, a este respecto, el informe de Redl [1966] acerca de una comunicación terapéutica de este tipo, especialmente como una primera ayuda emocional [Upton, 1983]) y luego, como parte de la interacción general con los alumnos en sus actividades escolares normales. El maestro no tuvo que involucrarse tanto en la vida del niño como para que ninguno de los dos lo pudiera soportar, una cuestión que se ha señalado como crucial para el uso terapéutico de las capacidades educativas (Caspari, 1975).

Devolver la confianza

Desarrollar las propias capacidades en este sentido, ayuda claramente a restaurar la confianza. La confianza de los maestros puede haber sido socavada por varios motivos. Algunos maestros podían ver cómo habían malinterpretado como desafíos personales el rechazo de los niños a su docencia, y otros veían cómo sus propias opiniones perfeccionistas de lo que un maestro debería conseguir o «tiene derecho» a esperar de sus alumnos les había puesto a la defensiva y les había generado una sensación de fracaso e incompetencia desde el momento en que sus expectativas no se cumplían. Esto hacía aún más difícil acceder a los niños que ellos consideraban difíciles.

El asesor se asegura que la discusión permanezca centrada en el alumno y en el problema puesto de manifiesto; sin embargo, como se ha visto, trabaja a diferentes niveles de comunicación. Al tiempo que el asesor ayuda al grupo a enfrentarse con los éxitos y fracasos de los alumnos, éxito y fracaso en general se convierten en una cuestión profesional, ayudando indirectamente a los miembros del grupo a reparar su propia pérdida de confianza y autoestima. Sucede que, al colaborar con los maestros en ayudar a sus alumnos a enfrentarse con las carencias e insuficiencias que sienten, los maestros se vuelven más capaces de aceptar sus propias vulnerabilidades y, al aceptarlas, convertirlas en aptitudes —sin hacer ninguna referencia específica a ningún maestro en particular. (Veremos después [pág. 112] cómo se da una situación similar entre maestros y padres.)

La mayoría de los maestros parecía haber considerado el éxito y el fracaso, los suyos y los de los demás, en términos puramente subjetivos, como un reflejo de la persona. Sólo ahora, decían algunos, podían examinar sus dificultades más desapasionadamente y ver lo que éstas podían decirles sobre la tarea en cuestión. Es ciertamente importante que los maestros puedan llegar a hacer esto y puedan entender la trascendencia educativa que tiene ayudar a sus alumnos a experimentar el éxito y el fracaso como una muestra de que uno va, o no, «por el buen camino» (Bruner, 1961), más que verlos como una causa de recompensa o castigo procedente de la jerarquía institucional. En los casos en que se experimenta esto último, podemos desear mostrar nuestros éxitos y esconder nuestros fracasos, con serios efectos en nuestra autoestima, confianza y motivación —influyendo el hecho de que tomemos decisiones en obediencia a la autoridad o críticamente, según criterios morales. La importancia de esta cuestión para los profesores se muestra en los estudios de Milgram (1974) que sugieren que lo que influye en que la persona desarrolle la suficiente autoestima para analizar los problemas, enfrentándose a ellos y resolviéndolos adecuadamente, o únicamente quiera mostrarse competente ante sus superiores tiene mucho que ver con las recompensas que recibió en el pasado por su deferencia a las figuras de autoridad. El patrón de autoridad de una escuela se considera por los investigadores como una de las condiciones antecedentes que afecta a la autoestima y a la motivación para enfrentarse a las propias tareas de una manera que no sea la obediencia (o una rebelión irracional contra la autoridad) o para cooperar en el desarrollo de un autoconcepto positivo en base al cual uno se convierte en árbitro de sus propias acciones.

Estas consideraciones son importantes para cualquier organización que se preocupe por la motivación de sus miembros (véase Argyris, 1963). Asumen una especial trascendencia para las instituciones cuyo objetivo es la educación de individuos autorregulables capaces de evaluar su propio potencial positivo. Como se está reconociendo cada vez más (Burns, 1982), a menos que los maestros sean capaces por sí mismos de esta evaluación autorreguladora y en el proceso se vuelvan más capaces de buscar la parte positiva que hay en sus alumnos, la manera en que sus colegas y superiores les reconozcan o no sigue influyendo en cómo ellos reconocen a los demás y en lo que ocurre entre ellos y sus alumnos. (La cuestión de que los maestros sean capaces de una evaluación autorreguladora tiende a ser olvidada por aquellos que proponen que el asesoramiento a los maestros podría conllevar unas compensaciones económicas [rechazado por Graham (1984)] y/o la observación en el aula por parte de superiores. Esto no sólo altera el resultado del proceso sino que también polariza a los que se considera que reúnen las condiciones adecuadas y los que se considera que no las reúnen [véase Montgomery, 1984].) Los maestros encontraron esta cuestión de gran interés mientras examinaban las interacciones de determinados alumnos con ellos, evaluando y mejorando su actuación sin necesidad de que nadie les dijera que tenían que hacerlo.

Necesidades especiales: el currículum normal como fuente de nuevas experiencias educativas

Como vimos en la página 66, los maestros descubrieron que lo que aprendían en grupo les permitía responder de forma más útil a todos sus alumnos y no sólo a aquellos cuyo caso se discutía. Esto es de gran importancia con respecto al programa educativo global y a las diversas sugerencias a propósito de «derogar» o «modificar» el Currículum Nacional para algunos niños bajo el Acta de Educación de 1988. Se ha propuesto a los maestros de las escuelas normales que «cuando consideramos la necesidad de los niños inadaptados de triunfar en sus relaciones, en su aprendizaje básico, en la gestión y expresión de sus sentimientos, en el aprendizaje de un comportamiento más aceptable y satisfactorio, podemos encontrar líneas maestras para la adaptación del currículum escolar que lo harían adecuado para ellos» (Laslett, 1982).

Uno de los problemas en educación especial, y el principal motor en el debate sobre integración, ha sido la dificultad para suministrar a los niños segregados una educación normal completa al tiempo que se satisfacían sus necesidades especiales. Satisfacer las necesidades especiales en las escuelas normales parece problemático sólo a aquellos que ven los niños en cuestión como «diferentes». Sin embargo, como los maestros de los grupos han descubierto, los niños comparten unas bases substancialmente comunes, cualquiera que sean sus necesidades, y lo que se ofrece especialmente al que lo necesita puede ser importante para otros; las dificultades que algunos niños experimentan pueden apuntar a problemas más generales en la interacción de la clase; y aprender a responder más adecuadamente a sus «alumnos más difíciles» les hace ser mejores maestros para todos.

A los maestros de las escuelas normales les interesa mucho saber que los especialistas en educación especial sugieren a sus colegas del sector especial que su docencia podría enriquecerse mucho si adoptaran algunos de los avances en el currículum de las escuelas normales (Gulliford, 1975; Laslett, 1977; Wilson, 1981; Upward, 1984). Les remiten, por ejemplo, a los proyectos curriculares contenidos en informes y manuales docentes publicados por organismos tales como el Consejo Escolar, que cubren toda la gama de sujetos discentes, permite a los maestros tomar como puntos de partida las propias preocupaciones de los alumnos y pone énfasis en el aprendizaje a través de la experiencia directa y en la importancia de los intereses de los alumnos. Todas estas características «han sido sobradamente reconocidas por los maestros de las escuelas especiales como adecuadas para los niños con necesidades especiales» (Wilson, 1981).

De forma similar, se insta a los maestros de las escuelas normales a que examinen el concepto del currículum pastoral y su lugar en la educación de todos sus alumnos. Ésta puede ser una parte distinta pero coincidente del área del currículum que se ocupa de la educación social y personal del alumno (ejemplificado en el Active Tutorial Work [Baldwin y Wells, 1979-1981; Tall, 1985], Developmental Group Work [Button, 1981-1982; Thacker, 1985; Marland, 1989], programas de Educación de la Salud y del Consejo Escolar). Por otra parte, del mismo modo que la educación personal y social (Pring, 1984; Lang, 1988; Ryder y Campbell, 1988), puede considerarse como «una parte integral de la educación liberal que deberíamos estar ofreciendo» a todos los alumnos, «una educación que es, por un lado, intelectualmente estimulante y personalmente trascendente para la manera en que (los alumnos) viven sus vidas», en la que los alumnos puedan examinar las soluciones a sus dificultades reales bajo la forma de las soluciones arquetípicas que forman parte de la condición humana, la cual ellos están aprendiendo a comprender (Elliot, 1982). El argumento es que si la educación se ocupa de la comprensión de la condición humana, debe permitir y ayudar a los alumnos a aplicar dicha comprensión a su propia condición, como individuos de los que se espera que desarrollen responsabilidad acerca de sí mismos en sus relaciones con los demás y que el currículum pastoral y PSE debe jugar un papel crítico en dicho desarrollo (para una discusión detallada, véase Best *et al.* [1980], Best y Ribbins [1983], Mclaughlin [1982], Elliott [1982], Ribbins [1984, 1985], Wilson y Cowell [1984], Quicke [1985]). Esto contrasta radicalmente con la mala aplicación de la atención pastoral y los servicios para necesidades especiales como forma de control social, rechazados como «pastoralización» por Williamson (1980) y Ribbins (1985), que considera las dificultades de los alumnos como meras incapacidades de niños que deben adaptarse a un entorno escolar no examinado.

El argumento para el potencial educativo de un currículum de estas características es que existe una disciplina curricular que facilita el aprender a comprender la condición humana y el papel que juegan las emociones en la vida de la gente así como el aprender a asumir la responsabilidad de las propias relaciones y actitudes de cara a obstáculos y presiones. Un currículum así se adaptaría también a las necesidades de los alumnos con problemas emocionales y de comportamiento que necesitan sentir, aún más que los demás, que sus esfuerzos para expresar sus necesidades pueden ser atendidos, reconocidos y satisfechos dentro de la escuela, a través de la cooperación, antes que a través del conflicto y de la conducta destructiva. Sólo un currículum así, amplio, equilibrado y adaptado a sus necesidades individuales, así como a las de todos los demás asegurará, como subraya el Consejo Nacional Curricular (1989a), el acceso curricular de todos los alumnos, acceso al que tienen derecho por ley.

Como hemos visto, sin embargo, los maestros de las escuelas normales, por diversos motivos, no siempre ejercen un uso pleno de sus recursos educativos, especialmente si caen en la trampa de confundir el control superficial de la conducta con una respuesta suficiente a los problemas de conducta. A veces no conceden la suficiente importancia a estas cuestiones y a aquellos métodos, actividades y contenidos dentro del currículum que permitirían a los niños con dificultades concretas sentirse a sí mismos más triunfadores en el ámbito académico, social y personal y que les capacitaría para entender y controlar sus sentimientos y construir un concepto de autoestima.

Se recuerda enérgicamente a los maestros (Consejo Nacional Curricular, 1989b) que «para los alumnos con problemas emocionales/de conducta, es peligroso sobrepasarse en el "control" de la conducta sin intentar entender los sentimientos del niño, (y que) las necesidades personales y sociales del alumno deberían apoyarse a través de actividades del área del lenguaje, tales como dramatización de situaciones, interpretación de personajes, música e historias».

Hemos visto cómo, con una mejor comprensión de las necesidades especiales de los niños y una atención al potencial terapéutico del programa educativo ordinario, los maestros podrían contactar de nuevo el «yo educable» del niño. Los maestros se vuelven más receptivos a las oportunidades del programa educativo general para diseñar experiencias docentes que puedan ayudar a los niños a enfrentarse mejor con sus problemas (al tiempo que se respetan los problemas como algo privado), a sentirse más satisfechos consigo mismos y a ampliar su comprensión de sí mismos, de su mundo y de las posibilidades y limitaciones de las elecciones que se les plantean.

Un número creciente de experimentadores —arguyendo como Galloway (1985), «que los especialistas deberían facilitar a los maestros la tarea de adaptar el currículum en función de las necesidades de los niños»— (véase por ejemplo Bulman [1984], Button [1983], Fuller [1980], Mayes [1985], Sewell [1982], Visser [1983]) discuten ahora procedimientos destinados a reforzar esta dimensión de aprendizaje en toda la escuela para extender parte de la experiencia del personal de apoyo a las necesidades especiales (clínico, pastoral y consultor) a todos sus profesores, para capacitarlos para que ayuden a ciertos niños «sin necesidad de proporcionar siempre una ayuda individual» (Marland, 1980) y para que entiendan y manejen sus dificultades. Investigadores y experimentadores (Jones y Sayer, 1988, Mongon y Hart, 1989) ahora subrayan que iniciar tales procedimientos a través de discusiones sistemáticas de apoyo con grupos de colegas, puede considerarse una tarea adecuada para el personal escolar de apoyo a las necesidades especiales, con la asistencia de personal de los servicios educativos y psicológicos. Trabajar con los colegas de esta manera y con este objetivo, requiere, por supuesto, determinadas habilidades y conocimientos (una cuestión sobre la que volveremos). Un aspecto importante de estas habilidades se manifiesta en la toma de conciencia del potencial terapéutico en toda la gama global del currículum, más allá de la propia capacidad individual, y como Ribbins (1984) sugiere en su revisión del Practical Curriculum Study de Barnes (1982), supone una cualificación crucial para estos coordinadores de apoyo si quieren conseguir credibilidad por parte de sus colegas y enfocar la atención en lo que se pueda conseguir «pastoralmente» de cada disciplina y de las actividades educativas relacionadas con ella.

Los maestros de nuestros grupos, por ejemplo, descubrieron un gran número de maneras de introducir dentro del currículum relatos de los tipos de experiencias que preocupaban a los niños. Esto permite a los niños hablar de su propia experiencia si lo desean, pero explorarla en términos generales, como se refleja en la literatura o en otros informes utilizados. Naturalmente, esto se considera como una buena práctica educativa desde hace muchos años. Los procedimientos pedagógicos respetuosos del horario, sin embargo, todavía tienden a mantener los temas escolares separados de los «temas básicos que dan forma a la vida y al aprendizaje» (Bruner, 1968), y esto hace más difícil contar de forma constructiva en su aprendizaje con los conocimientos personales de los niños, sus preocupaciones y su energía emocional. El proceso de asesoramiento ayudó a los maestros de los grupos de apoyo a encontrar maneras de relacionar la experiencia personal con el contenido del currículum. En otras palabras, de relacionar el «cuidado» con la «docencia», presentando temas de manera que las situaciones de la vida de los niños quedaran discretamente incluidas en el currículum de un curso y como parte de la condición humana que su educación debe ayudarles a entender. Los maestros descubrían, como demuestra la investigación (Staines, 1971), que esto puede hacerse a pesar de las limitaciones que impone el horario escolar enfocado a los exámenes y que la inclusión de estos temas no tenía por qué —ni debía— implicar ninguna disminución del rigor conceptual en la docencia.

Los temas artísticos, la lengua inglesa y otras humanidades permiten a los niños entrar en contacto con sus propias situaciones y con sus sentimientos acerca de ellas, y los maestros no hallaron dificultades en examinar estas oportunidades, tanto en general como respecto a algún caso particular. De acuerdo con las necesidades especiales que habían calibrado, exploraban la manera de crear oportunidades de ayudar a los niños a entender cómo la gente se influencia mutuamente a través de su actitud y de su conducta y a entender sus propias posibilidades de contribuir a la calidad de una relación. Exploraron, desde los primeros cursos de la escuela primaria en adelante, el potencial del movimiento y la dramatización (se dan ejemplos excelentes de ejercicios de movimiento en Meier (1979); para las posibilidades de una dramatización improvisada (véanse, por ejemplo, Chilver [1967, 1978]; Davies [1983]; Heathcote y Wagner [1979]; Johnson y O'Neill [1984]) para ayudarles a entender y a expresar los sentimientos y las angustias susceptibles de interferir con sus relaciones y sus resultados escolares, a experimentar la expresión de los contrarios de tales sentimientos y a descubrir que las personas tienen, al menos, una cierta capacidad de elección en el momento de reaccionar ante ciertas situaciones. La interpretación de personajes y la dramatización a todos los niveles, junto con los métodos docentes directos, están llenos de posibilidades a la hora de crear mundos «imaginarios» que ayudan a interpretar el mundo «real» con el que los alumnos se enfrentan, o se enfrentarán cuando dejen el colegio. Existen informes básicos y ejemplos (véanse Scharff y Hill, 1976; English, 1984; Werner, 1984; Karpf, 1985) de las diferentes maneras en que los maestros pueden ayudar a los alumnos a enfrentarse con los aspectos, a un tiempo amenazantes y esperanzadores, del mundo «real» en relaciones, trabajo o falta de trabajo, ocio y paternidad.

Los maestros estaban de acuerdo (como Wilson y Evans [1980]) en que las ciencias también pueden ser impartidas de un modo personalmente significativo. Los maestros cuentan ahora con las orientaciones detalladas del Consejo Nacional Curricular (íd. 1989 b,e) para el desarrollo de un currículum científico pertinente a las necesidades individuales de todos los alumnos, y acerca de cómo pueden ser impartidas las ciencias también como temas culturales y de educación general, en relación con las actitudes humanas, los valores de la gente y las cosas de su entorno. Pueden ser impartidas como el conocimiento adquirido por unas personas que tenían que resolver unos problemas con los que se enfrentaban, como ocurre con los alumnos, y comunicar a los demás sus soluciones. Este enfoque se recomienda en numerosas declaraciones de la política seguida por la Asociación para la Educación Científica y en las publicaciones de científicos notables (véase Bondi, 1982) a partir de la encuesta de Dainton (1968) (que adaptaba a las necesidades actuales lo que ya había sido expuesto en diversas ocasiones al menos desde T.H. Huxley). Los cursos de «Ciencia para la vida» (véase Reid y Hodson, 1987), con sus contenidos acerca de la exploración de nosotros mismos, pueden incrementar la curiosidad, el interés y el respeto de los niños hacia sí mismos, y puede desarrollar su potencial para la autocomprensión, la implicación social y la responsabilidad. Trabajar con ordenadores, según algunos estudios (Rowan, 1982), puede llevar a una educación en cooperación, desde el momento en que los niños «identifican a sus pares como recursos de ayuda a la hora de programar un ordenador». En los grupos de apoyo, los profesores de geografía, historia y estudios sociales opinaban que era mucho mejor relacionar sus temas con las preocupaciones de sus alumnos y coincidían en que el impacto de los factores geográficos, históricos y sociales debe «empezar en casa». Consideraban posible demostrar que las habilidades y actitudes de investigación e interpretación de los datos, que ellos intentaban enseñar a través de sus asignaturas, eran también adecuados para la vida diaria de sus alumnos. Descubrieron que a veces no conseguían dar la debida importancia a esto y empezaron a incorporar en sus estrategias experiencias de aprendizaje explícitamente diseñadas para satisfacer necesidades tales como el desarrollo de la autoestima, la autoconfianza y la autocomprensión. Desde el proyecto de Bruner sobre «El hombre: una materia de estudio» (Bruner, 1968; Jones, 1968), se ha escrito una gran cantidad de material destinado a los maestros acerca de cómo integrar los elementos educativos y psicológico-terapéuticos en su trabajo en el aula y de cómo ayudar a los alumnos a entender el impacto de lo que están aprendiendo cada día y de su «visión (en desarrollo) de la naturaleza del hombre como especie y de las fuerzas que forjaron y continúan forjando su humanidad» (Bruner, 1968).

Algunos maestros, cuyo principal motivo para controlar las relaciones en el aula había sido quizás el interés por cubrir un programa de estudios y que habían tenido tendencia a ver a los alumnos difíciles como un escollo, empezaron a incluir de forma más sistemática estas relaciones en la experiencia general curricular, sin referencias explícitas a los niños en particular.

Estos métodos siempre han funcionado bien en los parvularios donde se juega a imitar, se discuten cuentos y se dramatizan historias para permitir a los niños que «experimenten» con sus problemas bajo el disfraz de unos personajes reales o de ficción y para «introducir a los niños en el mundo de la literatura, (conscientes de que) cada niño escuchará y se quedará con lo que tiene alguna relación con él y con su condición» (Brearley *et al.* 1969). Existen oportunidades de este tipo a lo largo de toda la vida escolar, reconociendo implícitamente la implicación de los alumnos, incluyendo en la discusión otras personas representativas de las propias relaciones y sentimientos de los niños, usando la tercera persona, lo cual proporciona un prudente distanciamiento. (Además de preparar aspectos del currículum *global* de manera que partan de la experiencia del niño, los maestros también pueden ayudar a los niños a descubrir por sí mismos, de una manera *individual* y privada, todo lo que pueden aprender de los libros que tratan de problemas cotidianos y concretos, añadiendo estos libros a la biblioteca de clase. Wilson [1983a] incluye en su discusión de «cuentos para niños con problemas» una lista de todos aquellos que le parece que pueden ser útiles para los maestros. En algunas zonas, los editores de libros infantiles han ayudado a los maestros a realizar listas de libros que muestran de forma sensible cómo los niños intentan vencer experiencias de miedo, dolor, esperanza y desengaño al enfrentarse con los problemas de las tensiones y disputas de los adultos, las pérdidas familiares y nuevos emparejamientos. Cropper [1980] subraya la importancia de utilizar tales lecturas de forma casual, y critica las historias que se acercan demasiado a la situación real del niño, que dan una imagen demasiado idealizada de las relaciones, que moralizan o idean soluciones que no son asumibles por los niños o que dejan entrever, de alguna manera, que no consideran que sus problemas sean serios. Los libros que sí lo hacen, y que muestran que se puede sobrevivir a los problemas, también pueden mostrar a los maestros cómo usar su propia sensibilidad de formas distintas, a la hora de trabajar con niños que se encuentran bajo presión. Crompton [1980] ha realizado una revisión completa de todo el ámbito de la biblioterapia en relación con los niños.)

Al tiempo que los maestros en los grupos exploraban las situaciones de niños concretos, también compartían mutuamente sus experiencias de estos métodos de aprendizaje, como leer una historia y después plantear a una clase de párvulos una serie de preguntas especialmente pensadas para que los niños reflexionen acerca de sí mismos y de los demás («¿qué crees que sentía el niño?», «¿qué hubieras pensado, o hecho tú, si hubieras estado allí?» y «¿por qué estaba tan triste al principio y después tan contento?»). Preguntas de este estilo surgen de ciertos proyectos del Consejo Escolar y del de Educación de la Salud, como «Todo acerca de mí mismo». Los maestros confirmaban el potencial que descubrían en las discusiones que se adaptaban de forma sensible a la experiencia de los niños de cualquier edad escolar, acerca de lo que hace que la gente se sienta bien o mal, triste, preocupada o herida y de si nosotros, a veces, sentimos que estamos hiriendo a alguien o pensamos que nadie puede ayudarnos. Tanto la autoconciencia como la sensibilidad hacia las necesidades de los demás pueden incluirse en una variada gama de programas con puntos de partida tales como «las cosas que nos hacen reír, que nos preocupan o asustan», «las cosas mejores y las peores que les pueden ocurrir a la gente», «qué es lo que me gustaría (o no) que los demás me hicieran», «cómo me veo a mí mismo y cómo me ven los demás» y «qué podemos hacer para que los demás se sientan mejor consigo mismos». Las relaciones de clase y la autoestima de cualquier alumno pueden recibir un buen estímulo con los «ejercicios de adjetivos», en los que cada niño tiene que decir o escribir algo positivo acerca de todos los demás o en los que, mediante un juego de arrojar una pelota o un almohadón, el que tira debe hacer lo mismo antes de pasar el objeto al siguiente niño (véanse también Burns, 1982; Upton, 1983; Brandes y Ginnis, 1986, 1990; Settle y Wise, 1986; Kingston Friends Workshop Group, 1988; Robinson y Maines, 1988, para una amplia muestra de programas que tienen como objetivo proporcionar a los alumnos experiencia de confianza, y de dar y recibir muestras de afecto, y un autoconcepto que se desarrolla a partir de nuevas experiencias de aprendizaje tales como poder de decisión y responsabilidad en su interacción con los demás).

Una maestra descubrió que su perspectiva y relación con una intratable chiquilla de once años cambió cuando, después de discutir su caso en el grupo de maestros, dejó que la niña hablara y escribiera acerca de «nuestros miedos». La redacción de la niña mostraba sus angustias y ayudó a la maestra a ver la actitud de la niña bajo otra perspectiva. Una maestra de una escuela secundaria comprobó los efectos de este método en su clase de niños de doce años que habían estado burlándose de la víctima de la clase llamándole «mariquita» pero que estaban empezando a respetarlo como verdaderamente valiente por haberse enfrentado a sus burlas continuas (véase en este contexto también el ensayo de dos líneas de un «chico duro» sobre el tema «el rostro de mi madre» («El rostro de mi madre está cuajado de lágrimas incluso cuando sonríe» como cita Posell, 1984).

Otro maestro habló acerca de un chico de siete años que respondió a la pregunta de «cuando estamos tristes, ¿podemos, a veces, hacer algo para que las cosas vuelvan a ir mejor?», diciendo que él podía «darle un abrazo muy fuerte a (su) hermana» —una intuición de proporciones casi spinozianas y un ejemplo de cómo la conciencia de los niños puede estimularse cuando mostramos interés por sus problemas. También ejemplifica el proceso de la educación en el ámbito de las emociones (Peters, 1974) al reconocer los sentimientos que los niños tienen, por qué los tienen y cómo puede uno tratar con ellos (véase el caso de Jeanie, pág. 46-48). La discusión sobre esto en el grupo hizo considerar a los maestros la posibilidad de ayudar a los niños a reconocer sus propios estados emocionales y los de los demás y a entender que, en ocasiones, se puede hacer algo por ellos.

La investigación en el ámbito del desarrollo de los conceptos y del reconocimiento de las emociones en los niños (Harris *et al.*, 1981; Walker, 1981) muestra hasta qué punto están dispuestos para este tipo de aprendizaje. Esta investigación apunta lo que los maestros pueden hacer a través del uso sensible del material de lectura (Fielker, 1980) y de cualquier suceso cotidiano aparentemente trivial, peleas y discusiones, para hacer pensar a los niños acerca de las diferentes maneras que la gente tiene de reaccionar y para ayudarles gradualmente a enfrentarse con lo que encuentren en su camino (véase Redmond [1975] para un buen ejemplo de uso en este sentido del «Rosemary está llorando; Valerie le ha pegado» de primer curso, y Salmon [1980] para una discusión reflexiva de aspectos semejantes del «llegar a saber»).

Tales exploraciones pueden incluir todos los métodos que los maestros han desarrollado con objeto de educar a los niños en las posibilidades del lenguaje, tanto cognitiva como afectivamente. Es preciso que los maestros estén dispuestos a escuchar a los niños que están descubriendo su propia voz en los «hacia» y los «desde» «desde la comunicación hasta el currículum» (Barnes, 1976; Barnes *et al.*, 1969; Martin *et al.*, 1976; Walsh, 1988). El Comité Warnock considera el desarrollo del lenguaje como algo más crucial para niños con necesidades excepcionales que para los niños con menos problemas o sujetos a menos tensiones. Aquéllos necesitan ayuda para entender lo que sienten y para ponerlo en palabras así como las maneras de superarlo. Los maestros no siempre se dan cuenta de que el desarrollo del lenguaje tiene una dimensión terapéutica además de educacional, y de que se necesita disponer de tiempo para las experiencias de aprendizaje con un lenguaje destinado a estimular la autoconciencia y una comprensión de la responsabilidad en las relaciones.

Los maestros se proponen mutuamente materiales lingüísticos dentro de la amplia gama disponible actualmente para incluir estas habilidades en cualquier nivel de escolarización del niño y a propósito de cualquier tema (incluidas las matemáticas [James, 1986; Consejo Nacional Curricular, 1986b,d] y los idiomas modernos [Wilson, 1981; Martin *et al.*, 1976; Paneth, 1980] que no se suelen considerar tan aptos para la educación para el desarrollo personal). Ciertos métodos cercanos a un «palabras clave» imaginativo basan el desarrollo de las capacidades lingüísticas en palabras que están dentro de la experiencia del alumno (Ashton-Warner [1963] rechazó, hace décadas, el uso de «cartillas de lectura [en las que] la tristeza [era] una desgracia tal [que estaba absolutamente excluida de] su artificial mundo de color rosa»). Los «Métodos interactivos de centros de interés» (Cohn, 1969) y los temas intercurriculares (Consejo Nacional Curricular, 1989c) pueden facilitar, dentro de currículos basados en temas, la discusión de cuestiones que tienen que ver con la vida diaria de los alumnos, mientras que los programas del Tutorial Work especialmente diseñados (Baldwin y Wells, 1979-1981; Marland, 1989), la «Representación de personajes en el aprendizaje del lenguaje» (Livingstone, 1984; Porter Ladousse, 1984), el uso de los «incidentes puntuales» y los enfoques del Developmental Group Work (Hamblin, 1975, 1978; Button, 1974, 1980; Thacker, 1985) se han desarrollado con el objetivo de dotar a los alumnos de las capacidades y actitudes que éstos necesitan para ser capaces de soportar las presiones de grupo que podrían mutilar su normal desarrollo. También se han desarrollado técnicas que ayudan a los alumnos a asumir parte de la responsabilidad de lo que les ocurre en sus relaciones (Charlton, 1985), a reflexionar acerca del efecto que su conducta tiene en los demás, a encontrar medios más adecuados para expresar sus sentimientos de ira y frustración y a llegar a ser sensible y solidario cuando los demás tienen problemas —y con ello transmitir a los alumnos técnicas de apoyo mutuo (Lang, 1983).

Al mencionar en sus grupos la gama de actividades lingüísticas en las que habían involucrado a sus alumnos, los maestros pudieron ampliar su repertorio de maneras de ayudar a los niños a descubrir su capacidad de querer, de manejar las frustraciones y angustias, de explorar lo que deberían hacer para los demás, y lo que no deberían hacer, y de aprender que el comprender los sentimientos propios y ajenos puede evitar represalias y sugerir, en cambio, alternativas. Esto podría hacerse mediante ejercicios de «hablar sin escuchar», durante los cuales los niños exploran, en parejas o en pequeños grupos, los efectos de no ser escuchado. Los niños pueden practicar aspectos del lenguaje cooperativo en desacuerdos no defensivos en los que pueden descubrir que se pueden rechazar opiniones sin rechazar a aquellos que las sostienen, que uno puede respetar a otros que utilicen patrones de lenguaje diferentes y que uno puede llegar a decisiones de compromiso y a un consenso entre todo el grupo y, aún así, respetar las opiniones minoritarias. Se pueden enfocar las discusiones con el propósito explícito de desarrollar habilidades negociadoras en la gestión de conflictos (De Cecco y Schaeffer, 1978), en las que los alumnos describen sus propios conflictos y exploran por sí mismos todos los medios que se les ocurren para resolverlos y aprender algo acerca del control de los impulsos, cognitiva y afectivamente, así como acerca de las consecuencias de sus actos y las alternativas que se les presentan. Se puede ayudar a los niños a analizar los modos en los que usamos el lenguaje, por ejemplo, adaptando al aula las orientaciones de Bales (1970) para el análisis de la conducta verbal. Esto se ha considerado útil para la comparación de las consecuencias previstas e imprevistas del uso de un determinado tono de voz y en las palabras utilizadas para pedir o dar información, al apoyar o rechazar la idea de otro o cómo reaccionamos cuando nuestras ideas son aceptadas, ignoradas o rechazadas, y el poder de decisión que tenemos en tales reacciones. De esta manera los niños también son conscientes de cómo se amplían las posibles elecciones cuando llegamos a entender las razones para un uso tendencioso del lenguaje, cuando se recurre a estereotipos, chivos expiatorios, polarizaciones y prejuicios así como los efectos de los malentendidos, malas interpretaciones o una atención selectiva y distorsionadora.

Si los maestros consiguen relacionar de forma consistente las actividades lingüísticas con los problemas enraizados en las propias preocupaciones de los niños, no solamente les enseñarán algo acerca de los usos y funciones del lenguaje sino que también les ayudarán a desarrollar sensibilidad hacia las necesidades de los demás, autorrespeto y autoconfianza, al tiempo que aprenden a reflexionar sobre las relaciones, sobre lo que puede distorsionar la comunicación o limitar el entendimiento mutuo y sobre lo que ellos mismos pueden hacer en sus propias circunstancias. Al mismo tiempo, al ejercer la comprensión, al compartir y al aceptar, los niños con dificultades en sus relaciones pueden sentirse menos incomprendidos, menos confusos, menos desconfiados y más aceptados.

Los maestros sensibilizados hacia el potencial educativo de este tipo de ejercicios han sido capaces también de notar cuándo su propio uso del lenguaje pervierte la función educativa (véase Barnes et al. [1969], Delamont [1976], Hargreaves [1967], Nash [1976]; con respecto al uso del lenguaje de los maestros con niños con audición disminuida, ver Wood y Wood [1984]). Entonces son más capaces de aprender ellos mismos *de* sus alumnos, de la misma manera que una madre aprende de su bebé «cómo hablarle de manera que pueda aprender» (Lewis, 1963). Está ampliamente aceptado que la efectividad de los profesionales de la asistencia depende de su grado de sensibilidad hacia la comunicación con el cliente y de su habilidad para adaptarse a las necesidades que éste expresa. También estaban de acuerdo los maestros en que les resulta provechoso considerar sus maneras de hablar a los niños en este contexto de susceptibilidad y accesibilidad, reconocer qué patrones lingüísticos y de negociación les permiten cubrir sus objetivos (véanse Flanders, 1970; Staines, 1971; De Cecco y Schaeffer, 1978) y cuáles son susceptibles de cerrar inintencionadamente las situaciones de aprendizaje o de deteriorar las relaciones de aprendizaje, especialmente con sus alumnos más difíciles. Los maestros descubrieron que esta comprensión tenía valores educacionales y terapéuticos, pero también descubrieron que necesitaban el apoyo que estaban recibiendo con el fin de reactivar sus habilidades y aplicar esta comprensión a la docencia de cada día.

Así pues, existe un considerable potencial en el currículum normal, no para ofrecer a los niños un substituto de la experiencia de la que carecen, sino para dotarles de aquellas «oportunidades educativas de calidad» que, como insistía el Comité Warnock, son de la mayor importancia en la educación de los niños cuyas necesidades especiales interfieren en su progreso (estas oportunidades se describen con más detalle en Wilson [1981, 1983b]). Para poder ofrecer tales oportunidades, los maestros han de darse cuenta de que es posible atender las necesidades especiales a través de temas y actividades educativas extraídas incluso de un currículum dictado a escala nacional, en cualquier nivel de habilidad y de edad, y que este enfoque enriquece el currículum para todos. Como vimos, y como Mongon y Hart (1989) también demuestran de manera convincente, «incluso para aquellos cuya conducta refleja circunstancias difíciles o tensas, que quedan fuera de nuestra esfera de influencia, una respuesta "curricular" sensible puede, además de beneficiar al niño concreto a quien estaba dirigida, tener el efecto colateral de realzar el valor del currículum para toda la clase. En lugar de constituir una pérdida en nuestros recursos, el reto del "problema de conducta" puede llegar a ser una *oportunidad* para nosotros como maestros de usar nuestras capacidades y criterio profesional de forma creativa, y encontrar "soluciones" que potencialmente pueden mejorar las oportunidades de aprendizaje para todos». Un documento de discusión de la Secondary Heads Association (SHA) (Duffy, 1984) subraya de manera similar las posibilidades de un tal enriquecimiento para todos los niños a través del currículum global. Cualquier necesidad especial de un niño puede verse como la expresión más intensa de una necesidad común a todos, que forma parte importante de aquellos «temas básicos que dan forma a la vida y al aprendizaje» y que, por tanto, debería formar una parte importante del contenido curricular. Sin embargo, como subrayan Brearley *et al.* (1969), es necesario que los maestros valoren estos temas y el papel que ellos han desempeñado en su desarrollo y que entiendan el marco de relaciones que permite aprender a los niños. Estos temas, si se integran de esta manera, se convierten en una ayuda importante en la búsqueda de las orientaciones que los maestros tienen que encontrar para seleccionar y tratar los temas relacionados con la educación de todos sus alumnos, y en una base para el conjunto especial de experiencias de aprendizaje destinado a satisfacer las necesidades especiales de algunos de ellos.

Durante la exploración conjunta en los grupos de asesoramiento, es necesario llamar la atención sobre la existencia y la importancia de estos temas en el programa educativo general y qué necesidades especiales pueden ayudar a cubrir. Como hemos visto, la tarea del asesor no es ofrecer un currículum alternativo sino un enfoque del mismo que active estos temas en la mente de los maestros —como muchos educadores de maestros llevan proponiendo desde hace décadas. Este enfoque, en lugar de considerar los objetivos educativos y terapéuticos como incompatibles, profundiza en las experiencias de aprendizaje, tanto si están destinadas a la clase en su conjunto como si se consideran esenciales para un caso concreto, y en lugar de «separar el "niño problema" de sus compañeros "normales", sea segregándolo o poniéndole etiquetas, reafirma su compañerismo con ellos» (Irvine, 1979).

Incorporar a los padres como colaboradores

Por mucho que un maestro consiga llegar hasta un niño, calibrar y satisfacer sus necesidades (y se ha subrayado que una escuela puede conseguirlo aún sin involucrar a los padres [Kovin *et al.*, 1982] y que las relaciones posteriores pueden ser terapéuticas pese a que las primeras hayan sido desafortunadas [Clarke y Clarke, 1984; Quinton, 1987; Quinton y Rutter, 1988]), hemos visto que un maestro puede conseguir mucho más si se mantiene en estrecho contacto con la familia. El Comité Warnock volvía a poner énfasis en la importancia de establecer una auténtica colaboración maestro-padres. Sin embargo, educadores especiales (Laslett, 1982) y terapeutas familiares (Box, 1981) advierten a los maestros que los padres de algunos niños pueden tener intereses adquiridos en tener un niño difícil en la familia y que muchos niños se encuentran atrapados entre dos sistemas en conflicto, la familia y la escuela (Taylor 1982, 1984). Dowling y Osborne (1985) demuestran el potencial de un «enfoque conjunto de los sistemas» que considera la influencia que ambos, familia y escuela, tienen mutuamente en relación con el problema educacional de un niño. Afecta claramente al problema mismo, y a las reacciones ante posibles resoluciones sugeridas, si la familia considera que el problema es enteramente responsabilidad de la escuela, o la escuela lo ve como responsabilidad de la familia o, por el contrario, ambas trabajan juntas en base a un entendimiento y respeto mutuo que haga más fácil el encontrar soluciones para las dificultades con las que se enfrenta el niño.

Durante décadas se ha advertido a los maestros de la importancia que reviste la cooperación estrecha «en esta tierra de nadie entre el hogar y la escuela, un campo minado sembrado de emociones explosivas de prejuicios» (dirigentes del TES, 1 de octubre 1982). Puede que hallen tal cooperación difícil incluso en los mejores tiempos, pero sobre todo cuando tienen que buscarla a causa de las necesidades especiales de un niño. Pueden temer sentirse abrumados por los problemas de una familia y pueden temer involucrarse, parecer indiscretos u ofender a los padres si les hablan de problemas y temores que les hacían desconectar en sus charlas con los padres incluso cuando los mismos padres apuntaban problemas que quería compartir. En las sesiones de asesoramiento, algunos maestros se daban cuenta de esto y examinaban cómo poder usar su profesionalidad de forma más eficaz en sus relaciones con los padres, en una gama de dificultades tan amplia y extensa como la vida misma.

En la mayoría de los casos, el modo en que cada parte veía a la otra, y cómo veían las necesidades del niño, afectaba al carácter de la relación. Los *maestros*, por un lado, pueden ver una relación pobre entre padre (o madre) e hijo, problemas entre los *padres*, ignorancia o apatía como causa de las dificultades del niño y pueden considerar una supuesta falta de interés, o de entendimiento o una hostilidad hacia los maestros como los principales factores que se alían contra la cooperación. Los padres, por su parte, pueden negar la existencia de dificultades en casa, pueden acusar a la escuela de ser la raíz del problema y quejarse de que los profesores, o bien prestan demasiado poca atención, o quizás demasiada o una atención equivocada. Pueden, sin embargo, estar ellos también preocupados y pedir una entrevista con la escuela, pero sin recibir el consejo deseado o sin conseguir llevarlo a cabo. Pueden no lograr expresarse delante de maestros que no se dan cuenta de que la comunicación entre ellos se ha deteriorado, o al menos podría mejorarse, llegando a «conversaciones que son una larga serie de acusaciones y contraacusaciones a la defensiva al tiempo que ambas partes intentan emerger como ganadoras de la contienda, con mi hijo como premio» (Carly, 1984). Los maestros no consiguen obtener el tipo de información que les permitiría entender mejor la situación del niño y de los padres y pueden ser incapaces de explicar a aquellos que desean cooperar cómo poder hacerlo o de motivar a los reacios a involucrarse de forma constructiva.

Los sociólogos y psicólogos que estudian el aspecto socio-psicodinámico de las relaciones profesionales han señalado los riesgos que generan en la comunicación y cooperación las sugerencias de poder, omnisciencia o parcialidad, sea asumido por una parte o atribuido a ésta por la otra (Gliedman y Roth, 1981). Subrayan que los padres de los niños con necesidades especiales requieren de un apoyo profesional, pero pueden mostrarse especialmente vulnerables ante un profesional que aparentemente define a su hijo exclusivamente en términos de su dificultad o parece atribuir la culpa a los padres. Muestran cómo los padres —con sus propias necesidades especiales (véase Jones [1985] para ver que aceptar esto puede influir favorablemente en la política de la escuela) que necesitan ser reconocidas pero que pueden no serlo— pueden sentirse rebajados, intimidados o amenazados por profesionales bien intencionados, pero quizás ambivalentes. Otros (Galloway y Goodwin, 1979) comentan la frecuente ruptura en las relaciones padres-maestro a causa de las dificultades de los niños en las escuelas elementales y atribuyen esto a la relativa inexperiencia de los maestros —en contraste con los maestros de las escuelas especiales— la hora de trabajar con los padres de estos niños, que pueden parecer incapaces de expresarse e inadecuados, y pueden sentirse angustiados y culpables por la parte que sospechan que tienen en la dificultad del niño. Como Galloway (1985) muestra también, los mismos maestros pueden sentir el contacto con los padres como una fuente de tensiones si carecen de las capacidades necesarias para abordarlo con confianza. Cada vez más se reclama una formación específica para mejorar la comprensión en este área. Como señalan Mittler y Mittler (1982), los maestros, como los trabajadores sociales, deben tener presente al niño en el contexto de su familia como un todo, y tener en cuenta las presiones familiares que afectan a sus progresos. Por tanto, deben contar con parte del conocimiento y capacidades de los trabajadores sociales al trabajar con las familias, y aplicarlo como maestros.

La investigación acerca de la participación de los padres señala que tales capacidades están muy insuficientemente desarrolladas en los maestros (Blatchford *et al.*, 1982; Gipps, 1982; Cleave *et al.*, 1982; Hughes *et al.*, 1980). A menudo los maestros no se dan cuenta de que ellos mismos podrían aprender de los padres (Tizard y Hughes, 1984), de que el trabajo con los padres sería más eficaz si se construyera en base a una «experiencia equivalente» y a un entendimiento (Pugh y De'Ath, 1984; Wolfendale, 1983) y de que, al ver reconocidas y estimuladas sus fuerzas potenciales y reales, es más fácil que los padres estimulen las de sus hijos (Irvine, 1979). Incluso en la etapa de guardería, en la que una gran proporción de padres entra en contacto diario con el personal, se ha descubierto que el personal puede confundir sus relaciones cordiales con los padres con una auténtica implicación de éstos. De hecho, existe un escaso intercambio de información, aunque ambas partes sostienen que les gustaría tener más información recíproca y muy poca cooperación real. Parece que los conceptos erróneos por ambas partes impiden una mejor comunicación; los padres no se sienten capaces de preguntar las cosas que desearían preguntar y los educadores creen que los padres no están interesados.

Otros (Coffield, 1981; Quinton *et al.*, 1982; Quinton y Rutter, 1984), han hablado de las ideas erróneas sostenidas por algunos maestros y otros profesionales acerca de la capacidad de los padres para cuidar de sus hijos, lo cual puede hacer que los maestros se muestren derrotistas a la hora de contar con los padres para ayudar en el aprendizaje de sus hijos. Coffield atribuye estas dudas a la creencia de algunos maestros en una espiral de privaciones. Knight (1982) informa sobre padres que se «sentían estúpidos» y «degradados», y Jones (1980) subraya hasta qué punto los padres pueden resentirse de que el maestro asuma que los padres son incapaces de contribuir al progreso de sus hijos. En el otro extremo de esta escala del saber que se les supone, los padres bien informados acerca de cuestiones educacionales pueden mantener también relaciones poco cómodas con los maestros de sus hijos; ciertos padres, profesores de sociología, expresaban sus temores de que los maestros se pusieran a la defensiva, de manera que afectara negativamente a las relaciones con sus hijos; algunos estudiantes maduros de Magisterio consideraban oportuno, por la misma razón, ocultar sus estudios a la escuela de sus propios hijos; ¡y luego se sentían consternados ante los intentos de los maestros de «enseñar a los padres»!

Así, surge un panorama de esfuerzos bienintencionados y de obstáculos a superar en el intento de conseguir una colaboración padres-maestros que consiga el apoyo conjunto requerido por las necesidades especiales de los niños.

Cuando los maestros, en las revisiones que tenían lugar en los grupos, examinaban sus contactos con los padres, estaban de acuerdo en que, por un lado, muy bien podían subestimarlos, mostrarse en contra de ellos, hablar con ellos sin escucharlos, quizá temían involucrarse demasiado y entonces daban respuestas tranquilizadoras demasiado rápidas que, de hecho, más que tranquilizar podían cerrar la comunicación, y, por otro lado, los padres podían llegar a sentirse agobiados por unas exigencias que se veían incapaces de cumplir (Mittler previene a los maestros de que no deben sugerir a los padres modos de ejercer su paternidad demasiado alejados de los suyos para poder ser aplicados). También descubrieron que las preocupaciones y las incertidumbres, debidas a las circunstancias socioeconómicas o las propias carencias en la infancia de los padres, pueden hacer que una solicitud por parte de la escuela para reunirse con ellos se les presente como una amenaza. Los maestros estuvieron de acuerdo en que, en todos estos casos, ellos podían hacer algo para aliviar la situación, al menos acerca del tono de la reunión y de los primeros pasos encaminados a establecer el diálogo. Al darse cuenta de que sus propias ideas preconcebidas, opiniones y reacciones constituían, a menudo, un estorbo, decidieron que, en la discusión de cada caso, sería útil empezar por examinarlas.

Cada vez que era significativo para el estudio de un caso concreto, los maestros eran capaces de tener en cuenta lo que podía entenderse «entre líneas» en una reunión entre padres y maestros, de considerar qué hechos, sentimientos o fantasías podían facilitar o perturbar una reunión y qué miedos, angustias o expectativas podían trastornar o deformar la comunicación deseada. A continuación, pasaban a explorar qué capacidades profesionales eran necesarias para alcanzar el objetivo común de la reunión, es decir que ésta fuera útil para ayudar al niño en cuestión. Estaba claro que tales encuentros debían resultar razonablemente agradables para los padres. Por tanto, los maestros debían pensar acerca de los sentimientos que los padres podían experimentar acerca de sí mismos como padres, o acerca de sus hijos, cuando se enfrentan a un maestro, y qué pueden sentir respecto a la autoridad asumida por otros. Debían considerar la posibilidad de que los padres desearan, o tal vez no, expresar la angustia o el resentimiento que les podía provocar el hecho de que sintieran que su hijo no era apreciado, o era tratado injustamente, o de que los maestros parecieran ser los únicos en saber lo que sería bueno para él. Si los padres tienen dudas acerca de la calidad de un maestro o de su interés por el niño, pueden estar preocupados por el futuro de éste; las dudas no reconocidas acerca de su propia idoneidad como padres se pueden intensificar por la envidia hacia un maestro competente o por rivalidad con él.

Los maestros confirmaron que, como hemos visto, ante la actitud de los padres mostraban diversas reacciones. Pueden sentirse muy confusos cuando se reúnen con padres que aparentemente están fallando a sus hijos, que no hallan placer ninguno en tenerlos y que manifiestan sentimientos hostiles hacia el niño; esto puede hacer que los maestros teman contactos posteriores, por miedo a que lo que digan pueda ser utilizado en contra del niño en casa, como vimos en el caso de Teresa (págs. 32-35). Se reúnen con padres que están en conflicto entre ellos involucrando también a sus hijos, otros se alían contra el hijo y aún otros «quieren lo mejor» para él pero se comportan de forma que socavan sus progresos. Es posible que oigan de unos padres grandes alabanzas a propósito de un hijo pero que no sean capaces de decir nada bueno de su hermano o hermana. Los maestros desconocerán obviamente las causas profundas que hayan motivado este rechazo. Además, pueden no acabar de comprender los procesos a través de los cuales los niños contribuyen a la interacción entre padres e hijos, en una forma que al mismo tiempo que algunos niños son considerados «buenos», tratados con amor y que, recíprocamente, se muestran afectuosos, otros suscitan constante irritación y hostilidad por parte de los padres, que no pueden tolerar o ajustarse a sus necesidades en un círculo vicioso de malos sentimientos, en el que los padres necesitan de tanta ayuda como los niños. Los maestros tampoco sabrán nada de la infancia infeliz que provoca que los padres induzcan a sus hijos a reproducir sus propias batallas pasadas con los maestros y con el mundo injusto que éstos parecen representar; no pueden tener en cuenta lo que desconocen, pero pueden aprender a intuir algunos motivos semejantes a partir de la hostilidad de los padres. Los padres pueden incluso llegar a atribuir al mal comportamiento del hijo, sus propios problemas matrimoniales o a considerar responsables a los maestros. En el caso de Vic (págs. 40-42), los maestros lo interpretaron como una muestra de la necesidad de apoyo que tenía la madre, más que de culpabilización o rechazo, como ella parecía esperar. La abuela de Len (págs. 55-58) dirigió su indignación hacia los maestros, que al principio no vieron la posibilidad de calmarla, pero sus sentimientos hacia ellos cambiaron cuando ellos mismos dejaron de rechazarla y empezaron a verla como una mujer preocupada y angustiada, necesitada, ella misma, de aceptación y apoyo. En otro caso, fue posible superar los sentimientos hostiles de una abuela hacia su nieta de diez años (a la que consideraba igual que su odiada nuera que había abandonado a la familia, dejando a la abuela al cuidado de los niños), cuando el maestro mencionó cuánto necesitaba esta niña la ayuda de una abuela cariñosa y qué suerte tenía de tener esta abuelita, transmitiendo así su confianza en la abuela a pesar de sus sentimientos hostiles —una aproximación a las relaciones de colaboración analizadas por Irvine, tanto para promover la percepción interior como para fortalecer la capacidad de afecto.

Si los maestros quieren entablar relaciones con los padres como colaboradores, deben tener en consideración estas presiones, pero también deben tener cuidado de no interferir con un sistema complejo de relaciones fuera de su alcance o de su ámbito de influencia, como advierte Rutter (1975). También puede rehuir las opiniones derrotistas acerca de sus propias capacidades y de las de los padres. Como sugiere la investigación (Quinton y Rutter, 1983, 1988; Quinton, 1987), las condiciones adversas pueden afectar seriamente, o quizá no, la facultad de ejercer correctamente la paternidad o la maternidad, y las privaciones infantiles de los padres pueden perpetuarse o atenuarse a través de experiencias posteriores de crítica o de apoyo, incluidas las recibidas por parte de los maestros. El que los maestros consigan iniciar una relación solidaria o, inconscientemente, entren en connivencia con las expectativas negativas de los padres, dependerá, al menos en parte, de su propia comprensión de estas cuestiones y de sus reacciones a la actitud de los padres.

Los maestros, en los grupos, consideraron útil examinar en términos generales (es decir sin exponer a nadie personalmente) la facilidad con que se juzga a los padres sin comprender completamente la situación, y la propensión a ver la relación maestro-padres en términos unidireccionales de expertos que aconsejan a profanos y a temer que gente profana les pueda considerar carentes de las suficientes cualidades y rechace o ataque su autoridad.

Los maestros se daban cuenta de hasta qué punto esto iba en contra de sus objetivos, al profundizar o crear el abismo que estaban intentando salvar. Consideramos la ambivalencia que cualquiera de nosotros puede sentir acerca de implicarse más allá de nuestros límites profesionales establecidos y cómo podemos adoptar actitudes defensivas contra padres a la defensiva, no logrando percibir su ansiedad al considerar su experiencia. Los maestros llegaron a aceptar que, si nos ponemos a la defensiva respecto a nuestras insuficiencias humanas, estos sentimientos pueden convertirnos en un blanco idóneo para la ira o la angustia de los padres. Sin embargo, si aceptamos estas insuficiencias, es más probable que consigamos superarlas y que entendamos y aceptemos las de los padres, por muy intolerables que nos parezcan al principio. En lugar de ver a un padre como totalmente negligente, desagradecido o excesivamente exigente, los maestros descubrieron que resultaba útil considerar que los sentimientos que los padres les suscitaban podían ser un reflejo de lo que los mismos padres sentían y que también los padres podían considerar a los demás como negligentes, desagradecidos o exigentes. Esto hizo más fácil que los maestros aceptaran a los padres y entraran en contacto con su capacidad de cariño, al manifestarles una actitud profesional solícita.

Aparentemente resultaba más útil, en general, trabajar sobre unas hipótesis en lugar de sobre otras; por ejemplo, que los padres poseen y pueden desarrollar ciertas capacidades y que quieren a sus hijos (esto debe asumirse incluso en el caso de padres que los rechazan abiertamente, como Kahn y Wright [1980] subrayan en su discusión acerca de la universalidad del rechazo y de la aceptación oculta en las familias que rechazan a algún miembro); que los padres desean que sus hijos hagan progresos y querrían hacerlos con ellos; que, aunque parezcan obstaculizar el proceso o no comprenderlo, los padres pueden responder ante la concienciación de los maestros de las necesidades de sus hijos y ante su énfasis en la importancia de los padres para sus hijos (un punto crucial que hay que hacer explícito como vimos en los casos de Michael y Len [págs. 38-40 y 55-58];

que los padres se implican más fácilmente cuando reciben buenas noticias acerca de sus hijos que por las quejas que podrían esperar; que es más probable convencer a los padres de que el profesor está de su parte y de la de su hijo.

Fue posible ayudar a los maestros a aceptar los sentimientos de los padres —incluso, o especialmente, cuando éstos iban dirigidos contra el niño. Los maestros descubrieron que si los padres con sentimientos tan negativos oían a un coordinador o a cualquier maestro, que en primer lugar había mostrado aceptar a los padres, hablar bien del niño del que, hasta aquel momento, sólo habían visto los problemas que les «causaba», esto podía ayudarles a adoptar una perspectiva mejor de sí mismos y del niño (como ocurrió en el caso de Dave [págs. 42-46] y de la abuela que hemos descrito).

Así, los maestros se daban cuenta de que los padres necesitan oportunidades para expresar sus sentimientos y descubrir que son aceptados por alguien que pretende ayudarles sin juzgarles, que está de su lado y que está convencido de la importancia que tienen para su hijo. Esto ayudó a los maestros a disminuir las tensiones, a reducir la opinión injusta de algún padre o madre y a discutir con ellos acerca de cómo padres e hijos se influyen mutuamente y cómo las presiones a las que se enfrentan los padres —su falta de tiempo, sus temores acerca del empleo o del desempleo, y otras angustias familiares— pueden, tal vez, ser manejadas de manera que sus hijos sean más libres de concentrarse en su tarea escolar y no quedarse atrás por culpa de las preocupaciones familiares. Hablar con ellos acerca de las necesidades de sus hijos en la escuela y de lo importante que es jugar y dialogar con ellos en casa, permitió a los maestros contar con la ayuda de los padres como algo importante también para el maestro. Los maestros se sorprendían de lo emocionados que estaban, muchas veces, los padres cuando se solicitaba su ayuda, y percibían, cuando estaban discutiendo con un padre, la forma en que podrían juntos ayudar a un niño (por ejemplo a relacionarse mejor con otros niños), que también estaban ayudando a los padres a superar una dificultad similar (a relacionarse mejor con otros adultos cuyo contacto había sido una pesadilla). (Como vimos [pág. 77 y sigs.], procesos similares tenían lugar entre el asesor y los maestros y constituían un factor característico del modelo de asesoramiento de Caplan.) Descubrían que este apoyo, a menudo, renovaba la seguridad de los padres, especialmente si se trataba de padres o madres solos que temían no ser capaces de arreglárselas por sí mismos. No había necesidad de investigar la intimidad o las causas subyacentes, o de exhortar a los padres, y con ello socavar su sentido de la autoridad. Las preguntas con la intención de recoger información podían tener matices indirectos de consejo («¿qué cosas podrían valorarle en casa?» o «¿cómo reacciona si le dice algo agradable mientras está ocupada con el bebé?») y a veces proporcionaban más datos acerca de lo que iba mal, además de indicar la manera de mejorar, sin llegar a ser didáctico acerca de la necesidad de mostrar el cariño más abiertamente o de cómo manejar los problemas de disciplina poniendo límites y al mismo tiempo dando ánimo.

Era importante, sin embargo, que los maestros entendieran, en todos los casos, la colaboración, como un proceso recíproco y no la consideraran erróneamente como un proceso unidireccional en el que ellos ofrecían información a los padres y solicitaban su ayuda. Información del tipo: cuáles son los objetivos del maestro respecto al niño, cómo se están manejando las dificultades concretas, cómo está respondiendo el niño en la escuela y cómo pueden los padres apoyar el esfuerzo del maestro en casa (como por ejemplo con comentarios de ánimo e intentando evitar observaciones despectivas); esta información es, sin duda, un elemento importante de la cooperación padres-maestro y puede influir muy beneficiosamente en el autoconcepto del niño y en su rendimiento escolar (Brookover *et al.*, 1965-1967; Burns, 1982; Nash, 1976). La colaboración, sin embargo, también requiere que los maestros comprendan que pueden aprender mucho acerca de los niños en casa (véanse Tizard y Hughes, 1984), que respeten la experiencia de los padres y que demuestren disponibilidad para aprender de lo que los padres saben de sus hijos: cómo ven ellos las necesidades y la fortaleza del hijo, cómo intuyen ellos que se podrían satisfacer mejor estas necesidades y de qué manera piensan que pueden contribuir ellos a esta tarea conjunta —especialmente cuando los padres se sienten agobiados por sus propias dificultades.

La mayoría de los problemas familiares que mencionaron los maestros tenían que ver con las experiencias humanas más profundas de los padres. Nacimiento, enfermedad y muerte en la familia, trastornos en las relaciones después de la ruptura de una familia, desempleo o prisión de un padre, o un hermano enviado a un internado por inadaptación o minusvalías son, todos ellos, acontecimientos llenos de tensión para el niño y sus padres, y siempre comportan un cambio en la respuesta de los padres al hijo. En cualquiera de ellos, el apoyo discreto y con conocimiento de causa por parte de un maestro puede suponer la diferencia entre sobrellevar el trastorno y ahondar en él. Como vimos con Tony (págs. 28-31), a menudo los niños «saben lo que no deberían saber y sienten lo que no deberían sentir» (Bowlby, 1979) respecto a un progenitor perdido, cuya pérdida tal vez no están autorizados a mencionar delante del progenitor que queda. Este progenitor puede negar el secreto, buscar evasivas acerca de la ausencia, «prohibir» al niño entristecerse, intentar desacreditar al progenitor ausente o impedir cualquier conversación acerca de él. Se ha demostrado que dicha pérdida, empeorada por los sentimientos del progenitor que está en casa, es potencialmente perjudicial cuando el niño intenta encerrar lo que se le prohíbe pero que sin embargo persiste, y puede perjudicar sus relaciones y progresos y llevar a una sensación de irrealidad, a inhibir la curiosidad y a desconfiar de los demás. Los datos muestran (Bowlby, 1979; Black, 1982, 1983; Goldacre, 1980, 1985) que el apoyo al niño y a su progenitor puede impedir algunas de estas consecuencias si se ayuda a los dos a compartir su tristeza y a no deformar la comunicación entre ambos.

Progresivamente, los maestros fueron viendo que podían proporcionar algún apoyo sin sobrepasar los límites de sus funciones o sin tener que inmiscuirse en la vida de los padres. En el caso de dos alumnos (niño y niña) de una clase de niños de ocho años, se presentó la oportunidad cuando la madre de la niña explicó a la maestra sus intentos de negar el acceso del padre a sus hijos —padre a cuya «mala sangre» atribuía el comportamiento inmanejable de su hija— y cuando esta niña empezó a burlarse y a reírse de un chico de su clase por no tener padre. A este niño se le había negado todo conocimiento acerca de su padre, a pesar de mantener contacto real con su familia paterna, a la que se suponía que no conocía. Se discutieron en grupo ambos intentos de borrar al progenitor «malo». La maestra y la coordinadora fueron capaces de ayudar a las madres a aceptar que los niños quieren saber de sus padres, quieren poder pensar bien de los dos y esto puede incrementar la autoestima y la autoconfianza y disminuir el riesgo de que un niño empiece, más tarde, a identificarse con la imagen del progenitor «malo». En otros casos, las madres estaban de acuerdo en que deberían asegurar a su hijo que el padre no se había ido a causa de su mal comportamiento. El progenitor y el maestro podrían compartir, pues, los incidentes derivados del comportamiento difícil del niño y hablar de cómo podrían entre los dos tratarlos con paciencia en lugar de empeorarlos enfrentándose al niño. Los maestros se sentían alentados al ver cómo el apoyo de la escuela y una simple muestra de confianza en la habilidad del padre o la madre para ayudar a su hijo a seguir adelante, a menudo generaba en los padres un nuevo placer por sus hijos.

Muchas de las investigaciones acerca del impacto del divorcio en los niños y en las familias, y gran parte del trabajo de los servicios de asesoramiento matrimonial se preocupan de la cuestión de cómo ayudar tanto al progenitor que tiene la custodia como al que no la tiene, a apoyar a los hijos para que «sobrevivan» a la ruptura. A pesar de que los maestros no son consejeros matrimoniales, el apoyo que pueden suministrar es muy importante. Cuando se formaban nuevas relaciones con padrastros formales o informales, los maestros pudieron ayudar tanto a los padres como a los padrastros a implicarse de forma más constructiva en la educación del niño. Ferri (1984) afirma que esto se halla dentro del alcance del maestro. Pueden ayudar a adultos envueltos en sus asuntos sentimentales a aceptar que los niños pueden experimentar sentimientos contradictorios de celos o ira hacia el recién llegado por haberles «robado» o usurpado el amor de su madre (o padre) y a pensar en maneras de ayudarle a sobrellevar esto. Como vimos en Vic (págs. 40-42), un padrastro puede ser incapaz de tolerar el comportamiento difícil del niño, especialmente si se convierte en motivo de discordia, y el niño puede poner a prueba la tolerancia cada vez más reducida en su mundo, en casa y en la escuela, en busca de alguna aceptación de su «maldad». En el caso de Vic, la escuela consiguió romper el círculo vicioso y pudo dar apoyo tanto a Vic como a su abatida madre.

En el caso de Jeanie (págs. 46-48) vimos cómo una maestra ayudaba a una madre adoptiva que temía estar fallando como madre, compartiendo mutuamente sus experiencias respecto a la niña. En otra familia, la ausencia de un niño minusválido internado en una residencia dominaba de tal manera todos los aspectos de la vida cotidiana que sólo una conversación con el maestro de su otro hijo les ayudó a darse cuenta del apoyo que éste también necesitaba. En gran número de casos como el de Dave (págs. 42-46), la familia distinguía entre el hijo preferido y el otro, que tenía que cargar con todas las frustraciones familiares. La selección de los hijos para cubrir determinados papeles dentro de la familia (Box, 1981; Pinkus y Dare, 1978) es algo que, como subraya Rutter (1975), los maestros no pueden discutir con los padres. Tomar conciencia de estas posibilidades, sin embargo, orienta las discusiones de los maestros con los padres y les ayuda a hacer que los padres acepten mejor al hijo difícil. Como proponen algunos estudios recientes (Madge, 1983; Breakwell *et al.*, 1984), incluso los efectos del desempleo paterno —con los consiguientes riesgos de dificultades materiales, enfermedad, depresión y tensiones en la familia, temor a ser desdeñado y despreciado por la sociedad— pueden disminuirse a través de un «servicio intelectual ambulante creado por maestros, médicos de familia y psicólogos» (Brock, 1984). Por ejemplo, se puede llamar la atención de los padres acerca de los efectos positivos que esta oportunidad de interactuar más con los hijos puede tener de cara a su aprendizaje. La exploración conjunta en los grupos de revisión pone a los maestros ante una amplia gama de situaciones familiares que afectan al progreso de un niño en la escuela, y ante una amplia gama de obstáculos en el camino de la colaboración padres-maestro. Vieron que en muchos de estos casos, a menudo considerados fuera del alcance del maestro, se podía influir en beneficio del niño si los maestros sabían como compartir su preocupación sin injerencias, reconocían a los padres como personas con sus propias angustias pero también con fuerzas reales y potenciales que necesitan ser alentadas y no definían al niño únicamente en términos de sus necesidades especiales. Como hemos visto, a menudo los maestros se sorprendían por la relativa facilidad con la que algunos padres, que ellos pensaban que eran inamovibles, respondían a sus sugerencias de un intercambio de información y a la confianza del maestro en ellos y en sus hijos.

Para conseguir una colaboración de esta calidad, los maestros tuvieron que hacerse más conscientes de los obstáculos que podían interferir desde alguna de las dos partes y aplicar sus intuiciones para superarlos a través de técnicas bastante específicas, como se les consideró en los grupos de apoyo. Caspari (1974) resume las técnicas requeridas de la siguiente manera:

- mostrar a los padres que los maestros necesitan sus conocimientos y ayuda, para permitir que los maestros puedan ayudar de la mejor manera a su hijo;
- compartir con la familia la información que los padres parecen capaces de aceptar, y animarlos a comentar detalles de su experiencia con el niño;
- transmitir que se reconocen y comparten sus preocupaciones;

Si esto se hace de una forma sensible, los padres pueden ver:

- cómo se relaciona otro adulto con su hijo, lo que sugiere cómo podrían ellos relacionarse con él, y sin embargo es suficientemente diferente, a causa de

su contexto profesional, como para que no se perciba como una crítica a su propia actitud como padres;
- que el maestro acepta a su hijo como alguien que madura y que es capaz de adquirir capacidades;
- que la preocupación del maestro les incluye a ellos, con sus propias necesidades y dificultades, además de al niño;
- que su participación activa se valora de tal manera que experimentan un cierto éxito y nuevo sentido de efectividad con sus hijos.

Puede parecer como si se esperara que los maestros tuvieran que emplear una cantidad de tiempo excesiva con los padres, tiempo del cual normalmente no disponen. Sin embargo, los maestros del grupo no tuvieron que emplear más tiempo del habitual con los padres, sino que usaron sus encuentros intencionadamente para establecer una colaboración efectiva. Tales encuentros no fueron dejados al azar, como había ocurrido anteriormente, o a la iniciativa de unos padres angustiados o airados, pero se abordó a los padres con sumo cuidado para que no se sintieran como si hubieran sido citados. La exploración sistemática en los grupos de lo que todo esto implicaba llevó, como hemos visto, a un mejor asesoramiento de los padres respecto a las necesidades de sus hijos. En lugar de ignorar la experiencia de los padres, los maestros empezaron a sugerir cómo podrían ambas partes trabajar juntas, cada una dentro de sus posibilidades, para ayudar al niño a avanzar. Durante el proceso, los padres también podían recibir un apoyo no intrusivo y podían ejercer recíprocamente la buena voluntad que se les estaba demostrando.

Los maestros también descubrieron que las exploraciones conjuntas como éstas servían para aumentar sus cualidades negociadoras y cooperativas en general, tanto con sus colegas como con profesionales externos a la escuela. Las reuniones de seguimiento, al cabo de hasta dos años, confirmaron que estos progresos en el contacto con los padres y el apoyo mutuo habían perseverado. Esto confirma los resultados de otros que utilizan el método de la exploración consultiva conjunta y que apuntan a que los miembros de tales grupos, considerando este método satisfactorio, empiezan a adoptar en sus propias relaciones profesionales las técnicas mostradas por los que actúan como asesores de apoyo en los grupos (Caplan, 1970; Irvine, 1979).

Ahora trataremos de estas técnicas de apoyo en detalle.

Tercera Parte

SUMINISTRAR APOYO: ORIENTACIONES Y TAREAS

6   DESARROLLO DE GRUPOS DE APOYO Y DE FORMACIÓN EN DIVERSOS CENTROS ESCOLARES: FUNCIÓN Y TAREA DE LOS ASESORES ESCOLARES O EXTERNOS Y DE LOS COORDINADORES DE NECESIDADES ESPECIALES

Conocer los obstáculos

Si aceptamos que el apoyo de servicio interior y los programas para la formación profesional pueden ayudar a los maestros a responder más adecuadamente a las necesidades excepcionales de los niños y que todos los niños deberían tener maestros capaces de ello, tenemos que ver qué parte del conocimiento especializado de aquellos que están cualificados dentro del ámbito de la salud mental y la educación puede suministrarse a los maestros. En su estudio de los programas y necesidades de servicio interior de los maestros, el Proyecto SITE subvencionado por el DES (1978-1981) incluía una evaluación del método y parte del trabajo descrito en estas páginas, como la respuesta de un proveedor a la necesidad creciente para la que los maestros habían solicitado apoyo. Éstos no especificaban cómo debía suministrarse este apoyo y se dejó que el proveedor discutiera con ellos, a la luz de la experiencia pasada y de los datos proporcionados por la investigación, qué tipo de apoyo era más adecuado para cubrir sus propias necesidades profesionales y las de los niños por los que se preocupaban. En su evaluación final, los investigadores (Baker y Sikora, 1982; Hider, 1981) se refirieron a esta parte del Proyecto SITE como «un curso conjunto muy provechoso considerado por los maestros implicados como la actividad más valiosa de los dos años de duración del Proyecto». Concluían que el éxito se debía en parte a la clarificación hecha al inicio de lo que sería posible aportar y de lo que no, lo que los maestros podían esperar conseguir y qué reglas básicas debían ser respetadas en el proceso. Se llegó a un acuerdo respecto del horario, frecuencia y número mínimo de sesiones necesarias para cubrir estas expectativas; este acuerdo fue precedido de una evaluación de los pros y los contras de las posibles opciones. De la misma manera, las decisiones acerca de la participación inicial y sucesiva en el grupo implicaron a los maestros desde el principio en una discusión acerca de qué estructura y procedimiento podrían proporcionar el máximo beneficio al personal en general.

En los casos descritos en la parte I, los conocimientos de un asesor exterior en sus funciones de tutor de necesidades especiales se unían a los de los maestros. En la página 2 se da la lista de una serie de servicios internos a las escuelas y externos, cuyo personal tiene experiencia en el campo de las necesidades especiales infantiles. Actualmente se pide de todos ellos —y en el caso de los psicólogos escolares aún más— que compartan con sus colegas en las escuelas públicas su experiencia y profundidad de comprensión y que ellos mismos se doten de las capacidades requeridas para abordar lo que para muchos de ellos será un nuevo papel (trataremos este punto en detalle en el capítulo 8). Esto también aplica a los especialistas en educación pastoral, en consulta y otros maestros de apoyo a las necesidades especiales que se dedican a organizar seminarios para el profesorado de sus escuelas y que podrían iniciar grupos piloto con colegas que compartan su entusiasmo y que estén deseosos de hablar de los problemas cotidianos de los niños, con la esperanza de que la experiencia se extienda al resto del profesorado. Como hemos visto, un trabajo de equipo así, con maestros, requiere, por parte de aquellos que están en posición de llevarlo a cabo, una cierta habilidad para salvar la distancia entre los maestros de clase y los especialistas en problemas emocionales, conductuales y de aprendizaje de los niños y para demostrar que sus técnicas son adecuadas para su uso en el aula.

La base para este trabajo de apoyo debe, pues, prepararse con sumo cuidado. Para la mayoría de escuelas, un grupo asesor de apoyo es una nueva experiencia. Un futuro asesor o un iniciador de talleres para los profesores —sea de procedencia interna o externa— debe tener siempre en cuenta las dificultades que pueden estorbar el trabajo de un grupo recién constituido. En este contexto de implicación del profesorado en sus propios servicios internos de asesoramiento, resulta particularmente útil considerar las recomendaciones tanto de la psicología de grupo como del análisis sociológico. El conocimiento de la psicología y de las dinámicas de grupo muestra de qué manera pueden reforzarse las influencias que contribuyen a la labor profesional al tiempo que se reducen aquellas que la obstaculizan (véanse por ejemplo Bion [1961], Morris [1965; 1972], Rice [1971], Richardson [1967; 1973], Taylor [1965]). Los estudios sociológicos pueden ayudar a entender los valores y las hipótesis subyacentes acerca de la interacción y de las intenciones en la educación. Una cuestión particularmente interesante aquí es cómo se percibe la tarea profesional y la naturaleza de los problemas y también si debe alterarse el modo en que éstas se perciben si se descubre que tal percepción está basada en tipificaciones y evaluaciones ideológicas disfuncionales a la tarea misma. Mucho se ha escrito, por ejemplo, con la intención de advertir a los profesores de los obstáculos que su propia percepción de la conducta de los alumnos puede plantear a los propios alumnos respecto a su autoconcepto, a sus progresos escolares, a los accesos y oportunidades para educarse después de la escuela. Hay disponible material de discusión acerca de cómo tales percepciones pueden estar influidas por lo que los sociólogos llaman «perspectivas institucionales socialmente reproductivas», o juicios de valor de la sociedad que se repiten y refuerzan en la institución, y también acerca de cómo las deformaciones resultantes pueden compensarse a través de la toma de conciencia de los maestros de sus propias percepciones y actitudes profesionales (véanse Eggleston, 1977; Musgrave, 1979; Broadfoot, 1979).

También resultan de particular interés para un asesor que se ofrece para ayudar a los maestros a cubrir las necesidades especiales infantiles, las investigaciones referidas al destino de las innovaciones en las escuelas y la frecuencia con que éstas fracasan en sus objetivos o terminan cuando el innovador se va, a causa de procesos sociales e institucionales intrínsecos al hecho mismo del cambio (Musgrave, 1979, Shipman *et al.*, 1974; Whiteside, 1978; Bell, 1985). A pesar de que este hecho, como apunta Eggleston, plantea ciertos interrogantes acerca de la autonomía del sistema educativo y de la autonomía individual de los que trabajan en las escuelas, las investigaciones también mostraban que los procesos que impedían que la innovación arraigara no se situaban únicamente en la institución; es importante que el innovador entienda qué suponen los cambios para todos los implicados y que no descuide la formación de los maestros en las técnicas y actitudes necesarias para mantener los cambios. Un futuro asesor debe considerar tales cuestiones desde el principio, en relación con la globalidad de su empresa. Es importante que tenga una idea de qué obstáculos o impedimentos pueden surgir a lo largo del camino y que esté preparado para examinar, como Mongon y Hart (1989) han hecho de forma tan eficaz, qué es lo que no funcionó en el caso de que sus esfuerzos no consigan el éxito esperado.

Según mi propia experiencia, procesos en desarrollo prematuramente abortados —como grupos que acabaron antes de lo previsto o que ni siquiera empezaron a funcionar— han servido para aclarar algunos puntos cruciales: aprendí que una oferta selectiva a una única escuela podía sugerir falta de confianza en el profesorado, que parecía confirmarse si ellos aceptaban, o eso temían. También descubrí que, a pesar de que el apoyo del equipo directivo es obviamente esencial, éste puede aprobar el experimento pero no valorar la continuidad del apoyo interno que se requiere; por ejemplo es posible que organicen actos paralelos, sea porque no recuerdan cuándo se reúne el grupo o porque piensan que no importará que algunos miembros se salten una reunión para atender otra tarea. En cambio, descubrí que un coordinador entusiasta podía acoger la propuesta con demasiada facilidad, lo que podía resultar contraproducente. En un caso, un coordinador lo organizó todo para que pudiera acudir todo el profesorado, y posteriormente surgió la cuestión de que al menos algunos de ellos venían contra su voluntad, únicamente por cumplir con el deseo manifiesto del coordinador, y esto llevó tensiones al grupo. Estas y parecidas experiencias en otros sitios mostraban que era fundamental que el coordinador ofreciera la propuesta al profesorado en lugar de parecer imponerla o aprobarla demasiado rápidamente sin una discusión previa suficiente, que los servicios externos debían ofrecer su asesoramiento a las escuelas como mínimo en base a una distribución por zonas, que su(s) representante(s) e iniciadores surgidos de entre los mismos profesores debían tener una credibilidad asegurada y que ningún maestro concreto debía sentir nada parecido a una obligación, para evitar suspicacias acerca de «verse necesitado de ayuda». Sin embargo, últimamente tales grupos también se han desarrollado bajo condiciones de «tiempo organizado» que, por definición, deja poca elección a los maestros sobre si asistir o no. Los asesores pueden aprovechar esta oportunidad para utilizar sus habilidades interprofesionales con los participantes reacios, mal dispuestos o incluso inicialmente hostiles, y así, de paso, experimentar por sí mismos lo que supone una experiencia cotidiana de clase para los maestros con los que tienen que trabajar.

No existen reglas establecidas para la composición de estos grupos. Cualquiera que sea el modo en que un grupo empieza a existir, sea a partir de la propuesta de un miembro del gabinete psicopedagógico de una escuela o a través de una petición de la misma escuela, como sucede actualmente bajo los acuerdos del GRIST, las experiencias mencionadas más arriba muestran que las reuniones introductorias tienen siempre una «agenda privada» que consta de una serie de ideas acerca de cómo desarrollar una experiencia semejante. Es preciso, pues, reflexionar cuidadosamente acerca de las ideas erróneas y las presiones de todo tipo con el fin de preparar un terreno favorable a un buen trabajo de grupo.

Iniciar un grupo de apoyo a los maestros

1. Primeros contactos con la institución (o desde dentro de ella)

Es fundamental reflexionar detenidamente acerca de todas estas cuestiones independientemente de que el futuro asesor sea un miembro cualificado de la escuela o proceda del exterior. En ambos casos debe ser consciente de que puede ser, por ejemplo, malinterpretado por algunos maestros que pueden pensar que critica sus métodos; este riesgo debe ser abordado desde el primer momento en que surge la idea del apoyo al maestro. Puede aparecer bajo forma de pregunta o petición desde algún sector o persona de la escuela. Por otra parte, los asesores en potencia pueden tomar la iniciativa por sí mismos convirtiendo sus contactos de rutina con los maestros en comentarios de tipo más general acerca de las dificultades que experimentan muchos niños y de las angustias que están destinados a sufrir y que obstaculizan sus progresos y preocupan a sus maestros. En este punto, pueden preguntarse si tal vez los maestros querrían compartir su experiencia y explorar con ellos, en una serie de sesiones, a este tipo de alumnos con objeto de encontrar soluciones susceptibles de ser aplicadas por sí mismos en las situaciones normales de clase, y pueden también sugerir que esto ayudaría tanto a los alumnos como al profesorado, como se demuestra en otra parte. Llegados hasta aquí tendrán que explicar en términos generales lo que tienen en mente, puesto que el profesorado puede muy bien estarse imaginando directamente conferencias del tipo «disciplina con alumnos revoltosos», «la psicología de los niños con problemas» o «cómo manejar niños con necesidades especiales». Por muy bien documentadas o incluso inspiradas que sean estas charlas, la mayoría de conferenciantes descubre que, aunque la audiencia las haya encontrado «de lo más interesante», muchos sienten que lo que se ha dicho «no funcionaría con Tom en mi clase». Ésta es justamente la dificultad que tiene en cuenta un método de asesoramiento y de resolución conjunta de los problemas, y es lo que puede explicarse cuando aparecen solicitudes de conferencias o de otros consejos de tipo didáctico.

Los asesores externos incrementarán su credibilidad si pueden reconocer abiertamente las dificultades a las que se enfrentan los maestros y valorar las técnicas con las que las abordan, técnicas a las que ellos pueden contribuir. De esta manera, el asesor también impide que se le califique de único experto o que sus conocimientos se vean como inaplicables al contexto del aula. En los casos en que un especialista de la escuela misma propone esta exploración conjunta entre profesionales con conocimientos diversos, el asesor debe recordar que los conocimientos que los maestros esperan de él son los que difieren de los suyos y pueden sumarse a ellos. Los especialistas en necesidades especiales se enfrentan a la tarea concreta de mostrar que sus técnicas específicas pueden reforzar las de sus colegas, sin distanciarse tanto de ellos que resulten demasiado «específicas». En cualquier caso, deberán hacer frente a muchas preguntas, muchas de ellas inexpresadas, presentes en la mente de los maestros. (Laslett y Smith [1984] resumen una serie de recomendaciones respecto a tales «preguntas no formuladas» como «¿nos escuchará usted, pero, de verdad?», «pedir apoyo, ¿implica incompetencia?», «¿se lo contará al jefe?», «¿"ayuda" significa trabajo extra para mí?» y «¿se puede hacer algo rápidamente, que se note ya desde ahora?») Como miembros de una profesión que representa autoridad y «condicionados por la sociedad (a ser) sabios, justos, capaces, competentes y eruditos» (Taylor, 1985), los maestros se muestran reacios a admitir que tienen dificultades ante aquellos que les parecen críticos o que les quieren explicar cómo hacer mejor su trabajo o susceptibles de echarles la culpa por el comportamiento de los niños. Tanto los asesores internos como externos tendrán que explicar que, aunque ellos pueden estar trabajando directamente con algunos de los alumnos en colaboración con los maestros de clase, no es necesario conocer a los niños sobre los que se discute en las exploraciones conjuntas o conocerlos tan bien como el maestro que mantiene con ellos un contacto diario (en contraste con los alumnos que se les envía directamente).

Como se ha mostrado, resulta útil que un asesor externo pueda hacer su oferta a las escuelas de una zona limitada, como uno o dos barrios vecinos, de manera que ningún grupo de maestros piense que se considera que necesita un apoyo especial. Esta oferta puede estar abierta a cualquier miembro del equipo que esté interesado; esto es más fácil de organizar en las escuelas primarias, pero no es imposible, como hemos visto, en las escuelas de secundaria. Para los que ya tienen responsabilidades pastorales, de asesoramiento o tutoriales se pueden organizar talleres en los que se explore el desarrollo de las técnicas requeridas para trabajar con equipos de colegas. En cualquier caso es importante reconocer y tomar nota de la experiencia y de los intereses de aquéllos con responsabilidades pastorales o de necesidades especiales, quienes probablemente estarán bien dispuestos o interesados por la idea de un apoyo consultivo para el profesorado en general, como complemento a su trabajo directo con los alumnos.

Las ofertas realizadas a nivel de zona suelen provocar solicitudes de más información por parte de algunas escuelas. Aunque tales solicitudes normalmente impliquen una necesidad, esto puede no ser interpretado así en todos los sectores de la institución. Por lo tanto es crucial asegurarse el apoyo del director y del equipo directivo, demostrando (p.e. a través de ejemplos de trabajo de apoyo en algún otro sitio) que los objetivos de un apoyo tan innovador son congruentes con los intereses de su escuela y, al maximizar sus recursos profesionales, contribuiría a la consecución de sus metas profesionales. Su apoyo activo es vital para legitimar al futuro grupo, para proteger sus funciones contra riesgos tales como reuniones simultáneas concurrentes y para permitir que las intuiciones que surjan puedan ser puestas en práctica.

Un director o coordinador puede también querer asistir a las reuniones. Esto sería beneficioso para cursos consultivos cortos, «de prueba», bajo los esquemas de las becas de formación del LEA. Sin embargo, en los casos en que estos grupos tienen que convertirse en una parte integral del sistema de apoyo de la escuela, la asistencia regular de un jefe puede inhibir fácilmente el proceso de la adquisición de técnicas, en virtud de su posición como evaluador de la competencia del profesorado. El asesor tendrá que discutir este riesgo para conseguir que el jefe consienta en ser un asistente eventual en lugar de uno regular. Esto debe hacerse sin que parezca que se disminuye el papel del coordinador en relación al trabajo de apoyo. Es crucial que tanto el coordinador como el asesor acepten el liderazgo del coordinador como una «autoridad superior a la hora de definir las tareas del trabajo de apoyo y de establecer los valores que éste comporta» (Hodgkinson, 1985). Entender así el grupo previene un gran número de dificultades; si el coordinador está presente en las discusiones de casos antes de que se haya creado un ambiente propicio a la exploración, los maestros pueden esperar que él (o ella) ofrezca soluciones antes de que ellos mismos hayan examinado todas las cuestiones subyacentes al problema —expectativas estas con las que el coordinador mismo puede, inconscientemente, coincidir. Tampoco todos los coordinadores se dan cuenta de los efectos de su presencia entre su equipo. Como Hargreaves (1972) describe, es muy difícil para los maestros hablar con libertad en las reuniones de equipo, incluso con coordinadores que mantienen excelentes relaciones con ellos. Muestra cómo algunos maestros intentan, por ejemplo, asumir la imagen que el coordinador tiene de cómo debe ser un buen maestro. Sin embargo, también existe una fuerte tendencia entre los maestros a negarse a aportar lo mejor de sí mismos delante del coordinador y a quedarse en silencio en estas circunstancias. Se comentaron todos estos efectos en los grupos recientes la primera vez que surgía la cuestión de invitar a sus coordinadores a unirse a ellos, y algunos maestros mencionaron el riesgo de que las presentaciones y contribuciones a los casos se hicieran siempre con un ojo puesto en el coordinador. Existen, pues, señales claras de que, en primera instancia, al menos, la presencia de los coordinadores o de sus representantes es susceptible de inhibir a los maestros en la labor de explorar las dificultades experimentadas con algunos de sus alumnos y particularmente en la discusión de algunas rivalidades latentes que ya suponen de por sí una disfunción para la escuela. (En mi propia experiencia, especialmente los grupos a largo plazo invitan finalmente a sus coordinadores a que asistan en las últimas fases, cuando ellos ya han establecido un modo de trabajo. Tanto los maestros como los coordinadores han considerado que el trabajo conjunto en estos grupos resulta informativo y útil y que ha añadido una nueva dimensión a la cooperación entre ellos.)

Por lo tanto es aconsejable recordar a los coordinadores que muestran interés por la oferta de un grupo de formación del profesorado que su apoyo al grupo será crucial, pero que su inevitable papel como evaluadores de la competencia de sus equipos probablemente sesgaría las presentaciones de los casos a los que ellos asistieran. La mayoría de la gente encuentra difícil admitir problemas en su trabajo ante sus superiores y, así, los maestros pueden encontrar dificultades a la hora de hablar de las cuestiones que competen e interesan al grupo. Los coordinadores que habían confiado en asistir al grupo desde su inicio, normalmente aceptan que su presencia pueda tener un efecto inhibidor. Esto coincide con las recomendaciones acerca de otros grupos de asesoramiento (véase la referencia en la pág. 80 a Daines *et al.*, 1981).

También es importante discutir con el coordinador la necesidad de confidencialidad respecto a los detalles de las discusiones (véase la pregunta no formulada «¿se lo contará al jefe?» recogida por Laslett y Smith [pág. 127]. Esta cuestión fundamental puede presentarse en términos de la obligación que se impone a los miembros de cualquier grupo profesional de no discutir fuera del grupo ninguna información recogida en él, a menos que constituya claramente una ayuda para los implicados. Este principio admite una cierta discusión prudente de los miembros del grupo con el coordinador —cuya autorización acerca de las funciones del grupo se mantiene y se extiende a un posible desarrollo futuro del grupo hacia un sistema de apoyo en funcionamiento— así como con otros profesionales relacionados con la educación y el bienestar de los niños pero excluye cualquier referencia a lo que los miembros individuales han dicho en el grupo (y por tanto tiene en cuenta la pregunta no formulada de si se lo contarán al jefe). (Esta definición puede también ayudar al grupo, posteriormente, en sus tratos con otros profesionales, que en ocasiones han ocultado información a los maestros por un concepto equivocado de la confidencialidad [Fitzherbert, 1977], cuando dicha información hubiera ayudado al maestro a cubrir las necesidades de un niño.)

Detalles como éstos constituyen elementos importantes para la primera fase de las negociaciones, junto con una explicación del método de asesoramiento y de las características que ha de reunir un miembro del grupo (por ejemplo, si está abierto a cualquier miembro del profesorado o solamente a los de un nivel de gestión intermedio, como sucede en algunas escuelas que quieren empezar por aquí el desarrollo del nuevo sistema de formación del profesorado). La segunda fase consiste en mencionar la conveniencia de una reunión introductoria y explicativa con el profesorado. En algunos casos, los mismos coordinadores lo proponen; en otros el asesor, consciente de las ideas erróneas que el profesorado pueda albergar, solicita la oportunidad de explicar a los maestros lo que está ofreciendo y de asegurarse de que todos entiendan qué puede proporcionar un grupo de estas características y qué puede uno esperar conseguir de él.

2. Presentar el trabajo de apoyo y asesoramiento al profesorado

Una vez que se han aclarado estas cuestiones, el trabajo con el profesorado puede comenzar con la aprobación del coordinador. En los casos en que el asesor es alguien de fuera, algunos coordinadores después de presentarlo al profesorado, pueden permanecer presentes durante la primera reunión. Entonces se puede aprovechar para explicar en su presencia, y con su consentimiento, que no participará de forma regular en el grupo y que los actos serán confidenciales. Esto ayuda a dejar claro desde el principio, tanto para el coordinador como para el personal, que no nos identificamos con los intereses de ninguna de las partes.

Resulta útil que esta reunión introductoria incluya, en una escuela primaria, a todo el profesorado, si es posible, y en una escuela secundaria, todos los profesores que estén interesados en asistir al grupo y tantos como quieran oír hablar del trabajo que éste llevará a cabo. Esto previene divisiones entre los que pueden llegar a ser miembros y los que no. La finalidad consiste en establecer exactamente lo que uno es capaz de ofrecer y lo que el profesorado puede obtener. Es importante que, dentro de lo posible, todo el profesorado esté informado de la propuesta y sepan lo que es, para asegurar la máxima comunicación, dentro del marco de la confidencialidad. Para que las medidas destinadas a cubrir las necesidades especiales de los niños sean eficaces, todos sus maestros deben estar comprometidos.

Resulta útil limitarse a una terminología profesional prosaica y evitar un lenguaje específico a la propia profesión. Además, los términos semi-jocosos (por ejemplo en inglés «worryshop» de «worry», preocupar y «workshop», taller, seminario) usados por algunos profesionales del ramo, es mejor evitarlos. Tendría connotaciones inútiles e inadecuadas y podría promover fantasías acerca del grupo y de sus miembros. Para comprender con claridad qué es el grupo y cuál es su misión, el equipo completo de maestros necesita descripciones concretas y concisas acerca de sus objetivos y métodos. Suelen considerar de utilidad escuchar ejemplos de casos discutidos en grupos similares y cómo fueron tratados; deben escogerse de manera que ilustren las experiencias habituales con niños considerados difíciles, los sentimientos que normalmente suscitan y las diversas formas alternativas de abordar estas situaciones.

Todos deben saber qué contactos habrá entre los miembros del grupo o el asesor y los de fuera y cuál será la finalidad de estos contactos. Todos deben sentir que el grupo no «causará problemas» o «querrá cambiarlo todo» sino que reforzará la misión educativa de la escuela y no se opondrá a los que no quieran sumarse al proyecto. Esto permite a los maestros aceptar que el coordinador se mantenga en contacto con el trabajo del grupo y sea informado por sus miembros, dentro de los límites de la confidencialidad, como se ha resaltado.

Aun así, hay que tomar en consideración interpretaciones divergentes y posibles ideas erróneas. Si se sospechan intereses partidistas, las defensas se reforzarán. Algunos pueden temer que sus superiores piensen que necesitan ayuda, mientras otros pueden angustiarse porque alguien de fuera o un colega asesor juzgue su actuación o interprete omniscientemente sus pensamientos —o, aún peor, los malinterprete. En cambio, otros pueden aspirar a una cierta omnipotencia que aporte soluciones rápidas a sus dificultades. También habrá diferentes opiniones acerca de la mejor manera de manejar las dificultades en el aula, acerca de si alguien, aparte de los inexpertos o de los inadecuados, tiene derecho a tener problemas y acerca de tipificaciones adicionales de niños y padres.

Tanto si estas cuestiones salen a la luz o no, es prudente asumir su existencia. Sin mencionarlas explícitamente, se pueden empezar a tratar (véase pág. 127) a lo largo de la discusión, al tiempo que se definen las hipótesis principales subyacentes al proceso de asesoramiento. Éstas se refieren básicamente a la toma de conciencia de los problemas y al compromiso de analizarlos y resolverlos, como criterios de profesionalidad. Pueden esquematizarse como sigue:

a) es mejor que los problemas se planteen «en caliente»; en un contexto estructurado de apoyo, es más probable que se clarifiquen en el proceso de plantearse y que este proceso sugiera maneras alternativas de enfrentarse a ellos;

b) hablar con otros profesionales y escucharlos, puede incrementar nuestras intuiciones y nuestra actuación profesional;

c) a través de estos procesos, podemos averiguar, sin perder nuestra dignidad, cuándo estamos contribuyendo, inconscientemente, a causar la dificultad;

d) tales discusiones pueden superar la conspiración del silencio entre colegas, basada en la creencia de que los maestros no deberían tener dificultades y si las tienen, deberían ocultarlas, ya que admitirlas redundaría en perjuicio de su competencia —creencia que va en detrimento de su tarea profesional;

e) como en otras profesiones, hay que prever dificultades en cualquier estadio de una carrera y que el concepto de profesionalidad incluye un análisis constructivo de los motivos de cualquier problema, de manera que éste pueda ser resuelto;

f) además, esto puede liberar nuestra creatividad profesional, descubrir recursos escondidos y aumentar el apoyo que los profesionales pueden proporcionarse mutuamente.

Se puede describir la estructura de las sesiones a través de la siguiente secuencia:

1. Presentación de los casos, en cada uno de ellos el profesor esboza la conducta del niño en el colegio, las soluciones que se han intentado y los resultados según su opinión;
2. Recogida de información adicional:

    a) mediante preguntas por parte del grupo acerca de cualquier otro detalle que puedan considerar relevante;
    b) a partir de contribuciones de los miembros del grupo que conocen al niño y que pueden saber detalles que el que presenta el caso desconoce, sea porque su contacto con él haya sido en otras clases, otros departamentos de la escuela u otras escuelas que el niño o sus hermanos hayan frecuentado. Esta información adicional, toda reunida, puede revelar nuevos factores que estuvieran contribuyendo al problema;

3. Exploración conjunta de las cuestiones en base a toda la información disponible, incluyendo formas alternativas de abordar al niño, a sus padres, a toda la clase y a la labor docente. Tal discusión se dirige al objeto de descubrir medios educativos para modificar y ampliar la experiencia del niño.

Esto permite mostrar cómo la exploración conjunta y la puesta en común de la experiencia de todos capacita al maestro que presenta un caso para ver la situación desde nuevas perspectivas y para decidir por sí mismo cómo emplear sus habilidades a la luz de este nuevo conocimiento.

También demuestra cómo cada caso explorado de esta manera implica a todos los miembros del grupo, tanto si alguno de ellos conoce al niño como si no, y muestra cómo esto puede ayudarles a construir un marco de análisis para otros problemas que surjan. Habiendo establecido este objetivo, existe poco peligro de que los maestros pierdan interés al discutir los casos de los demás (como ocurría en algunos de los grupos observados por Daines y su equipo [véase pág. 80]). La evaluación de los resultados de los grupos de los dos años de muestra a que nos hemos referido antes (Hanko, 1982) muestra que los maestros consideraban la exploración de los casos de sus colegas —independientemente de la edad del alumno— tan útil como la del suyo propio.

En esta fase de las negociaciones, se pueden mostrar las diferentes posibilidades, se pueden tratar las ideas erróneas y las falsas esperanzas y se puede crear una base de receptividad, tanto como punto de partida del grupo propuesto, como para el interés de los colegas que no forman parte de él. Al intentar transmitir que comprendemos el contexto de trabajo de los maestros y valoramos sus responsabilidades y obligaciones, es importante que mostremos nuestra experiencia como un apoyo a la de los maestros pero también que nos esforcemos en hacer que las alternativas sean viables.

Antes de que el profesorado de una escuela decida que desea iniciar un grupo de apoyo y asesoramiento, tenemos que estar seguros de que las reglas básicas y las obligaciones que surgen de la pertenencia a este grupo están bien claras, con objeto de prevenir las dificultades a las que nos referíamos antes. Es importante que aquí se den algunas orientaciones acerca de las disposiciones óptimas en cuanto a tamaño del grupo, rango y función de sus miembros, duración del curso piloto y de las asistencias individuales a lo largo de un curso, horario de las sesiones y duración de las reuniones. Es conveniente que se vea que estas orientaciones están basadas en otras experiencias con grupos de maestros en diferentes entornos —la del propio asesor o la de otros, a medida que va estando disponible mayor cantidad de información al respecto (véase págs. 68 y 69 para ejemplos).

En lo que respecta al tamaño, uno puede tener que llegar a trabajar con todo el personal de una escuela después de una charla introductoria, en los cursos cortos «de prueba» del GRIST o en las sesiones individuales de servicio interior. Los acuerdos tipo «pecera» (un círculo interior que constituye el grupo de trabajo, con un círculo exterior controlando el proceso, que se intercambian a mitad del período) pueden dar cabida a todo el personal de una escuela integrada. Sin embargo, en lo que respecta a grupos que deben desarrollarse como una parte integrante del funcionamiento global de una escuela, parece que los grupos de hasta 12 miembros (algunos de ellos miembros nucleares, otros con compromisos a corto plazo, como se ha esbozado más arriba) se benefician en mayor grado de la gama de experiencia y conocimientos de sus miembros. Los grupos más numerosos dificultan la expresión abierta de las ideas cuando ciertos sentimientos proyectados por el grupo pueden influir o impedir algunas contribuciones. Un grupo más grande también supondría que se bombardearía al ponente de un caso con más contribuciones de las que éste podría examinar; y el asesor podría tener que desviar un número inmanejable de anécdotas o de afirmaciones categóricas —para ayudar al grupo a centrarse en el caso— y algunos miembros se convertirían en convidados de piedra. En tal caso, al asesor le resultaría difícil no actuar como un moderador de asamblea o como un tutor de seminario del cual el grupo sería más o menos dependiente. Esto interferiría con la interdependencia coordinada esencial al proceso de exploración conjunta.

En lo que respecta a la *participación* de los diferentes miembros, se pueden esbozar las ventajas de los grupos heterogéneos, que pueden contar con miembros de toda la red de escuelas que abastecen a una comunidad o, si se limita a una escuela, de toda la serie de departamentos y experiencias profesionales. De acuerdo con el análisis de Eggleston (1977) acerca de la influencia de la percepción y de la interpretación individual en un «ecosistema» escolar, las características de los miembros de un grupo asesor serán significativas, tanto respecto al *número* que se alcanzará a medida que el grupo evolucione y se convierta en un sistema activo de apoyo, como respecto a la *gama* de posiciones y responsabilidades que representen. Las escuelas difieren a la hora de decidir si es mejor comenzar con un grupo abierto a todo el personal independientemente de su *status* y experiencia, o con un grupo de formación únicamente para profesorado con responsabilidades especiales que, a continuación, colaboraría en el desarrollo de grupos de apoyo a través de toda la escuela. Todos los maestros son gente clave como «cuidadores de las bases» (Caplan, 1961) a causa de su importancia psicológica para los niños, padres y colegas. Caplan también subraya la importancia de su influencia en una proporción importante de las fuerzas de las que depende la salud mental individual e institucional y que tienen implicaciones tanto para la acción administrativa como para la interacción personal.

El efecto de un sistema de apoyo en la institución, como un todo, dependerá del número y posición de aquellos miembros de la jerarquía que, por haber asistido al grupo, han desarrollado la percepción de sus responsabilidades con respecto a las necesidades especiales de los niños así como la manera en que ejercen estas responsabilidades, tanto con los niños individuales como con las características de la institución que les parezcan perjudiciales para su función educativa básica.

Dependiendo de la duración del curso prevista para el grupo piloto, la autoselección de los miembros puede hacerse tanto en base a los que lo serán nucleares como los que lo serán a corto plazo, lo que incrementa la proporción de personal que puede involucrarse activamente. Por ejemplo, un grupo de dos escuelas, limitado a 12 asistentes simultáneos, con cuatro miembros nucleares que asistirían durante un año, con el intercambio previsto de ocho miembros a corto plazo al final de cada trimestre, podría involucrar a 28 maestros de ambas escuelas. Esto significaría tantos como el personal de una escuela primaria y más del de muchos parvularios. Un grupo de cuatro escuelas, con ocho miembros nucleares y el intercambio planificado de cuatro miembros a corto plazo cada medio trimestre (ilustrado en las págs. 35-43) puede acomodar el mismo número de maestros para el doble de escuelas. También he descubierto que una proporción mucho menor de maestros en una escuela grande puede formar un puente importante entre miembros y no miembros, a condición de que mantengan contacto activo con sus colegas a través de los distintos departamentos —este contacto puede ser promovido desde el grupo mismo a través del desarrollo de técnicas de interacción. En la escuela integrada a que nos hemos referido en la págs. 55-56, con un personal de más de 80 miembros, 12 maestros que representaban una amplia gama de experiencias y temas, se presentaron voluntarios, al principio, para componer un grupo para un trimestre, con opción a un segundo trimestre y algún intercambio de personal si se deseaba. Se comenzó durante la segunda mitad del primer trimestre. Ocho miembros del grupo desearon quedarse durante el segundo trimestre, y pudieron admitirse a cuatro nuevos miembros. Las 16 personas involucradas decidieron en la reunión final de evaluación organizar un grupo asesor de apoyo de continuidad, sin ayuda exterior, para el año siguiente. Aparentemente la experiencia fue fructífera, de acuerdo con los comentarios de testimonios independientes como el personal de la clínica de asistencia infantil en contacto con la escuela, e incluso condujo a la formación de un grupo adicional paralelo. La esfera de acción de un solo grupo es notablemente amplia —especialmente si se considera la cantidad de tiempo disponible relativamente pequeña de un asesor en una escuela o en un área.

Las ventajas de los grupos heterogéneos, con respecto tanto a la gama de experiencia e información sobre el alumno como a la gama de los conocimientos de los miembros, pueden haber quedado claras cuando se discutía la estructura de las sesiones. Sin embargo, también conciernen a los maestros como colegas. Los maestros más jóvenes han comentado la seguridad que extraían de escuchar a maestros mayores reconocer sus dificultades a pesar de su larga experiencia, mientras los veteranos daban la bienvenida al entusiasmo contagioso de aquellos que han adquirido un compromiso reciente con la empresa educacional y a los retos que se plantean, así como también recordaban la necesidad de apoyo que tienen los inexpertos. Es útil subrayar estos factores en esta fase, tanto para tratar con las preguntas no formuladas acerca de la relación que pueda haber entre tener dificultades y ser incompetente, y en anticipación de la posibilidad de tener que tratar de forma constructiva con cuestiones de *status* y cantidad de experiencia, una vez que el grupo haya empezado a funcionar (véase pág. 139).

La duración del curso previsto para el grupo piloto afectará a los acuerdos para la selección de los miembros. En algunos grupos, los maestros se deciden por un contrato de dos o tres trimestres, con miembros nucleares que asisten durante todo el período y miembros a corto plazo planificados cuidadosamente con intercambios cada medio trimestre. Colegas con conocimientos adicionales acerca de un alumno cuyo caso se está discutiendo, o colegas que tratan con casos de crisis repentinas, pueden ser invitados para asistir a las reuniones de forma *ad hoc*.

En otros grupos, se pueden ofrecer contratos de un trimestre, con opción o no a un trimestre adicional. La ventaja más obvia de los grupos a largo plazo es que pueden hacer un seguimiento de los casos y examinar cómo evolucionan las necesidades de los niños. Por tanto pueden reducir el omnipresente riesgo de «confirmar» las dificultades de los niños a través de los diagnósticos iniciales basados en una confusión de los síntomas —o de definir al alumno en términos del diagnóstico inicial equivocado.

Sin embargo, incluso los grupos piloto a corto plazo, pueden demostrar a los maestros que se pueden encontrar alternativas factibles para muchas situaciones que habían considerado fuera de sus posibilidades (véase el grupo descrito en págs. 32-34). Es interesante comprobar que en mi estudio de diez emplazamientos escolares en los dos años de muestra a los que ya nos hemos referido, los maestros que asistieron a un grupo de un año durante cinco semanas estaban más satisfechos acerca de los beneficios que habían extraído de su asistencia que los que asistieron a siete sesiones de un trimestre en un grupo que acabó ese mismo trimestre. Surge, así, la cuestión del refuerzo desde dentro de la institución. El hecho de que miembros a corto plazo de un grupo a largo plazo pudieran permanecer en contacto a lo largo de todo el proceso (por ejemplo, podían volver para reuniones de seguimiento y evaluación y, en general, seguían el desarrollo de los procesos con gran interés), también contribuyó a crear más fácilmente un ambiente de apoyo consultivo en toda la institución.

En esta fase, también se puede comentar a los maestros interesados en un curso piloto de dos trimestres como mínimo, la cuestión de los miembros nucleares y de los miembros a corto plazo, que son dos funciones complementarias más que una mera cuestión de preferencia individual. Por ejemplo, los nuevos miembros a corto plazo recuerdan constantemente la gama de problemas y su reaparición bajo formas siempre nuevas, y los miembros nucleares dan la necesaria continuidad. Además, los miembros nucleares tienen la oportunidad más continuada de desarrollar las técnicas de apoyo que les capacitarán para consolidar un sistema de apoyo al profesorado en su escuela, como recomienda el Comité Elton (DES, 1989). También existen datos de que éstos usaban estas técnicas de forma más eficaz con otros grupos, como por ejemplo, escuelas subsidiarias, familias de los alumnos y otros servicios de asistencia y bienestar social. Este tipo de apoyo al profesor señala, pues, algunas maneras de superar la tradicional separación entre los distintos servicios en sus intervenciones ocasionalmente conflictivas (Welton, 1983).

Una estructura de grupo que equilibre su continuidad, con cambios en sus miembros como los expuestos aquí, es capaz también de atender las frustraciones de una participación fluctuante notadas por Daines *et al.* (pág. 80). Puede hacerlo de forma bastante directa puesto que también ofrece la oportunidad de examinar las implicaciones que tales cambios en la composición del grupo tienen para los maestros, ya que cambios similares afectan constantemente a sus aulas y la escuela en general. Un alumno que ha estado ausente tiene que incorporarse a un grupo cuyas recientes experiencias no ha compartido; alumnos y maestros nuevos llegan y otros se van, y raramente se consideran los sentimientos de encariñamiento y pérdida que se generan. Como la mayoría de nosotros aceptamos aparentemente sin esfuerzo tales cambios, los maestros pueden no ser conscientes de la manera en que las experiencias pasadas de los niños pueden hacerles vulnerables ante estas situaciones. Desconocedores de la sensación de abandono que pueden experimentar los niños, los maestros que están a punto de irse, a menudo prefieren no decírselo a los niños hasta el mismo día de su partida, dejando a los niños que se enfrenten con toda la gama de emociones que ésta puede suscitar. Existen aún pocas escuelas que consideren que se ha de avisar a los niños, trabajar con ellos a través de estas experiencias de pérdida y transición y darles la esperanza del nuevo aprendizaje, porque la parte positiva de sus experiencias pasadas no se borrará ni de su mente ni de la de su maestro. Las referencias a este aspecto de las necesidades de los niños en la vida de la escuela surgen espontáneamente cuando forman también parte de la vida del grupo.

Diversas escuelas están actualmente intentando tender un puente en la transición de una escuela a otra, al menos académicamente, mediante reuniones del profesorado responsable de ciertos temas. Los grupos de asesoramiento han descubierto, sin embargo, que una comunicación significativa entre las escuelas acerca de las necesidades especiales de los niños (es decir, algo más que transmitir informes acerca de ellos) es igualmente importante y valiosa. Una escuela debe saber cuáles de sus nuevos alumnos han estado recibiendo atención especial en la escuela que dejan y qué sistemas han demostrado ser los mejores con cada niño. Scharff y Hill (1976) mencionan los mismos puntos acerca de los que dejan la escuela y se hallan «entre dos mundos» y recomiendan una orientación anticipada durante el último año en la escuela y un currículum que tenga en cuenta las aprensiones, angustias y necesidades en este momento de transición. Sin embargo, también descubrieron que a causa de las presiones excepcionales de organización existentes al final del curso académico en las escuelas secundarias, los profesores están menos disponibles para sus alumnos, justo cuando éstos más los necesitan.

Es posible que los mismos maestros recuerden las «experiencias de choque» con las que los colegas más veteranos reciben a los recién llegados, experiencias en las que éstos, faltos de cualquier apoyo útil, «desaprenden» todo lo que sabían (véanse Cope, 1971; Collins, 1969; Hannam *et al.*, 1976). Puesto que tales experiencias tienen un efecto expansivo en el aula, es importante examinar las cuestiones subyacentes. Como se ha demostrado (Foulkes y Anthony, 1965), la manera en que se recibe a los recién llegados puede afectar a su autoconcepto y un recibimiento crítico mantiene el hermetismo del grupo respecto a influencias externas. En los grupos de apoyo que combinan miembros a largo y corto plazo estas cuestiones surgen de forma natural, puesto que el cambio mismo deviene parte de la estructura diseñada para cubrir las necesidades inmediatas y a largo plazo de sus miembros.

En lo que respecta a *horario y duración de las reuniones*, debe prevenirse cualquier conflicto con el horario de la escuela para evitar que el grupo sufra constantes presiones de tiempo. La mejor solución es que el asesor ofrezca la elección entre una hora y una hora y cuarto a la hora del almuerzo —siempre que los maestros no tengan otras obligaciones— y entre una hora y cuarto y una hora y media al final de la jornada escolar. Dada esta elección, los maestros tienden a escoger la última hora, cuando hay menos distracciones. Además, prefieren reuniones más largas porque dan más de sí. Aunque ambas alternativas han funcionado bien en diferentes escuelas. Cualquiera que sea el acuerdo, es sin embargo crucial subrayar la importancia de una asistencia regular durante un período de tiempo y de acordar unas horas de inicio y finalización que convengan a todos los asistentes. Los que llegasen tarde se perderían la presentación del caso con la que se inicia la reunión y, por tanto, no podrían contribuir de forma significativa ni aprovechar nada de la discusión, mientras que los que se fueran antes de tiempo desperdiciarían el efecto acumulativo de la disciplina y del contenido de las exploraciones conjuntas.

Es probable que los asesores de un grupo piloto consideren las reuniones semanales como un arreglo ideal, que permite diez sesiones por trimestre, empezando en la segunda semana del trimestre y acabando en la penúltima. Resulta una buena idea mantener un máximo de continuidad a la vez que se deja más tiempo a los maestros en los principios y finales de trimestre, que suelen comportar más trabajo para éstos. Además, los asuntos inconclusos que siempre quedan al final de las reuniones suelen encontrar la manera de «buscar una salida» entre las sesiones semanales, pueden aclararse algunos aspectos de las deliberaciones de la semana anterior y se facilita el desarrollo de un marco para el análisis de los problemas en general. Con espacios más largos entre reunión y reunión, la enorme cantidad de sucesos dispares que llenan incluso quince días de vida escolar puede fácilmente borrar tales conexiones o desvirtuar su importancia.

A pesar de que es conveniente reconocer que es inevitable dejar algunos cabos sueltos al final de las reuniones, sería poco sensato dejar demasiados para el período que va de una reunión a otra. Éste sería el riesgo de seguir, por ejemplo, el esquema de los cursos de los servicios más externos de asistencia y asesoramiento, con sus reuniones de dos horas. Los maestros aceptan enseguida limitar la duración a una hora y cuarto o a una hora y media, si se les señala el peligro de «perderse en los casos» si se dedica demasiado tiempo a la exploración de cada caso. Además, esta media hora de diferencia, al final de un día agotador, puede suponer la diferencia entre sentirse reactivado por el intercambio de experiencias o agobiado por la intensidad de la actividad. Los límites de tiempo ayudan también a los miembros a aceptar que queden cabos sueltos.

Cuando estas cuestiones surgen en la reunión introductoria —en un momento en que un número suficiente de maestros pueden estar deseando asistir a un grupo así en su escuela— se producen, normalmente, preguntas acerca de qué tipo de preparación requiere la presentación de un caso (véase la pregunta no formulada de «¿significa trabajo extra para mí?»). En nuestro caso no era necesaria ninguna preparación, aparte de la presentación verbal de los rasgos más destacables de los casos (véase pág. 131). También surgen preguntas acerca del número de casos que uno puede tratar en una sesión cualquiera. En sesiones de asesoramiento con médicos, Gosling (1965) indica una preferencia de dos casos por sesión, mejor que uno solo, pero los asesores a maestros difieren en la estructura que creen que requieren sus reuniones. Cuando discuten el caso de un alumno, los maestros necesitan considerar una gran cantidad de información variada, incluyendo las relaciones del alumno con otros profesores, con sus compañeros de clase y en su familia. Reunir esta información durante la sesión y discutir sus implicaciones toma más tiempo al principio, pero es más rápido cuando los miembros empiezan a observar la importancia y el significado de la información puesta en común y engranan sus preguntas de acuerdo con esto. Así, un grupo puede necesitar, al principio, dedicar una sesión entera a cada caso, pero al cabo de un tiempo puede ser capaz de considerar dos por sesión o incluir uno o dos seguimientos. Limitar el detalle de la presentación inicial a los rasgos más sobresalientes impide que el grupo se sienta abrumado por más detalles de los que pueden manejar de entrada y asegura el tiempo suficiente para una discusión reflexiva.

Prestar atención a la relevancia que tiene cada discusión de cara a los problemas en general tranquilizará a los que proyectaban tratar más casos por sesión.

Habiendo aclarado estas consideraciones durante la sesión introductoria —de forma más breve de como se ha hecho en estas páginas— el profesorado querrá seguramente algún tiempo para considerar lo que todo esto implica para ellos, antes de empezar a trabajar con los futuros miembros del grupo.

El trabajo con los grupos

1. *Primeras reuniones del grupo: papeles preestablecidos, jerarquías y expectativas acerca del papel del asesor*

El modelo asesor adoptado aquí se basa, como se ha dicho, en el principio de la exploración conjunta en el contexto de unas relaciones coordinadas. Sin embargo, tales relaciones no pueden darse por existentes antes de empezar. Muchos maestros encontrarán difícil, al principio, ajustarse a este tipo de participación y pueden intentar asumir papeles fijos —desde el «cínico» hasta el «rebelde» pasando por el «realista»— y se intentará repetidamente perpetuar una jerarquía. Los asesores deben saber que es más fácil manejar estos intentos al principio que más tarde, y pueden haber empezado a prevenirlos ya en la reunión introductoria.

Cuando el grupo de apoyo contiene una amplia gama de experiencias profesionales, es fácil que se produzcan intentos deliberados o inconscientes de reproducir la jerarquía de la institución en el grupo. Aquellos que ocupan cargos superiores pueden, por ejemplo, pensar —con razón o sin ella— que sus colegas más jóvenes esperan de ellos respuestas rápidas o, como ocurrió en un grupo, pueden intentar influir en la selección de alumnos a discutir. Sus colegas menos veteranos pueden respetar su autoridad o resistirse a ella. En ambos casos, constituirá un obstáculo para la auténtica exploración de las cuestiones y de sus implicaciones para el maestro en concreto. Un asesor puede intentar prevenir estas situaciones pero también es posible que tenga que manejarlas en el momento en que surjan (véase el caso de Vic [págs. 40-42] para ver cómo la cuestión del conflicto jerárquico pudo resolverse tanto en beneficio del niño como del profesorado, sin que nadie tuviera que quedar desacreditado). Cuando las características básicas del procedimiento ya se hayan establecido en la reunión introductoria, en este momento sólo hay que recordar a los miembros, sin embarazo para ninguna de las partes, que cada maestro debe escoger su propio caso, que no se interrumpirá la presentación y que la obtención de detalles adicionales viene *después* de la presentación de manera que todo el mundo pueda contemplar globalmente la situación y que nadie sugiera soluciones antes de que se haya examinado toda la información disponible. A medida que la exploración avanza, contribuciones hechas desde una actitud aparentemente superior o inferior o desde un papel estereotipado pueden convertirse en conocimiento adicional que arroja nueva luz al caso, independientemente de la categoría profesional del que las hace, de la duración de su carrera o del papel que haya decidido asumir (véase la discusión de Dave [págs. 42-46], que muestra cómo se ayudó discretamente a su maestro a abandonar su papel prefijado). Entonces predomina lo que Caplan llama «la autoridad de las ideas» por encima de la categoría, y queda demostrado, tanto para los de posiciones superiores como inferiores, la importancia y el carácter complementario de su experiencia. Es de gran ayuda si todos nosotros, por muchos que sean los alumnos a los que hayamos dado clase o tratado en consulta, recordamos que tenemos que mirar con ojos nuevos cada caso —de modo similar a los músicos expertos cuyas interpretaciones pueden degradarse hasta parecer meras repeticiones de la misma actuación.

Tras el esfuerzo conjunto de la exploración realizada bajo nuevas perspectivas, pero beneficiándose del saber común compartido, el problema vuelve al maestro que lo ha presentado, de quien se espera que lo enfoque ahora de una forma nueva, reforzada su seguridad por el apoyo experimentado y por la confianza transmitida. No debe constituir ninguna sorpresa que incluso los maestros en período de prácticas respondan al hecho de que se les trate como auténticos profesionales autónomos y como una parte de un sistema de relaciones a través de toda la jerarquía, que permite apoyar la competencia de todos sus miembros.

Cómo ocuparse de las expectativas creadas en torno al papel de un asesor

Las expectativas existen desde el momento mismo en que se realiza la oferta de apoyo y dependerán de lo que entiendan los maestros por «apoyo», de su entorno de trabajo y, como hemos visto, de cómo les llegue la oferta. Los grupos pueden esperar que el asesor asuma el papel de líder, más allá de las exigencias de las primeras reuniones. El asesor es desde luego responsable de que se observe la secuencia exploratoria. Debe asegurar que las cuestiones queden claras, que se centren en el problema y que la participación no juzgue sino que apoye. Todo esto exige una intervención temporalmente destacada que los miembros pueden esperar que continúe. Las expectativas poco realistas de algunos miembros del grupo acerca de soluciones instantáneas pueden verse reforzadas durante el período dorado en que se producen cambios aparentemente milagrosos en la conducta del alumno que se atribuyen a los conocimientos del asesor.

Cualquier connivencia con estas falsas ideas iría claramente en detrimento de los objetivos asumidos por esta forma de asesoramiento —conseguir autonomía para comprender las conductas superficiales e investigar las implicaciones que comportaría pasar a la acción. Esta connivencia interferiría además con la sensibilidad del propio asesor acerca de cómo está recibiendo el grupo el caso y la situación presentados. En lo que respecta al grupo, esto sólo puede conducir a desengaño. Por tanto, es crucial que desde la primera exploración de un caso se insista en que nadie tiene la solución a los problemas en este estadio, pero que juntos podemos reunir más información que puede ayudar a aclarar las posibles salidas. Si podemos demostrar que valoramos las dificultades del maestro como algo natural y comprensible, trasmitimos confianza a los miembros del grupo como profesionales con sus propios conocimientos y mostramos nuestro propio valor pero no como una posición privilegiada desde donde partir, será más fácil para los miembros del grupo aceptar de forma más realista nuestra propia experiencia como una contribución más, y no como algo omnisciente o decepcionantemente inútil, exactamente de la misma manera en que el asesor acepta sus contribuciones.

De esta manera, podemos asegurarnos de que ningún miembro del grupo tenga que soportar el peso de la crítica o se convierta en blanco de soluciones insustanciales que impliquen juicios sobre su manera de llevar el caso. Debemos vigilar que los aspectos más espectaculares de una situación no acaparen toda la atención, invitando a los participantes a considerar aspectos menos obvios del caso, para encontrar su interrelación y su posible significación. Podemos tener que refrenar a los miembros más participativos, invitando discretamente a opinar, desde el principio, a los que tienen tendencia a asumir un papel silencioso. El intento de prevenir el establecimiento de papeles fijos, que impedirían sacar el máximo provecho de la experiencia, también puede ayudar a los maestros a valorar la importancia de evitar los papeles preestablecidos en sus clases (como se discute en las págs. 86-88), cuando sus esfuerzos con determinados niños a menudo se bloquean a causa del papel que el grupo-clase les asigna y que va en detrimento de su desarrollo.

Puesto que los maestros han de encontrar su propia manera informada que les conduzca hacia soluciones viables, el grupo asesor de apoyo debe incluir, desde el principio, un elemento discreto de formación en esta dirección. Esto comporta técnicas especiales de atención —«lo que Reik (1947) llama «escuchar con el tercer oído»— que son cruciales para entender las necesidades especiales que se encuentran en las aulas y entre colegas, en beneficio de la labor profesional. Por esta razón, también es mejor desaconsejar la lectura de informes ya preparados sobre los casos, lo que ocultaría los sentimientos del maestro acerca de los detalles concretos y haría más difícil escuchar la presentación del caso. Por el contrario, las notas escritas a modo de referencia ayudan a la presentación y a la exploración, pueden ser muy útiles y merecen apoyo. En relación a esto, también pueden explicarse, desde el principio, características de la propia metodología de trabajo que pueden ser malinterpretadas, por ejemplo, cuando el mismo asesor prefiere tomar breves notas durante la presentación, como referencia durante la exploración y para posteriores seguimientos. Tales notas también le permitirán, en reuniones posteriores, ayudar a los grupos a tomar conciencia de la dimensión de sus logros.

En ocasiones, los grupos esperan del asesor, al final de una primera reunión, que resuma los puntos principales del caso. Hacerlo así puede no ser siempre adecuado. Por ejemplo, podría ir en contra de los objetivos del asesoramiento que se han destacado, si este resumen ofreciera únicamente la opinión de una persona acerca de qué puntos son los esenciales, y parecería que un líder asume un cierto consenso acerca de un caso que necesitará aún mucha reflexión por parte de todos. Sin embargo, puede ser útil clarificar periódicamente, por medio de un resumen al final de una discusión, los elementos básicos del *proceso* y la *secuencia* en la exploración de un caso (como por ejemplo, cómo ve el grupo el comportamiento real de un niño e intenta ponerlo en el contexto de lo que sabe de él, etc. véase págs. 58-59), lo cual puede ayudar a desarrollar las técnicas de enfoque del problema que los maestros necesitan aplicar cuando se enfrentan con las dificultades de sus alumnos en clase.

En consideración a la necesidad que existe de reflexionar más acerca de las cuestiones que se han puesto de manifiesto, tampoco hay en estas reuniones una etapa de toma de decisión «final». Puesto que el caso sigue siendo responsabilidad del maestro que lo ha presentado, es este mismo maestro quien debe hacer uso de la mejor comprensión que haya resultado de la sesión y que investigue las implicaciones por sí mismo. Es muy útil comprobar que cada reunión acaba en un tono positivo. De la misma manera, puede insistirse en la importancia de esto cuando los maestros finalizan una clase, despiden a los niños al final del día o concluyen una reunión con los padres (los paralelismos entre las técnicas de asesoramiento y las técnicas docentes se citan en muchos textos). Las exploraciones de los casos ilustrados en la parte I muestran cómo estos procesos pueden desarrollarse en diferentes estadios de la vida de un grupo.

2. Estadios de desarrollo en los grupos

Los detallados resúmenes de las discusiones de casos que aparecen en las primeras páginas, son, por supuesto, descripciones muy abreviadas de lo que ocurría en una sesión cualquiera. Con cada caso, se estimula a los maestros para que sigan una trayectoria sistemática de exploración conjunta de los detalles mencionados (como se subraya en las págs. 83-84) y luego para que «sigan al material hasta donde éste les lleve». Esta manera de trabajar a menudo reclama un cambio considerable de actitud y el desarrollo de unas técnicas que los maestros pueden no haber practicado nunca. Los forasteros al grupo, o los asistentes al mismo de forma intermitente, como los coordinadores, a menudo notaban estos cambios, y los mismos participantes intercambiaban comentarios acerca de ellos. Estos cambios pueden, por ejemplo, reflejarse en el mayor grado de confianza y competencia en las presentaciones y discusiones en general, que los miembros del grupo demuestran al cabo de un cierto tiempo. Ya hemos visto que existen numerosos obstáculos que pueden obstruir el avance de un grupo. Sin embargo, en los casos en que estos obstáculos se han negociado favorablemente, emerge un patrón de desarrollo que en su forma esquemática, y aún a riesgo de simplificar excesivamente ignorando las diferencias individuales, puede describirse de la siguiente forma.

El asesor puede descubrir que durante las primeras sesiones, los casos se presentan de forma vacilante y cautelosa, y que el mismo asesor tiene que extraer los hechos básicos mediante preguntas e incisos. Los niños suelen ser descritos de una forma general, a menudo sin entrar en detalles concretos («un aprensivo», «no puede hacer nada por sí mismo», «siempre metido en problemas», «un pesado» o «un niño agresivo»). Se suele mencionar la conducta, pero no los sentimientos probables del niño, mientras los propios sentimientos del maestro distorsionan la presentación. Se tiende a ver el problema como si estuviera «ahí fuera», en el alumno, en sus circunstancias familiares o en el sistema escolar, o incluso el maestro puede atribuirlo a sí mismo antes de que otros le juzguen. El maestro puede esperar consejos explícitos acerca de qué hacer, pero también puede mostrarse ambivalente acerca de las instrucciones que espera, y suele aceptar con alivio el estímulo a usar su propio criterio en base a las cuestiones que se han ido clarificando. El asesor debe asegurarse de que el grupo estudia estas cuestiones antes de formular respuestas y de que considera diversas hipótesis respecto a la conducta de un niño sin que ello implique una crítica a los que sostienen estas hipótesis. Debe controlar que la discusión anime a los maestros a ver las implicaciones de las conductas y deje de ver las descripciones («sólo busca llamar la atención») como si fueran explicaciones. Los maestros pueden sorprenderse de ver cómo mejora la conducta de los alumnos, después de sus primeros intentos de poner en práctica las ideas sugeridas. El asesor debe asegurarse de que estos cambios no se atribuyan a sus conocimientos ya que ello implicaría que las mejoras son resultado de técnicas adquiridas en lugar de ser fruto de una mayor comprensión; debe también vigilar que estos cambios radicales no se tomen como soluciones permanentes a una dificultad, y que no debe esperarse que se den siempre. Además, es importante que no se relacionen con la habilidad del maestro.

A medida que pasa el tiempo, los maestros toman nota del interés sistemático del asesor en los antecedentes de los incidentes mencionados y en las reacciones del niño ante el maestro y ante otros niños. Ellos mismos empiezan a incluir más detalles objetivos en su presentación de un caso y se refieren más a menudo a cómo puede estar el niño experimentando la situación. Esto permite al asesor mantener una intervención más reducida durante la fase de recogida de datos, reservándose para fases posteriores en las que se asegurará de que se realice un examen lo más completo posible de las distintas cuestiones e implicaciones. Los maestros adquieren la capacidad de admitir sus dudas más fácilmente, se muestran encantados al descubrir sus propios recursos y explican cómo han variado sus actitudes con los alumnos difíciles y cómo mejoran sus relaciones con ellos. Tales mejoras se atribuyen cada vez más a su propia toma de conciencia y al hecho de haber compartido un problema de forma objetiva. Pueden empezar a «ignorar» al asesor gracias a sus recursos ya reconocidos. Estimulados a examinar la situación global de un niño y la relación de los maestros con ella, se consideran más fácilmente a sí mismos como parte de esta situación. Aceptan que, incluso con el asesoramiento, los problemas no desaparecerán de un día para otro y que las necesidades evolucionan y requieren posteriores observaciones y tratamiento. También suelen admitir que explorar por sí mismos las cuestiones, es más útil que simplemente recibir consejos.

Las técnicas se emplean con mayor sensibilidad, tanto de cara a los niños como a los padres. Vimos cómo en el caso de Michael (págs. 38-40), los maestros hablaban del respeto que se merecían las relaciones familiares complejas y la necesidad de no imponer consejos a los padres, en la línea de su propia experiencia con la actitud del asesor hacia ellos. También resulta interesante ver cómo los recién llegados al grupo se benefician de unirse a él en estas etapas posteriores y desde sus primeras exploraciones, su actitud y actuaciones reflejan el estadio al que ha llegado el grupo globalmente. Los miembros a corto plazo se aprovechan también del tipo de preguntas que los demás han aprendido a hacerse y pasan más rápidamente por los estadios por los que ha pasado el grupo nuclear.

Finalmente, las presentaciones y las exploraciones se vuelven más cortas y concisas, al emerger una comprensión compartida fruto de las discusiones precedentes. Esto facilita poder considerar dos casos en la misma sesión. Más maestros dan indicaciones claras de que ya han estado usando sus técnicas adquiridas con el nuevo caso que están presentando, incluyendo esta información en la presentación. Incluso esto puede aplicarse a los miembros a corto plazo que se sumaron más tarde al grupo pero que habían seguido su desarrollo a través de conversaciones con los colegas antes de incorporarse —una muestra de que existía una colaboración mutua entre miembros del grupo y colegas no asistentes. Los miembros del grupo mencionaban esto de forma espontánea y consistente en las reuniones de seguimiento que tenían lugar uno o dos años después del curso piloto.

3. *Seguimiento de casos*

Cuando se menciona en la reunión introductoria que los seguimientos de los casos constituirán una parte integral del trabajo, los maestros se muestran particularmente interesados, ya que tienen la oportunidad de evaluar en grupo, y no ellos solos, los resultados de sus intentos. Esta oportunidad es muy deseable y resulta más viable en el caso de las reuniones semanales. Cuanto más largo es el intervalo entre cada sesión, más difícil se hace volver sobre un caso, ya que los maestros tenderán a acumular casos nuevos en cada reunión.

El seguimiento de un caso proporciona la oportunidad de tomar en consideración cómo evolucionan las necesidades de los niños después de que se haya presentado su caso y se haya explorado su situación y qué tipo de técnicas y atención requieren por parte de los maestros. Significa que se puede ayudar mejor a los maestros a desarrollar el tipo de clima en el que éstos continúan aprendiendo del niño. Las dificultades en las escuelas normales a menudo se agravan porque los maestros inconscientemente definen a sus alumnos en términos de su primera reacción espontánea a la conducta aparente de éstos y porque, a continuación, actúan con ellos de manera que se reproduce esta conducta inaceptable que momentáneamente han conseguido controlar (como, por ejemplo, alabar a un alumno sus progresos contrastándolos con su conducta anterior, a la que él entonces vuelve —«gracias a dios, ¡por fin una buena redacción! pero ¿por qué no podías hacerlo antes?»— recordando al niño, como Stott (1982) señala, «que se le está olvidando su decisión de comportarse mal»).

Cuando se hace el seguimiento de los casos a lo largo de un período de tiempo, las técnicas y habilidades pueden desarrollarse para que contrarresten costumbres tan arraigadas como éstas. Se pone menos fe en las mejoras fulminantes y existe menos decepción cuando estas mejoras no se mantienen y la conducta se deteriora de nuevo. Los deterioros temporales pueden considerarse, por ejemplo, como la manera que tiene el niño de poner a prueba el cambio de actitud del maestro o, por el contrario, como el retorno a unos patrones de conducta establecidos en el pasado y demasiado arraigados para poder superarlos en un especio breve de tiempo.

La intención de dirigir la atención del profesor hacia las necesidades en evolución tiene implicaciones a la hora de gestionar los seguimientos. En las primeras fases de la vida de un grupo, algunos maestros dudarán a la hora de plantear un seguimiento, especialmente si no tienen nada espectacular acerca de qué informar, mientras otros estarán encantados hablando de mejoras milagrosas. Por muy tentador que parezca para el asesor, compartir este entusiasmo o elogiar al maestro por esta mejora, debe dejarse muy claro que no siempre se producen tales mejoras, y que lo que se evalúa no es la actuación del maestro sino las necesidades del niño y su respuesta a lo que se ha intentado con él. Contrariamente a la consulta conductista, el modelo de Caplan evita elogiar los buenos resultados de los miembros del grupo, ya que esto implicaría relacionar la decepción por un resultado menos bueno con el propio maestro.

Para dejar claros estos puntos y para disminuir la sensación de estar siendo controlado, parece mejor dejar la programación de los seguimientos al maestro, poniendo énfasis en las necesidades del caso. En lugar de interrogar a los maestros, como haría un supervisor, se puede cerrar temporalmente un caso, sugiriendo, sin impaciencia, que sea considerado de nuevo cuando hayan más datos. El interés auténtico del grupo por el desarrollo de un caso, después de su exploración inicial, y la confianza del asesor en la habilidad del maestro para investigar las implicaciones y revisar la situación, son normalmente suficientes para suscitar un seguimiento, sin mermar la sensación de autonomía del maestro.

También es útil recordar a los maestros que la «curación» (con su desafortunada connotación de algo que acaba en un momento determinado) no es ni nuestro objetivo ni está a nuestro alcance, pero que el «cuidado» y la «habilidad para responder» pueden liberar las capacidades auto-curativas de los niños y, por tanto, promover su crecimiento y mejora (tanto «curación»* como «cuidado»** compar-

---

* Ingl. «cure» N.T.
** Ingl. «care» N.T.

ten cualidades conjuntas del concepto original en latín *cura*, conservadas en sus derivados en las lenguas modernas [p.e. curator, curé, Kur]). De esta manera, los maestros llegan a compartir con el asesor los conocimientos y las técnicas relacionados con cada caso desde la primera presentación hasta el último seguimiento. Como hemos visto, los maestros consideraban los seguimientos de los casos de sus colegas tan útiles como los propios, pese a no conocer a los niños. Que esto no ocurra (véanse observaciones de Daines pág. 80) tiene importantes implicaciones para la estructura de las sesiones del grupo. Plantea la cuestión del uso que se hace en el grupo de la experiencia, para ayudar a que la auto-conciencia y las capacidades evolucionen independientemente del caso que se esté siguiendo.

4. Interpretaciones y evaluaciones provisionales

«Interpretación» de las experiencias en el grupo

Como vimos en la parte I, algunos aspectos del caso pueden reflejarse en el grupo mismo al discutir la situación del niño. En determinadas circunstancias, puede ser adecuado no intentar interpretar (véase la crítica de Bettelheim hacia muchas traducciones falseadas de términos freudianos, que incluye el uso de «interpretación» por el más tentativo «Deutung» de Freud) —sino comentar, de forma específica o en términos generales a nivel de grupo, sin infringir el principio del asesoramiento como algo no intrusivo a nivel personal (ya que los grupos de asesoramiento no son primordialmente grupos de autoconciencia en los que los miembros se reúnen explícitamente con este propósito).

Los maestros que se quejan de la falta de puntualidad de sus alumnos pueden, por ejemplo, plantear este problema al grupo llegando tarde a las reuniones cuando podría evitarse. Un grupo había estado preocupado por la dificultad de obtener tareas escolares de ciertos niños. A ellos mismos se les había solicitado que respondieran un cuestionario con el propósito de evaluar su experiencia en el grupo de apoyo, pero varios miembros no llegaron a entregarlo. De forma ligera, se pueden resaltar estos paralelismos, y los maestros pueden ser capaces de examinar sus razones para no cumplir con lo que se les había pedido; esto puede aclarar los incumplimientos de los niños y el grado en que los maestros pueden estar contribuyendo a una conducta que ellos creen desaprobar.

Un grupo que se muestra alegre de ordinario, puede volverse reservado cuando se considera el caso de un niño reservado o tímido y resultar aparentemente incapaz de resolver el problema. De forma similar, los grupos pueden volverse hiperactivos al discutir el caso de un niño «hiperactivo». El maestro que hace la presentación puede aparecer «por todas partes» en su descripción, y maestro y grupo parecen adoptar el mismo efecto recíproco que se produce entre niño y maestro. Una maestra describió cómo un par de gemelos indisciplinados distorsionaban sus clases con su incapacidad para ceñirse a las instrucciones que daba. Para sorpresa del grupo, una colega suya, intentando completar su presentación de los gemelos, lo hizo de tal manera que fue muy difícil para el grupo seguir el hilo del caso, teniendo que habérselas con dos «gemelas indisciplinadas» en el grupo mismo. Tales paralelismos son útiles y fáciles de discutir y no crean una resistencia defensiva contraproducente que se manifestaría en el caso de un intérprete aparentemente omnisciente.

Otros paralelismos pueden ser menos obvios. En el caso de Dipak (págs. 52-55) los maestros se habían quejado de que sus superiores no les hacían caso y que esto les hacía sentir frustrados e inútiles. Ninguno de ellos se dio cuenta de que su respuesta a Dipak era similar. Una vez que se hubo hecho referencia explícita a esto, pudieron valorar la frustración que su propia respuesta a la conducta irritante del chico podía haber generado. Pudieron entonces explorar patrones de autoridad y dependencia entre alumnos y profesores y entre los mismos profesores según los esquemas jerárquicos. También pudieron considerar por qué hallaban tan irritante la conducta del chico y cómo ciertas maneras de pedir consejo y ayuda atraían el rechazo de sus colegas más veteranos —y en este caso el asesor. Esto permitió explorar cómo este tipo de conducta aumentaba la frustración mutua.

En el caso de Tony (págs. 28-31), la maestra se dio cuenta de repente, mientras lo estaba presentando, que estaba respondiendo a la crisis del niño como la familia, manteniendo febrilmente atareado a todo el mundo para evitar tener que enfrentarse con el problema. Por el contrario, el caso de Dave y su maestro (págs. 42-46) ilustra el potencial de un comentario aplazado sobre la experiencia global vista retrospectivamente.

La programación de los comentarios es muy importante y requiere un juicio cuidadoso. Dependerá tanto del efecto que la actitud del grupo está teniendo en la exploración del caso como del efecto que el comentario es susceptible de tener en la discusión; una actitud retraída (imposibilidad para discutir) o hiperactiva (saltos descoordinados de un punto a otro) no conducen, evidentemente, a adquirir una mayor comprensión del caso. En ambos casos se señalaron los paralelismos con los problemas del niño, y esto ayudó a que la discusión fuera más útil. Sin embargo, con el maestro de Dave era mejor no hacer comentarios mientras se sentía desamparado sino hacerlos más tarde, cuando las cosas habían mejorado y la experiencia podía ser vista en su totalidad. Haber hecho antes esos comentarios, probablemente hubiera aumentado su desaliento y hubiera crecido su resistencia a cambiar su punto de vista sobre Dave. En el caso de Vic (págs. 40-42) tuvimos tanto comentarios inmediatos como aplazados. Formando parte de una discusión sobre un fenómeno conocido también en otras profesiones, se hizo una referencia pasajera al modo en que, en ocasiones, el coordinador y el maestro en prácticas parecían estar reinterpretando el tipo de relaciones que hacía sufrir al niño en casa provocando en éste una respuesta paralela. Esto les intrigó y les capacitó para trabajar juntos de forma más armónica —sin pérdida de prestigio para nadie.

Si este tipo de comentarios acerca de posibles analogías entre la actitud del grupo y la del niño en discusión se programan aceptablemente pueden favorecer, como hemos visto, la comprensión de los problemas del niño. En cambio, consolidar tales intuiciones para uso profesional puede requerir un distanciamiento mayor, tal como puede producirse en las evaluaciones provisionales, sean espontáneas o planificadas.

Evaluaciones provisionales

Las oportunidades para evaluar y consolidar las intuiciones pueden darse de forma espontánea, a lo largo de reuniones especialmente «buenas» o «malas». También pueden planearse para momentos determinados, como a mitad o a final de trimestre, como una parte integral de la secuencia de las reuniones del grupo, para considerar el efecto que el trabajo del grupo tiene sobre la tarea profesional. De nuevo, y como ya se ha insistido, contrariamente a otras formas de trabajo en grupo tales como la psicoterapia o la consulta, en el asesoramiento profesional no se exploran los asuntos personales. Por lo tanto, la evaluación de cualquier aumento en su grado de autoconciencia y su significación para la labor profesional no debe implicar ninguna intrusión en las preocupaciones personales de los miembros del grupo.

Las evaluaciones espontáneas se relacionan con las diversas fases y estadios de desarrollo a medida que el grupo las va experimentando. En nuestro caso, también influyen los condicionamientos y presiones del año escolar, y habrá períodos en los que será adecuado tomar nota de cómo pueden estar influyendo en el clima de la reunión las experiencias previas del grupo y los sucesos de la escuela. Es probable que un grupo empiece con grandes expectativas y atraviese fases doradas, intensificadas por las mejoras en la conducta de los alumnos que pueden parecer resultados directos y fulminantes del trabajo del grupo. Puesto que no es probable que tales mejoras iniciales se mantengan, es probable que sobrevenga el desengaño mientras los maestros sigan esperando una panacea y sobrevalorando los éxitos y subvalorando el potencial educativo del desengaño y el fracaso. La labor del asesor, entonces, consiste en enfrentar al grupo con esta paradoja, que los períodos de desencanto y depresión pueden ser valiosos al hacernos pensar y al promover una nueva capacidad para la dedicación a los demás y para una búsqueda renovada de la comprensión (en el sentido cognitivo y afectivo), tanto personal como profesionalmente.

Durante tales períodos es útil señalar al grupo que no estamos intentando eliminar su depresión o su decepción sino que tratamos de ver si es posible descubrir a través de ellas una nueva capacidad de comprensión y tolerancia que les capacite para ayudar a los niños a enfrentarse a las suyas. Tales comentarios evaluadores pueden ayudar a un grupo a avanzar, a veces de forma inesperada. Fue durante una sesión «deprimente», por ejemplo, cuando la maestra de Michael (págs.

38-40) informó de su mejora, a continuación de su primer fracaso con él. Esto prácticamente electrizó al grupo en el sentido de ver tanto el fracaso como el éxito como parte de un proceso, todo ello facilitado por el clima no crítico del asesoramiento que ni sobrevalora el éxito ni menosprecia el fracaso. Los maestros consideraron que el reflejo de estas fases del grupo también podía ayudarles con sus alumnos más desanimados.

En las evaluaciones provisionales, planificadas por adelantado para una fecha determinada, los grupos plantean espontáneamente diversos puntos a medida que se les ocurren. Los puntos surgidos de esta manera, sin haber sido impuestos, son los mejores indicadores de lo efectivo que está siendo el apoyo para los miembros del grupo. Tales evaluaciones suelen tener un esquema de desarrollo propio.

Al principio de las evaluaciones, los miembros del grupo suelen estar preocupados por lo que sienten que les beneficia a sí mismos como maestros. Habiendo venido para obtener consejos prácticos sobre un caso concreto, pueden decir que ahora, en cambio, son más capaces de pensar mejor las cosas y que han aprendido a ser sus propios consejeros. Tanto los grupos de maestros como los de coordinadores atribuyeron esto al efecto de *haber compartido* sus preocupaciones en una situación estructurada para tratar de ellas (contrariamente, por ejemplo, a los lamentos en la sala de profesores acerca de los alumnos difíciles). Ellos sentían que esta forma de compartir les ayudaba:

- a *distanciarse* de la dificultad mientras trataban de describirla a unos colegas solidarios;
- a *reconocer* su propia situación en la de los demás;
- a *redirigir* su atención durante el proceso de preguntar y examinar, notando como su propia conciencia cambiante influía en su relación con el alumno de tal manera que éste podía a su vez cambiar su conducta.

Evaluaciones posteriores tienden a mostrar un desplazamiento en el énfasis, pasan de ser más conscientes de sus *propias* percepciones de los demás y del efecto de sus expectativas en ellos a una consciencia de lo que *los demás*, correcta o incorrectamente, pueden estar esperando de los maestros y cómo pueden afectar tales expectativas a ambas partes. A lo largo de sus discusiones han llegado a experimentar —más que teorizar acerca de ello— la necesidad de entender lo que cada parte puede estar atribuyendo a la otra, como una precondición para una comunicación significativa. Durante los períodos de evaluación tales intuiciones parecían consolidarse, tanto cognitiva como afectivamente.

El objetivo principal de estas reuniones de evaluación es el de ayudar a los maestros no sólo a sentirse más confiados a la hora de enfrentarse con las dificultades sino también para dar sustancia a este sentimiento. Una confirmación semejante es fundamental para que «la comprensión de la otra parte» produzca resultados con sus alumnos y con aquellos con cuyo apoyo tienen que contar en beneficio de los alumnos, como los padres, los colegas y otros profesionales y personal que esté en una posición que afecte la educación y el bienestar de un niño.

5. Finales y seguimientos post-cursos

Puede no haber un «final» en aquellos casos en los que sea un miembro del profesorado el que ha conseguido desarrollar un sistema de apoyo que funcione. En los casos en que el acuerdo consiste en un curso piloto iniciado y llevado por alguien externo a la escuela, los seguimientos post-curso, además de las evaluaciones y sesiones de seguimiento realizadas durante el curso, serán importantes. Los que han examinado la eficacia de los cursos de servicio interior nos lo confirman (véase Rudduck, 1981). Tales seguimientos pueden ayudar a consolidar lo que se ha aprendido durante el curso, así como facilitar posteriores desarrollos que pueden conducir a un sistema en funcionamiento de apoyo y de recursos. En vista a este desarrollo surgen toda una serie de cuestiones, la primera de ellas, cuándo y cómo hay que finalizar un curso, y por ende, el contacto con un grupo.

Como se ha demostrado (Sutherland, 1964), un apoyo de servicio interior y un curso de formación relacionado con la adquisición de técnicas y con el desarrollo de la comprensión en el ámbito de las necesidades emocionales especiales, puede asumir una significación personal muy particular para sus miembros, capacitándolos para incorporar cualquier cosa que sientan de especial relevancia para ellos, a medida que se construye la intuición de estas necesidades y las respuestas que son adecuadas para éstas. A lo largo del curso, existirán sentimientos ambivalentes respecto a este aprendizaje, sentimientos que se irán resolviendo en diferente grado a lo largo del proceso de exploración. Dependiendo del grado en que éstos se resuelvan, los participantes en un curso que relaciona la comprensión profesional y la competencia con la autoconciencia pueden, por esta misma razón, desear que el contacto se prolongue más allá del límite de la necesidad profesional real (como, de forma inversa, otros pueden dejar prematuramente el curso antes de aceptar la interconexión).

Hacia el final de un curso, ciertas dudas anteriores pueden reactivarse, y los miembros pueden volver a otorgar al asesor todo el mérito por el incremento de su competencia y por el potencial para el cambio y considerarlo responsable de todo lo que han aprendido. Algunos aspectos de los finales y de las transiciones pueden ya haber sido examinados en las discusiones de casos, cuando se trata de la marcha de algún profesor o alumno, y perspectivas como posteriores visitas pueden usarse para mitigar los temores a la separación. Ahora, los finales y los contactos futuros son aspectos que deben tratarse en los mismos grupos. (En el libro de Salzberger-Wittenberg *et al.* [1983] puede encontrarse una aproximación sensible a lo que pueden llegar a significar para alumnos y profesores, los comienzos y los finales de curso.)

Por las razones expuestas, los finales deben prepararse con semanas de antelación. Esto puede hacerse mencionando, en momentos oportunos, la posibilidad de mantener sesiones de seguimiento e intentando dejar clara su finalidad, de forma que no se conviertan meramente en un mecanismo para retrasar el final. Sus objetivos pueden ser revisar el curso y ver qué efectos a largo plazo puede haber tenido, profundizar la comprensión y reforzar las técnicas desarrolladas durante el mismo y después de él, o ayudar a extender el clima de asesoramiento en la escuela a través de grupos propios de apoyo al profesorado.

La primera reunión post-curso de seguimiento debe estar bien programada, ni demasiado pronto ni demasiado tarde; un intervalo de un trimestre aproximadamente es un plazo adecuado. En una ocasión, por diversos motivos, el primer seguimiento tuvo lugar un año después de haber finalizado el curso. La discusión mostró que algunos miembros, a pesar de haber mantenido el nivel de intuición y práctica alcanzados durante el curso (éste era el grupo de los maestros de Don, Michael y Vic), se habían sentido abandonados. Un seguimiento mejor programado con otros grupos condujo, al principio, a un contacto intermitente con el asesor y, luego, a una «conferencia de continuidad» a la que cualquier miembro del profesorado podía llevar casos para su exploración conjunta. Un año después de estas reuniones intermitentes (con la asistencia del asesor a sus reuniones periódicas únicamente una o dos veces por trimestre), puede resultar que los maestros y el coordinador se hayan convertido en asesores unos de otros. Éste sería el momento oportuno para dejar que el profesorado mantenga su propia conferencia.

Algunos grupos no manifiestan el deseo de tener una reunión de seguimiento (como ocurrió con el grupo que había discutido el caso de Teresa). Aunque es preferible que el contacto continúe porque se haya solicitado, el asesor también puede sugerir una reunión posterior, como se hizo aquí para seis meses después, ya que el curso había durado sólo un trimestre, había consistido únicamente en siete sesiones debido a una serie de interrupciones inaplazables y había acabado de forma poco satisfactoria. En este caso, el interés manifestado por el asesor mediante la sugerencia de una reunión posterior ayudó a aliviar los sentimientos contradictorios del grupo. El deseo de averiguar qué pensaban los profesores acerca de lo que habían sido capaces de aprender de un curso excesivamente abreviado, después de este intervalo, demostraba el interés real del asesor y destacaba el hecho de que éste les veía como colaboradores en la evaluación, con respeto absoluto por su competencia profesional y sus dudas.

Éste es un principio importante a seguir para conseguir que las reuniones de seguimiento sean eficaces, tanto si su función es revisar el curso y sus resultados, como si es profundizar la comprensión y reforzar las técnicas adquiridas o extender la aceptación del apoyo al profesorado como un recurso humano de la institución. En todos los casos se reafirma a los maestros como profesionales independientes y como miembros solidarios de un equipo educativo —que puede, en ocasiones, considerar útil invitar a alguien más como refuerzo o como un nuevo estímulo. El asesor externo, sin embargo, debe tener cuidado de no convertirse en un cuasi-miembro de la institución, para no perder la valiosa perspectiva exterior. En el mejor de los casos, el personal de una escuela, con la ayuda de sus colegas especialistas, puede asumir pronto la responsabilidad de su propia formación de apoyo, y el profesorado puede adquirir la capacidad de autorregularse y desarrollarse profesionalmente, en consonancia con las exigencias y necesidades en evolución.

Llegados a este punto, podemos resumir el papel y las funciones de un asesor para con los maestros y del coordinador pastoral o de necesidades especiales que desee poner en marcha un servicio de apoyo a los maestros junto a sus colegas.

Función y tareas de los asesores y de los coordinadores de necesidades especiales

1. El especialista en necesidades especiales en funciones de asesor interno o externo de la escuela

Tanto si se trata de un miembro del personal escolar especialmente cualificado para las necesidades especiales o pastorales como si aporta sus técnicas y experiencia procedente de otra institución o profesión, su compromiso como asesor puede ser más o menos activo según los requerimientos y el grado de desarrollo del grupo de apoyo al profesorado y dependerá de su interpretación de las preocupaciones del grupo o de las «hipótesis básicas» (Bion, 1961) de éste. Hemos visto que en las fases iniciales, la tarea consiste en establecer un modo determinado de trabajar desde el principio, al tiempo que se reconoce la experiencia previa de los miembros del grupo y, en momentos posteriores de éxitos parciales y decepciones, en continuar descubriendo fuerzas latentes y convirtiendo la experiencia del grupo en algo profesionalmente útil. Tales períodos requieren mayor participación por parte del asesor, pero, en general, éste se reúne con los demás en calidad de colaboradores e intenta que las participaciones de ambas partes sean equilibradas. Debe, por tanto, prevenir cualquier atisbo de querer explicar a los demás cómo deben hacer su trabajo y evitar el papel de único experto, papel que los maestros pueden asignarle perpetuando el desequilibrio que perciben entre sí mismos y el asesor. Su habilidad consiste en no aceptar este papel —sin por ello restar valor a la contribución que está ofreciendo— y prevenir estos sentimientos ambivalentes que suelen surgir cuando, en este ámbito, una de las partes se atribuye (o se le atribuye) todo el conocimiento.

El asesor debe saber enfrentarse a estos riesgos desde el principio, estando preparado para aprender de los profesores y para transmitir su comprensión de las dificultades existentes en su ámbito de trabajo y de cómo éste puede bloquear la habilidad de un maestro para responder con sensibilidad a las necesidades emocionales de los niños. Esto implica que acepta la perspectiva del maestro respecto a sus dificultades como el único punto de partida posible en la puesta en común de la experiencia mutua y que no ignora ni supedita los conocimientos que tienen los maestros del desarrollo infantil y del proceso de aprendizaje, sino que percibe dicho conocimiento como algo susceptible de ser complementado. La especial capacidad de comprensión del asesor se ofrece, pues, no como algo superior, sino como algo complementario y útil en la búsqueda de maneras de ayudar a los niños con necesidades especiales a adquirir el suficiente sentido de valía personal como para participar de forma más fructífera en la empresa educativa.

Hemos visto cómo se puede ayudar a los maestros a conseguir esto a través de una extensión de sus propias habilidades, de los medios educativos y los recursos internos, y que el asesor no considera adecuado ofrecer diagnósticos clínicos o enseñar una forma modificada de tratamiento clínico-terapéutico. Intenta orientarles para que vean por sí mismos qué tipo de dificultades pueden darse en la situación de un niño y cómo pueden mejorarla empleando medios educativos para ayudar al niño a seguir adelante; también les capacita para activar el potencial terapéutico del contenido curricular, del modo de expresarse y de las relaciones.

Como vimos, el asesor calcula sus contribuciones de manera que aseguren que las exploraciones se centran en la conducta real del niño y en las respuestas que ésta ha generado, en el estudio de éstas en el contexto de lo que se conoce acerca de las circunstancias del niño y en calibrar las necesidades subyacentes y qué tipo de nuevas experiencias educativas pueden ayudar a cubrirlas. Éstas dependían:

a) de la interacción del maestro con el niño en cuestión (por ejemplo, reconociendo implícitamente de forma no intrusiva los sentimientos del niño o confrontándolo con una dificultad de forma constructiva, en un proceso que incluye el establecimiento de límites y la reconstrucción de la confianza);

b) de la consideración de todo el grupo-clase (para asegurar nuevas experiencias de aprendizaje a los demás);

c) del potencial terapéutico del currículum diario como fuente de estas nuevas experiencias de aprendizaje;

d) de la habilidad para implicar a otros adultos (padres u otros profesionales) como colaboradores, en apoyo de los objetivos del maestro en beneficio del niño.

Como ocurre en otros grupos de apoyo y formación similares (véase el estudio de Gosling [1965]), para poder realizar su contribución de forma eficaz, el asesor de maestros necesita, en primer lugar, ser capaz de escuchar, sin elaborar juicios de valor ni ponerse a la defensiva, lo que éstos sienten acerca de su labor y acerca del mismo asesor. En segundo lugar, necesita crear el clima exploratorio en el que estos sentimientos puedan ser utilizados en apoyo de la labor de los maestros. En tercer lugar, debe facilitar sus conocimientos de manera que sean compatibles con el propósito general del grupo, para capacitar a los maestros a encontrar sus propias soluciones idóneas a los casos examinados así como a todos aquellos que no han llegado a ser discutidos.

El asesor como destinatario solidario

El modo en que el asesor escucha, formula preguntas, emplea sus conocimientos y especula acerca de las diferentes cuestiones y consecuencias, está destinado a aumentar el grado de conciencia acerca de la gente implicada en el proceso educativo, sean maestros o alumnos, cuyo entorno personal es susceptible de afectar su participación en este proceso. Este grado de conciencia facilita las interrelaciones entre ellos, sin intrusiones en el ámbito personal que permanece intacto.

Como destinatario activo de todo lo que se comunica en el grupo, y trabajando desde esta perspectiva, el asesor se «educa» (como Steinberg [1989] propone) acerca de los mismos miembros del grupo, de su entorno laboral, de sus esperanzas, expectativas y desengaños relacionados con su actuación profesional y especialmente acerca de las emociones dolorosas experimentadas cuando sienten que están fallando con determinados niños.

Al mismo tiempo, el asesor descubre que él mismo —como los miembros del grupo en su papel de maestros— experimenta, en simpatía, sentimientos poderosos de esperanza y desengaño. Su método exige que acepte y trabaje con estos sentimientos en relación con la labor profesional de los demás miembros del grupo en lugar de ignorarlos o, peor aún, reforzando la propia conducta inadecuada de los maestros. Si el asesor consigue hacer esto, puede también llegar a mostrar un apoyo auténtico —en respuesta a una necesidad más profesional que personal— y puede, así, ayudar a los mismos maestros a apoyar a los niños con problemas, a sus padres o a los colegas cuya ayuda desean recabar en beneficio del progreso educativo del niño.

El asesor se da cuenta, sin embargo, de que él mismo es vulnerable a ciertos riesgos que pueden hacerle menos sensible y disminuir, así, su habilidad. Tales riesgos son, por ejemplo, un deseo excesivo de ser útil, un temor a no estar siéndolo suficientemente y un deseo de ponerse a sí mismo o una teoría a prueba en el grupo. Esto puede hacer que el asesor formule comentarios prematuros antes de que él o el grupo puedan entender realmente la cuestión. Puede ponerse a dar consejos a maestros que tal vez ya sienten un cierto complejo de inferioridad ante los «expertos» y a los que se supone que debe mostrar que, mirando la situación con ojos nuevos, ellos mismos pueden encontrar algunas respuestas por sí solos.

Tales consejos pueden ser considerados «buenos» y si se aplican de forma efectiva pueden comportar resultados provisionales aparentemente espectaculares pero también pueden conducir a idealizaciones peligrosas del asesor. Al «ayudar» de esta manera el asesor aumenta las dudas de los maestros acerca de su propia suficiencia, mientras que su objetivo debe ser reducir los motivos para tales dudas y construir su autoconfianza. Además, la admiración mezclada con sentimientos de inferioridad pueden alimentar, como sabemos, una ambivalencia envidiosa. Los maestros pueden albergar, durante un cierto tiempo, una imagen idealizada del asesor, que puede desvanecerse en el momento en que no se obtienen resultados inmediatos, cediendo el puesto a la desilusión y el rechazo de lo que él propone. Los miembros del grupo pueden también perder la fe en su propia capacidad para resolver problemas y recaer en la creencia de que no existen soluciones —una creencia que hace dudar a algunos maestros y que incluso les hace considerar ridícula, ya de entrada, la oferta misma de apoyo.

En ocasiones, el asesor se sentirá tentado de tomar partido por el maestro o por el alumno, o de coincidir con los dos en ver a los padres o a la escuela como el origen de todo el problema. Esto también debe evitarse, ya que va en contra de una exploración de la situación que no implique juicios de valor. Será importante que el asesor deje claro que considerar comprensibles los sentimientos negativos hacia los niños, o las acciones punitivas, no significa aprobarlos y que insista en que deben ser examinados como parte que son de la situación. Si falla aquí, su postura de no elaborar juicios de valor puede confundirse con la aprobación. Otro riesgo es que si se siente cansado y agotado durante una sesión, puede no llegar a empatizar suficientemente y puede recurrir de forma automática a sus conocimientos intelectuales en connivencia inconsciente con aquellos que usan su intelectualismo para defenderse contra la intuición.

Constituye una parte esencial de este método reconocer que tales cosas ocurren en la mayoría de relaciones docentes. Los maestros, como los mismos alumnos, habrán anhelado, en un momento u otro, ser más aptos y, sin embargo, se habrán resistido a ampliar sus conocimientos por temor a los riesgos; habrán temido la incompetencia y se habrán sentido ineptos. Y sin embargo, pueden haber rechazado todo esto como perteneciente a su propia realidad y a la de sus alumnos, en lugar de admitir tales sentimientos como parte, únicamente parte, de nuestro yo y de redescubrir esas partes que sí quieren aprender y encontrar nuevas soluciones. Si el asesor puede recibir tales sentimientos y reconocerlos, con la autenticidad de un profesional preparado para usar sus propias vulnerabilidades y para estar abierto respecto a ellas de forma tranquila y dedicado a la tarea, puede ayudar a los maestros de dos maneras. Puede, en un principio, ayudarles a poseer y a aceptar sus sentimientos y así, en segundo lugar, liberar las energías para una actuación competente, al tiempo que descubren que este reconocimiento es un medio valioso para acceder a los niños cuyas propias ansiedades han interferido en su progreso en la escuela. En la medida en que los maestros puedan también, como el asesor, convertirse en destinatarios activos, pueden llegar a ser capaces de hacer sentir a los niños que les comprenden y que aceptan sus incertidumbres emocionales (como vimos con nuestros maestros), hacérselas soportables y ayudarles a progresar.

El asesor como creador de un clima de exploración

Como hemos visto, el modo de trabajar propio de los grupos de apoyo de asesoramiento descritos aquí, se presenta a los maestros como una exploración conjunta dentro de una relación de interdependencia coordinada. Esta manera de trabajar no suele ser muy característica de las instituciones jerárquicas que tienden a exigir perfección a sus dirigentes que, a su vez, tienden a juzgar al personal con criterios similares. El asesor suele también ser destinatario de tales expectativas —que dependen, tal vez, del lugar «alto» o «bajo» que ocupa en la escala profesional— pero cualquier connivencia por su parte podría prolongar la dependencia del grupo o, por el contrario, comportar un rechazo de sus habilidades reales por estar demasiado lejos del ideal. Debe, por tanto, subrayar, desde el principio, la naturaleza cooperativa de la aventura, diseñada de tal manera que los maestros, como profesionales autónomos, descubran por sí mismos, pero de manera solidaria con los demás, alternativas válidas para solucionar las dificultades que les plantean las necesidades especiales de los niños. Vimos cómo el asesor debe conseguir, en la primera reunión, la participación general en un proceso de búsqueda conjunta. Tiene que crear un clima de confianza que convenza a los maestros de que ellos son capaces de manejar sus propios casos, y de que los únicos criterios de evaluación son los que proceden de la propia tarea. Para conseguir un clima exploratorio, el asesor debe procurar no actuar como aquellos profesores que siempre están dispuestos a ofrecer respuestas, debe atender a las cuestiones que la presentación de un caso hace surgir en la mente de los miembros del grupo, debe recibir tales cuestiones con respeto y debe vigilar que las diferentes capacidades de cada miembro, junto con la suya propia, estén disponibles, de forma solidaria, para la exploración del caso.

Tiene que estar alerta a la posibilidad de agendas ocultas que militan en contra del clima exploratorio a través de conceptos erróneos y expectativas equivocadas. Esto incluye cualquier tipo de ideas acerca de ofrecer «terapia» que algunos miembros del grupo pueden albergar. Él no define su labor como terapia de grupo o individual sino como una responsabilidad de ayudar tanto a los niños como a los maestros en sus funciones profesionales. En la medida en que el asesor lo consiga, puede también, como Caplan fue el primero en demostrar, ayudar indirectamente a los miembros del grupo de forma personal, y en la misma medida puede cumplir una labor terapéutica sin habérselo propuesto. La experiencia de un clima auténticamente exploratorio puede formar parte de esta «terapia».

El asesor como maestro

Y sin embargo, dentro de este clima, el asesor tiene una cierta misión docente que puede tener que llevar a cabo de forma bastante dirigista. Como otros miembros del grupo, él contribuye con su propia experiencia complementaria; un conocimiento objetivo del desarrollo y de la conducta infantil, de las situaciones causantes de perturbaciones y de la significación de diversos síntomas. Relaciona todo esto con el contexto educativo en el que operan los maestros, amplía sus conocimientos y habilidades y modifica sus actitudes respecto a la dinámica de las familias, de las aulas y de las instituciones educativas, como un todo y respecto a la interacción entre docentes y alumnos. Suma su propia visión profesional de los niños a la de ellos, ayudando a los maestros a definir los problemas en términos interactivos y pone en común ideas y alternativas que pueden ser útiles. El asesor puede mostrar cómo diferentes enfoques —dentro de la profesión docente (los profesores de las escuelas secundarias, por ejemplo, se sorprenden al comprobar la relevancia de los criterios de comprensión de sus colegas de escuelas infantiles y de primaria para la docencia de adolescentes, y viceversa) y entre distintas profesiones— pueden combinarse creativamente en el proceso educativo cuando se tienen en cuenta las cuestiones subyacentes. Les ayuda a fijar y a delimitar sus funciones y responsabilidades de forma más flexible (como Maher [1985] cita refiriéndose a la actitud de la escuela de cara a la criminalidad juvenil), así como sus propios límites profesionales cuando emplea sus recursos como asesor de grupos de colegas o interprofesionalmente.

Como parte de su función delimitadora, el asesor ayuda al grupo a examinar y desarrollar toda la gama de interacciones dentro y a través de sus límites profesionales —con miembros de la familia del niño y con profesionales de la asistencia infantil y otros servicios educativos— y a descubrir cómo se pueden activar mejor estas interacciones en provecho del niño en lugar de interferir en su progreso, como en ocasiones ocurre. Como vimos en las discusiones de casos, si la labor del asesor incluye considerar estos riesgos, y se anotan y entienden a tiempo, éstos pueden disminuirse o incluso evitarse. Como se ha demostrado, para transmitir esto pueden emplearse tanto comentarios directos como hacer uso indirecto de experiencias cotidianas del grupo, lo cual puede dar la oportunidad de desarrollar una mejor comprensión y las técnicas necesarias para transformar esta comprensión en una actuación adecuada. Lo que el asesor no hace es ponerse a cambiarlo todo o decir a la gente que haga su trabajo de otra manera.

2. Función y tareas del coordinador de necesidades especiales perteneciente a la escuela

Cada vez más, las escuelas cuentan con coordinadores de necesidades especiales, colegas con responsabilidades pastorales y consultoras y ciertos miembros del personal que confían en promover —como iniciadores, co-asesores o colaboradores— algún tipo de estructura interna o procedimiento que facilite el desarrollo de un sistema eficaz de apoyo y formación del personal en necesidades especiales (véase también el informe de Baker y Sikora [1982] que llegó a conclusiones parecidas a las avanzadas aquí, procedentes, en parte, de resultados del método descrito en este libro).

Estos miembros del personal pueden estar ya bien considerados entre sus colegas como poseedores de ciertas técnicas que podría ser útil compartir. Podrían, pues, actuar como asesores de grupos piloto posteriormente ampliados (el elemento formador dentro de tales técnicas [como actividades formadoras con los colegas de sus propias escuelas] forma parte de los cursos sobre necesidades especiales de los departamentos de formación de servicio interior), tales grupos pueden ser iniciados con éxito como se ha descrito y seguir las orientaciones existentes (p.e. el programa GRIDS del Consejo Escolar [McMahon *et al.*, 1984], o informes individuales como los que cita Stagles [1985] y otros que aparecen en la pág. 23 y que incorporan trabajo de apoyo con colegas). Así mismo, pueden desear preparar el terreno para dicho trabajo en discusión con sus colegas y entonces, si existe el suficiente consenso, emplear sus contactos con profesionales externos solventes para invitarles a sumar su experiencia y conocimientos a los del profesorado, como asesores visitantes temporales. Como coordinadores, pueden convenir en un grupo de tamaño limitado pero abierto a todo el personal, independientemente de rangos y experiencias profesionales, o, por el contrario, en uno que contenga los miembros clave del personal con los cuales se pretende construir las habilidades que serán necesarias para crear grupos de apoyo eficaces con sus colegas. En la red de servicios de apoyo externos pueden encontrarse asesores que desean realizar este tipo de trabajo con los maestros: unidades de asistencia infantil, servicios psicológicos escolares, centros de apoyo especial y de recursos, departamentos de necesidades especiales en establecimientos de educación superior. El personal de las escuelas especiales, también puede ser invitado a compartir con sus colegas de integración su propia experiencia y capacidad de comprensión.

Los miembros de estos servicios pueden carecer de experiencia para compartir sus intuiciones más allá de su propio ámbito y, como Daines *et al.* (1981) observa, pueden mostrarse desconfiados a la hora de asumir el papel de asesor y pueden necesitar también de un cierto apoyo (véase el capítulo 8). El coordinador del personal puede ayudarles discutiendo con ellos la mejor manera de iniciar con éxito un sistema de apoyo en desarrollo en su escuela. Esto implicará cooperar con el experto externo en calidad de colega profesional, para ayudarle a encontrar el enfoque más aceptable y viable que le permita adaptar sus técnicas al entorno en el que los maestros trabajan, de manera que éstos puedan utilizar estas técnicas dentro de las limitaciones del aula, ampliando así sus propias habilidades y recursos. El coordinador tendrá que transmitir al asesor la importancia de clarificar desde el principio, ante el grupo potencial, qué es lo que se siente capaz de aportar como forastero y qué es lo que ellos pueden esperar conseguir y qué reglas de base tendrán que establecerse. El asesor necesita clarificar el horario, la frecuencia y el número mínimo de sesiones necesarias para conseguir estos objetivos, quién constituirá el núcleo del grupo, qué condiciones se establecerán para los participantes tardíos o a corto plazo, qué puede hacer el grupo piloto para diseminar sus experiencias y qué desarrollos serán posibles una vez que el compromiso regular del asesor termine. Como hemos visto a lo largo de la parte III, tales consideraciones previas al trabajo real con los grupos son cruciales.

Mediante estas discusiones avanzadas con sus colegas y con el futuro asesor, el coordinador demuestra sus habilidades colaboradoras, incrementa su credibilidad entre sus colegas y prepara el terreno para un trabajo de equipo eficaz. Esto facilita que el sistema de apoyo constituya una característica crucial en el constante desarrollo de las habilidades del profesorado para responder a las necesidades especiales de sus alumnos.

Si los coordinadores de escuelas cercanas se ponen de acuerdo para reclutar asesores según lo aquí descrito, los recursos de apoyo a los maestros se enriquecerán en gran medida. Sin embargo, los asesores potenciales pueden desear desarrollar primero sus habilidades de trabajo de apoyo con otros profesionales. Ciertas Unidades de Asistencia Infantil han empezado a desarrollar una función formadora para el asesoramiento. Se están realizando cursos básicos o avanzados en lugares como el Centro Travistock de Londres y en algunos departamentos universitarios. Los coordinadores también pueden inducir a las secciones locales de ciertas organizaciones adecuadas, o de los servicios consultores a organizar talleres sobre métodos de apoyo para la promoción de la intuición psicológica de los maestros respecto a los factores emocionales involucrados en el aprendizaje y en el fracaso del mismo. (Organizaciones con un interés manifiesto en este campo son, por ejemplo, la Asociación de Psicología y Psiquiatría Infantil [ACPP], la Asociación de Asistentes de Niños Inadaptados [AWMC], la Asociación Nacional para la Educación Terapéutica [NATT] y el Consejo Nacional de Educación Especial [NCSE].) Sus secciones londinenses organizan cursos de técnicas de asesoramiento interprofesionales para las Autoridades de la Educación Local, siguiendo la iniciativa emprendida por el Fórum para el Progreso de la Terapia Educativa para la organización de cursos sobre el «apoyo a los asesores». ¿Cuánto sabemos, sin embargo, de las necesidades profesionales de los propios asesores? *Quis custodiet ipsos custodes?* En el capítulo 8 se tratará esta cuestión.

7. CUBRIR LAS NECESIDADES DEL PROFESORADO Y DE LOS ESTUDIANTES EN EL CONTEXTO DE UNA ESTRUCTURA COORDINADA DE SERVICIO INTERIOR: UN RESUMEN

Hasta ahora hemos considerado la labor de los maestros de las escuelas normales que deben afrontar el problema de un gran número de niños que necesitan en algún momento de su carrera escolar una comprensión mayor de la que muchos maestros se sienten capaces de ofrecer sin ayuda.

Hemos revisado la necesidad creciente de que los profesionales con una particular experiencia en el campo de las necesidades especiales infantiles incluyan en su tarea el trabajo sistemático con otros maestros, aparte de aquellos cuyos alumnos están siendo tratados de forma individual. Hemos visto que de estos profesionales de dentro y de fuera de las escuelas, se espera que dirijan su atención hacia el trabajo de apoyo con los maestros. Puesto que los maestros son los únicos profesionales que están en contacto diario con estos niños, tienen la oportunidad de proporcionarles experiencias de aprendizaje que les capacitarían para afrontar mejor sus dificultades. Cada día se coincide más en que los maestros necesitan de este apoyo en su mismo entorno laboral para que puedan utilizar al máximo esta oportunidad, y que ésta debería estar al alcance de todos los maestros por igual. Ha crecido el interés por esta oportunidad tras el reconocimiento legal del derecho de todos los alumnos a un pleno acceso curricular bajo el Acta de Educación de 1988, así como de los factores internos a la escuela que pueden exacerbar algunos problemas de los niños y, por tanto, mermar este derecho (Consejo Nacional Curricular, 1989a). Como Mittler (1990) señala respecto a los niños con dificultades emocionales y de comportamiento, éstos «necesitan escuelas que comprendan que los orígenes del descontento y de la baja motivación pueden residir tanto en la escuela como en el mismo niño o en su familia; escuelas que se propongan elevar el nivel de las morales bajas y de las autoestimas dañadas tanto como el de las adquisiciones académicas».

Hemos visto que todavía son aislados los esfuerzos para ofrecer a los maestros el tipo de apoyo que puede profundizar su comprensión de tales necesidades y ayudarles a adaptar sus métodos, y hemos considerado los obstáculos que, a menudo, interfieren con la puesta en práctica de dicho apoyo. Ha quedado claro que es ineficaz que los expertos de dentro o de fuera de la escuela traten a los niños de uno en uno y simplemente aconsejen a los maestros acerca de lo que deben hacer. Limitarse a esto supone no tener en cuenta lo que ocurre en sus aulas y los motivos por los que, a menudo, los maestros reaccionan a las dificultades de los niños de forma poco adecuada. Los principios y las técnicas con los que los especialistas tratan a tales niños deben ser usados de forma distinta para que, al menos algunos de ellos, sean asequibles a los maestros de las aulas de integración; el conflicto manifiesto entre los objetivos y métodos terapéuticos y los educativos debe reducirse, y los maestros deben ser informados del potencial terapéutico de las actividades educativas. Hemos visto cómo estos especialistas pueden organizar sus técnicas de forma flexible y aceptable, con especial atención a la naturaleza de los obstáculos que se oponen a sus esfuerzos y a los factores que conducen al éxito al descubrir dicho potencial.

Se ha descrito un método por el cual, profesionales cualificados adecuadamente, pueden, paso a paso, acceder a un número máximo de maestros a través de discusiones de grupo en la escuela, durante las que éstos pueden adquirir conocimientos y técnicas adicionales orientadas al contexto en que deben ser usadas. De esta manera pueden aprender a enfrentarse con las dificultades conductuales, emocionales y de aprendizaje de más alumnos de los que podrían enviar para su tratamiento individual y a ayudar a los niños a superarlas mejor, obviando así en muchos casos la estigmatización disfuncional de los tratamientos abiertamente especiales.

Los maestros coinciden en que la mayoría de las veces que habían reaccionado a las situaciones difíciles sin la comprensión suficiente o la habilidad para aplicarla de forma immediata, habían entrado en connivencia con la dificultad del niño y la habían reforzado, incrementando así las suyas propias y continuando el círculo vicioso, en lugar de romperlo. Una característica del método consistía en discutir la dificultad de manera que tuviera en cuenta la necesidad de ayuda que tienen los maestros, tanto a largo como a corto plazo, al adquirir nuevas intuiciones frente a las dificultades, al tomar conciencia de los patrones de reproducción de conductas y al aprender a evitar nuevas reacciones inadecuadas. Esto contribuyó a liberar sus energías y recursos para diseñar las nuevas experiencias de aprendizaje que los niños parecían necesitar. En este proceso, los maestros se dieron cuenta de que el abismo aparente entre los objetivos terapéuticos y los educativos no es, como muchos habían pensado, insalvable, y se vio que esto beneficiaba no sólo a los niños sobre los que se había discutido sino también a sus otros alumnos.

Los expertos procedentes de las disciplinas, profesiones e instituciones relevantes, tendrán sus propias maneras de casar sus técnicas con las de los maestros en las aulas normales. A pesar de que aún queda mucho por hacer en este campo, los principios y técnicas precisos para hacerlo de forma eficaz no serán muy diferentes en lo fundamental, y deben basarse —como los descritos aquí— en una valoración del entorno en el cual los maestros trabajan. Esto significa que tales asesores no deben verse a sí mismos en un papel exclusivamente de expertos. Deben estar preparados para aprender de los maestros a los que ellos proyectan ayudar y cuyo conocimiento y experiencia no han venido a suplantar sino a complementar y realzar. Deberían comprender las realidades institucionales de las escuelas cuyo profesorado están apoyando para ayudarles a mejorar dichas realidades, y deberían aceptar la visión que tienen los maestros de sus dificultades como de importancia suprema y punto de partida esencial en la tarea conjunta de poner en común su experiencia como profesionales autónomos. Por tanto, no potenciarán la aplicación diluida de las técnicas clínicas sino que movilizarán las propias habilidades de los maestros, los medios educativos y los recursos internos ayudándoles a ver por sí mismos los errores que pueden darse en la situación de un niño. Ayudarán a los maestros a reconocer señales de tensión y sus diferentes manifestaciones y a utilizar mejor los medios educativos para mejorar la situación de un niño ayudándole a enfrentarse a ella y a aprovechar lo que puede ser mejorable de su entorno (p.e. a reconocer y a poner en práctica los elementos terapéuticos del sistema educativo, de los métodos educativos, del contenido curricular y de las relaciones educativas).

Este método se centra en la responsabilidad del maestro y de la escuela hacia el niño, señalando a los maestros la influencia de los factores situacionales en la respuesta de los niños al programa de aprendizaje de la escuela y de las oportunidades que tienen, como maestros, junto con los padres y los colegas, de maximizar su propia eficacia en relación con los niños que les causan preocupación (o que se la causarían si las necesidades no reconocidas fueran mejor comprendidas). El método se basa en el potencial inherente que puede reactivarse en los grupos de apoyo al profesorado y que consisten en un núcleo de maestros deseosos de comprometerse a una asistencia periódica de duración variable (pero también abiertos a cualquier colega para que pueda asistir de forma eventual a discutir las necesidades de algún niño a medida que éstas se presentan). De esta manera, no sólo se evita el «clima de especial tensión» generado por las reuniones específicas, convocadas para gestionar una crisis que requiere decisiones inmediatas sino que se tienen en cuenta las necesidades en evolución y la dimensión de cuidado pastoral de la tarea docente.

Como aportación de apoyo de servicio interior y de orientación, el método puede ayudar a los maestros a responder de forma más adecuada a las dificultades con los niños a medida que éstas surgen, y a sentirse menos frustrados o inútiles en relación con ellas. Considera de forma específica las necesidades profesionales de los maestros participantes. Puede tener en cuenta la necesidad de información de cada participante y liberar las habilidades necesarias para poner en práctica las intuiciones y los principios establecidos. Lo hace en el momento en que se experimenta la dificultad y permite que ésta sea examinada en las discusiones de seguimiento de las necesidades en evolución, con los compañeros y con un profesional capaz de redirigir los puntos de vista. Todos trabajan juntos de tal manera que todos los posibles factores contribuyentes pueden ser explorados —incluyendo los del propio contexto escolar— y los conocimientos, actitudes y habilidades susceptibles de conducir a una solución pueden ser ampliados para aplicarlos tanto al caso concreto como a problemas similares a medida que éstos surjan. Al mismo tiempo, capacita a individuos clave a ambos lados de la frontera entre las escuelas y la red de asistencia y bienestar, a través de una mejor cooperación, para superar la incidencia de intervenciones separadas y conflictivas (Welton, 1983).

Como servicio de formación, el método se corresponde con los requisitos estipulados para un desarrollo profesional adecuado: mantener la autonomía de los profesionales, en un ámbito en el que esto es tan importante para los que enseñan como para los que deben aprender de ellos; mantener la aplicación de las nuevas técnicas (Mitchell, 1985) «tan cercana como sea posible al trabajo cotidiano», (Bolam, 1982; Lang, 1983) «de forma inmediata y en el contexto escolar», (Briault, 1977) bajo el aspecto de una «gestión escolar que sea, al mismo tiempo, orientada a la persona y a la tarea, que dirija pero también que escuche» y de «unas políticas flexibles y de toma de decisiones participativas» (Eraut, 1977). Con la ayuda de compañeros participantes especialmente cualificados, los maestros se informan mutuamente, actualizan sus conocimientos, agudizan su sensibilidad hacia los obstáculos procedentes de la organización o de las actitudes y pueden mejorar su actuación sin las presiones fácilmente contraproducentes de los procedimientos de evaluación ligados a los méritos. Se hacen conscientes de los hábitos educativos perjudiciales y de los efectos disfuncionales del conflicto entre los valores educativos y las exigencias aparentes del sistema, así como de las estrategias defensivas que ellos mismos pueden estar utilizando.

La naturaleza escolar del procedimiento, si se gestiona con cuidado, les proporciona el apoyo institucional fundamental. Minimiza las dificultades experimentadas por los que siguen cursos externos, al intentar comunicar a sus colegas lo que han aprendido y al querer aplicar los nuevos conocimientos a la vieja situación. Por el contrario, este método lleva el nuevo conocimiento a la vieja situación, donde se comparte, se discute y es examinado conjuntamente por los colegas, con un impacto mucho mayor. Esto puede crear un clima de compromiso para la puesta en práctica efectiva; su naturaleza escolar facilita un apoyo postcurso para las técnicas y actitudes desarrolladas, bajo la forma de reuniones de seguimiento intermitentes. Utiliza la comunidad inter e intra profesional del profesorado como un recurso de servicio interior, lo que facilita la cooperación útil y el apoyo mutuo preciso para la puesta en práctica, permitiendo a los maestros descubrir su importancia de cara a los demás como colegas y como colaboradores —un recurso casi completamente descuidado en los cursos tradicionales para individuos aislados. De esta manera tiende a satisfacer las demandas de aquellos que señalan la necesidad de apoyo y formación continuados (Anthony y Chiland, 1982; Sayer, 1987) y a demostrar a la escuela su propio potencial de renovación institucional como una institución de formación de servicio interior. Los maestros descubren medios más eficaces de solicitar apoyo, de apoyar a los colegas y de mantener su habilidad para responder más adecuadamente a nuevas exigencias. (Los HMIs [DES, 1984], los organismos de asesoramiento o investigación como el Comité Asesor para la Formación y Educación de Maestros [ACSET], el Comité de Investigación en Educación de Maestros [CRITE] y las organizaciones de coordinadores [Asociación de Coordinadores de Secundaria (SHA)] [Duffy, 1984], todos sostienen que esto constituye una función vital de aportación de servicio interior eficaz.)

Como método de análisis centrado en la tarea, permite la diseminación de los resultados empíricos disponibles y de la teoría, así como la aplicación crítica de los avances realizados en el sector de la educación especial y en los servicios de apoyo internos y externos. Estos avances son relevantes para todos los maestros, tanto considerando la amplia gama de niños con necesidades especiales en sus aulas, como el terreno básicamente común que comparten todos los niños, independientemente de sus dificultades. Con este enfoque, tales informaciones pueden incluirse en la experiencia real de los maestros y en sus necesidades profesionales.

Una ventaja adicional la constituye el bajo coste con que este método maximiza los recursos existentes en las escuelas y en los servicios de apoyo, al «mirar lo que ya hay, reforzándolo y ampliándolo para que amplíe su alcance dentro de sus tareas habituales» (Wall, 1979). En lo que respecta a la amplia gama de personal de servicios de apoyo bien cualificados, dentro y fuera de las escuelas, el método les pide una extensión de sus funciones y —como veremos en el último capítulo— que adquieran y practiquen las técnicas de apoyo necesarias para implicar a los grupos de maestros en el examen de las cuestiones con las que se enfrentan en su labor profesional relativas a los niños cuyas necesidades especiales impiden su progreso educativo. Los maestros necesitarán del apoyo firme de sus LEAs para que las discusiones de grupo puedan ocupar una pequeña parte del horario escolar. Las inversiones públicas requeridas por un programa de estas características, a escala nacional, aparecen como algo vital y asequible, de forma que los maestros y profesores, como únicos profesionales en contacto diario con niños de todas las edades, puedan dedicarse a elevar la calidad de vida de todos los niños, en un proceso solidario y de compañerismo en el contexto educativo.

Con una tarea de una tal importancia y complejidad, tanto para los maestros como para sus asesores, y a la luz de algunas interpretaciones aparentemente contradictorias procedentes del Acta de Educación de 1988, debemos, por último, dirigirnos a las necesidades de apoyo y formación de los asesores; y examinar un rasgo más del método consultivo de resolución conjunta de los problemas: su potencial a la hora de proporcionar el apoyo muy necesario para estos asesores, para que éstos puedan actuar de forma eficaz dentro y entre las escuelas y los servicios escolares, en una estructura coordinada de servicio interior diseñada para conseguir el objetivo principal del Acta, es decir, el derecho a un acceso curricular integral para *todos* los alumnos.

8 APOYO INSET EN EL ÁMBITO DE LA ESCUELA: ¿QUIÉN AYUDA A LOS QUE AYUDAN?

Cambio de funciones y responsabilidades: un desfase entre hipótesis opuestas

¿Por qué nos ocupamos ahora del viejo dilema *quis custodiet*? Mirando hacia atrás, a la década inmediatamente post-Warnock, vemos que uno de sus rasgos más sobresalientes es el cambio producido en las funciones de los especialistas en necesidades especiales, que pasan de un trabajo terapéutico con los niños al trabajo con los profesores. Para que un cambio así tenga éxito, se requiere una implicación planificada del servicio interior, cuestión que aún era más vital dos décadas atrás cuando los ocupantes de las plazas de tutoría recién creadas se enfrentaban a dificultades similares a las experimentadas actualmente por los especialistas en necesidades especiales. Asegurar el servicio interior de «tercer ciclo» se ha considerado esencial desde entonces (DES, 1971),

> muchos maestros [serán ascendidos a puestos en los que] deberán dirigir equipos de maestros cuyos conocimientos y experiencia combinados son mucho más amplios que los suyos propios, y tendrán que coordinar y dirigir sus talentos en beneficio de las escuelas. Para esta función, un tipo de formación adecuada es muy importante. Es aquí [en esta importante etapa del servicio interior] que tanto la calidad de nuestra educación como los modelos de la profesión pueden mejorarse más rápida, potente y económicamente.

El Acta de Educación de 1988, con el objetivo de esta «mejora rápida, potente y económica» en la calidad de nuestra educación, debe ser citada en apoyo de esta aportación en desarrollo de especialistas en necesidades especiales, para que la sensación que tienen actualmente de estar desaprovechados y de ser percibidos como «portadores de respuestas a problemas que el resto del profesorado podría ser ayudado a resolver por sí mismo» (Sayer, 1987) no quede como una característica permanente de la «nueva era». La importancia de apoyarlos en la complejidad de su tarea de capacitación de los demás es irrefutable cuando observamos:

a) la extensión de la divergencia existente entre el conocimiento disponible para ayudar a los alumnos con dificultades de aprendizaje y de adaptación, y su falta de aplicación en las escuelas, como se comenta en el Informe Elton (DES, 1989);

b) el desfase, expuesto por los que están a cargo de la provisión de servicio interior de maestros de apoyo (véanse Lloyd-Smith y Sinclair-Taylor, 1988), entre la magnitud de su tarea y la cantidad mínima de formación especial de que disponen.

Esta formación especial, aunque fuera mínima, hubiera elevado su grado de conciencia de las necesidades especiales de los niños y de los modos en que éstas pueden ser cubiertas. En virtud de su naturaleza preparatoria, sin embargo, no hubiera sido capaz de ofrecerles la oportunidad de desarrollar y de practicar de forma experimental las habilidades interprofesionales que necesitan ahora para superar la «dificultad de las hipótesis históricamente contradictorias», subrayada por Mongon y Hart (1989): las hipótesis que han adquirido a través de su formación acerca de que no existen respuestas prefabricadas, sino que los maestros disponen de una capacidad potencial de gestionar satisfactoriamente la mayoría de los problemas con los que se enfrentan; y las hipótesis de los propios maestros con los que van a trabajar, que están habituados a esperar de los expertos «la respuesta al problema», y que, por tanto, consideran el «enfoque consultivo de los problemas, desdramatizado, aparentemente simplificador» tan novedoso que necesitan «ser convencidos antes de poder darle credibilidad».

¿Cómo deben los maestros de apoyo superar esta dificultad de transmitir la realidad que subyace a las hipótesis de los especialistas en necesidades especiales y la comprensión en la que se basan, al resto del profesorado con quien tienen que trabajar, considerando su diversidad de experiencia y capacitación?

Los maestros de apoyo tendrán que comprender las cuestiones referidas a la naturaleza interactiva del aprendizaje y de las necesidades de adaptación de los niños, tales como el grado en que las escuelas difieren en perspectiva, experiencia y recursos, y la influencia de tales diferencias en la medida en que los alumnos individuales pueden avanzar; y la necesidad de examinar la situación misma de aprendizaje por su posible contribución a las dificultades infantiles, en lugar de atribuir éstas simplemente al niño. También deberán ser más conscientes de las distinciones arbitrarias entre los alumnos, con y sin «necesidades especiales», del terreno común a todos los niños, de las maneras en que los niños aprenden o fracasan, y de las técnicas y cualidades que hacen que los maestros sean eficaces, independientemente de qué alumnos tengan. Valorarán que las dificultades de aprendizaje y de comportamiento experimentadas por algunos niños puedan apuntar a áreas problemáticas más generales en la clase o en la escuela; y que aprender a responder más adecuada y sensiblemente, a través del contenido curricular, a los alumnos «más difíciles de enseñar», puede ayudar a cubrir sus necesidades y además a elevar la calidad de la docencia y del aprendizaje para toda la clase, y en último término para la escuela en general. Tendrán que empezar a entender que «en lugar de constituir un empobrecimiento de nuestros recursos», los desafíos de los «problemas de conducta» pueden convertirse así en una *oportunidad* para nosotros como maestros para utilizar nuestras técnicas y criterio profesional de forma creativa, y para descubrir «soluciones» que pueden potencialmente mejorar las oportunidades para todos (Mongon y Hart, 1989).

Este punto de vista no será compartido por un buen número de colegas con los que los coordinadores en necesidades especiales tienen que trabajar. Su trabajo puede incluir ayudar a maestros cuya carrera y experiencia supera la suya propia (y pueden haber hecho gala de ello); que son especialistas en temas fuera del ámbito del maestro de apoyo; que se muestran ambivalentes acerca de «tener problemas» o «de parecer necesitados de ayuda»; que están sometidos a numerosas presiones y sienten que «no tienen tiempo» de discutir niños concretos «que ni siquiera deberían estar en la escuela». Algunos maestros serán incapaces de ayudar a los niños a superar sus tensiones, porque ellos mismos están bajo tensión y sus propios recursos para superarla necesitan ser reforzados (véase Dunham, 1987).

Como también hemos visto, los maestros de apoyo pueden enfrentarse a tensiones entre padres y maestros, y entre miembros del profesorado, dentro y a través de los departamentos y de la jerarquía. También pueden encontrarse con consejos contradictorios desde diferentes servicios escolares. Cualquiera de estos factores puede afectar su eficacia en la escuela. Además, existen diversos argumentos y presiones a nivel nacional que pueden llevar a colegas a posiciones opuestas en detrimento de su tarea profesional —cuestiones todas ellas que necesitan ser abordadas por especialistas en necesidades especiales, hábiles y bien asistidos. Ejemplos de ello son los debates acerca de los registros de buenos resultados para «ayudar a los alumnos a reconocer y a celebrar sus éxitos» (Simmonds, 1990) y modelos de evaluación que apoyan en lugar de amenazar, o —para ilustrar la necesidad y el potencial de una intervención informada en los orígenes— la tendencia a ver como alternativas dos recomendaciones que se apoyan mutuamente del Informe Elton (DES, 1989) para mejorar la conducta en el aula.

Cuando el Comité Elton informó de la discrepancia entre los conocimientos existentes para ayudar a los alumnos con sus dificultades de aprendizaje y de adaptación y su falta de aplicación en la práctica, comentaba hasta qué punto esta falta exacerba los problemas de conducta, aumenta las necesidades de los alumnos, y disminuye la eficacia de sus maestros. Por tanto, ponía énfasis en la importancia tanto del *apoyo* continuado en la escuela, para capacitar a los maestros a prevenir los problemas y a enseñar con éxito incluso a sus alumnos más difíciles de enseñar, como de la *«formación de servicio interior a medida* en el área del tratamiento de la conducta en el aula». Se ha dejado para las escuelas el descubrir maneras de desarrollar un sistema de apoyo capacitador y que prevenga los problemas. La «formación en el tratamiento de la conducta de los alumnos» se consideró inmediatamente como un área prioritaria de servicio interior nacional, incrementando la cantidad de cursos, conferencias y publicaciones relacionados con el tratamiento de la conducta; hasta tal punto que el Consejo Nacional Curricular consideró necesario (véanse págs. 100 y sigs.) prevenir sobre los peligros de insistir demasiado en el «tratamiento» de la conducta sin intentos de entender los sentimientos de los niños; mientras otros (véase Desforges, 1988) previenen de forma similar contra querer «tratar a los que aprenden» en lugar de tratar el aprendizaje, y avisan acerca de abandonar la interacción dinámica entre maestro y alumno, para que esta formación en gestión del aula no se limite a un mero entrenamiento en técnicas superficiales de cómo hacer «tratables» a los niños, o simplemente de ayudar a los maestros a «sobrevivir», como si esto fuera suficiente para cubrir sus necesidades profesionales.

Requiere una provisión *in situ* bien orientada de servicio interior, con un profesorado bien asistido capaz de abordar por sí mismo cuestiones como éstas.

Resolución conjunta de problemas: atender a las necesidades de los alumnos, de los maestros y de la escuela

Se advierte cada vez más, y se tiene evidencia (p.e. Galloway y Goodwin, 1987; DES 1989) de que los intentos de satisfacer las necesidades de los niños con problemas de aprendizaje y de comportamiento sólo pueden tener éxito en la medida en que las necesidades de sus maestros —exacerbadas por factores como los expuestos— también sean comprendidas y satisfechas. Centrarse en ambos tipos de necesidades constituye un rasgo especial del método consultivo de resolución conjunta de los problemas. Como veremos, este enfoque múltiple que es capaz de atender simultáneamente las necesidades de ambas partes también lo caracteriza como un modo eficaz de ayudar a los que ayudan.

Para ellos, el método es eficaz porque su diseño consultivo permite liberar sus habilidades para abordar tanto el contexto individual del aula como el global a toda la escuela; asume las solicitudes de prestar atención inmediata a los problemas más «ruidosos», pero lo hace de forma que genera intuiciones tanto acerca de la solución del problema como de su prevención; y así moviliza los recursos de una escuela «sin estorbar necesariamente, o verse estorbado por [sus] estructuras existentes» (Mongon y Hart, 1989). Parten de apoyar a sus colegas como individuos y de ayudarles a crear políticas generales a toda la escuela acerca de cuestiones que deben ser abordadas por el profesorado como un todo.

Como vimos, el apoyo individual consiste en que el grupo explore conjuntamente: las oportunidades que tienen ellos, como *individuos*, de satisfacer ciertas necesidades especiales de aprendizaje y de adaptación en sus aulas, a través de algunas adaptaciones sensibles del currículum; los métodos docentes que tienen en cuenta cómo perciben los alumnos su situación en el aula y cómo ésta influye en su aprendizaje y en su conducta; y la hábil implicación de otros colegas, de especialistas de otros servicios, de los padres —especialmente los aparentemente peor dispuestos— como colaboradores en la tarea de facilitar los progresos del niño. Los maestros también empezaron a desarrollar habilidades de apoyo mutuo y de negociación a través del enfoque consultivo del grupo. Estaban, entonces, a un paso de poder atender los factores internos a la escuela que parecían incrementar las necesidades especiales de los niños (NCC, 1989a) y que el *profesorado como un todo* tenía que abordar.

El potencial que subyace a una progresión paso a paso como ésta, está bien demostrado en el análisis de Mongon y Hart de las iniciativas que los coordinadores de necesidades especiales procedentes de la escuela pueden ser capaces de estimular, *con la ayuda del personal de los servicios de educación y psicológicos*.

Resolución conjunta de los problemas: necesidades formativas combinadas del asesor y de los asesorados

La condición, que también se estipula, es que estos profesionales, que apoyan a los que apoyan, estén suficientemente versados, ellos mismos, en habilidades consultivas interprofesionales como para ser capaces de ayudar a los coordinadores procedentes de la escuela en los aspectos consultivos de sus funciones, es decir, de «participar en las escuelas como catalizadores y como agentes activos», y de facilitar un proceso auténticamente capacitador de investigación conjunta, en lugar de ofrecer simplemente sus propias soluciones.

Tales habilidades no pueden desarrollarse en poco tiempo y se requiere apoyo para ponerlas en práctica delante de la amplia gama de complejidades con las que se enfrentan los especialistas en necesidades especiales. Como Steinberg (1989) recuerda a los formadores y a los futuros practicantes, se necesita un cierto tiempo para:

> apreciar la *igualdad* esencial en las relaciones consultivas. Hasta tal punto los ámbitos clínico, asistencial, administrativo y docente, se basan en que A diga a B lo que tiene que hacer, disimulado de varias maneras, que el grado en que el trabajo consultivo constituye un proceso de exploración compartida del asunto concreto, puede no ser aparente a simple vista. «Asesorar» es la palabra que define lo que el asesor y el asesorado hacen, y ambos necesitan habilidad para emprenderlo.

Ya se ha hecho referencia al modo aparentemente desdramatizado y simplificador de abordar los problemas y al hecho de que su novedad requiere convencer a la gente antes de que puedan darle credibilidad. Este proceso de convencer a los maestros —un ejercicio consultivo por derecho propio— requiere experiencia acumulativa en el asesoramiento que los recién llegados a la práctica no poseen.

Su problema es que experimentan *simultáneamente* la desconfianza de sus colegas en su valor real y sus propios deseos de intentar poner el método en práctica. Para proporcionar esta experiencia acumulativa, el apoyo de servicio interior a los asesores tendrá que ser así mismo consultivo. Deberá también abordar ambos niveles de desarrollo de técnicas, el de los nuevos «asesores» y el de sus «asesorados». Deberá ser orientado a la tarea e *in situ*, como el apoyo que ellos pretenden ofrecer a sus compañeros profesionales.

¿Hasta qué punto pueden los grupos de asesoramiento para coordinadores de necesidades especiales (formados, por ejemplo, por coordinadores de otras escuelas o emplazamientos escolares vecinos) abordar simultáneamente ambos niveles de desarrollo de técnicas? ¿Cómo pueden asegurarse de que los miembros de estos grupos:

a) experimentan, practican y desarrollan las técnicas consultivas en el grupo de apoyo;
b) están capacitados para transmitir la práctica a sus tareas en las escuelas?

Si la esencia del proceso de asesoramiento es la exploración conjunta de un problema experimentado por un asesorado, entonces cualquier problema experimentado por los asesorados como asesores potenciales —como el problema de la novedad y de la primera vez en su trabajo con los maestros— deberá ser explorado conjuntamente, por los coordinadores procedentes de las diferentes escuelas y por cualquier miembro del personal de los servicios educativos y psicológicos que les estén ayudando a desarrollar sus capacidades consultivas.

A partir de las descripciones detalladas presentadas anteriormente y en otros lugares (Hanko 1986, 1987, 1989a,b), podemos resumir los *objetivos* de este proceso como una agudización de la capacidad de los maestros para reconocer las necesidades individuales especiales de los niños, profundizando su comprensión de las mismas, y aumentando su habilidad para satisfacerlas dentro de una jornada escolar normal.

Podemos resumir el *proceso* como algo que capacita a los maestros a hallar sus propias soluciones a los problemas de tratar con las dificultades de aprendizaje y de adaptación de los niños; que se lleva a cabo, no diciéndoles lo que tienen que hacer, sino estimulándoles a un proceso de exploración que comienza desde la perspectiva de otra persona, y la amplía *junto con* la del asesor; ambos, como dice Steinberg (*op. cit.*), educándose mutuamente a propósito de las cuestiones con las que se enfrenta el que ha presentado el problema.

Vimos que las técnicas relacionadas con el progreso de la exploración consistían en:

- plantear preguntas susceptibles de tener respuesta y que generen intuiciones, ampliar las intuiciones acerca de la conducta de un alumno, descubrir dificultades y necesidades subyacentes, y cómo pueden éstas ser cubiertas dentro de

las experiencias de las relaciones humanas y de un currículum adaptado con sensibilidad; planteando estas preguntas de una manera auténticamente exploratoria, no amenazante y, por tanto, solidaria;
- calibrar, a partir de sus respuestas, las fuerzas de los maestros, construir sobre ellas, aceptando y completando —en lugar de suplantando— los conocimientos de los maestros con los del asesor y los del resto del grupo;
- obtener la información que puede contribuir a aclarar las cuestiones subyacentes a la situación que está siendo explorada.

Desarrollo del papel asesor: grupos de formación de coordinadores

Para experimentar la eficacia de estas técnicas «desdramatizadoras», y para practicarlas y desarrollarlas, los especialistas en necesidades especiales, como vimos, deben ser capaces de llevar las dificultades con las que se enfrentan en su trabajo a estos grupos de apoyo suyos, diseñados para capacitarlos, a su vez, a descubrir sus propias soluciones.

De entre las dificultades que el personal de apoyo puede considerar descorazonadoras y llevar para asesoramiento, destaca el miedo inicial a perder la credibilidad al enfrentarse a nuevas tareas y viejas expectativas contradictorias. Tanto los especialistas en necesidades especiales como los psicólogos escolares reconocen que les preocupa parecer poco deseosos de satisfacer las demandas de soluciones rápidas; o, peor aún, parecer incapaces de hacerlo. Presentarán esta dificultad a su propio grupo de apoyo cuando duden de su habilidad para hacer funcionar el modelo de asesoramiento. Ellos mismos pueden mostrar sus sentimientos ambivalentes acerca de este método aparentemente «lento», sentimientos similares a los que encuentran en las escuelas. Las mezclas de esperanza y desconfianza, la preocupación y el desencanto cuando un consejo no es seguido, o la frustración por los maestros «que se resisten», pueden llevarles a su vez a exigir respuestas exactas, tranquilizadoras y, en último término, contraproducentes. Por tanto, están planteando a su propio asesor el mismo problema que éste, sin embargo, será capaz de contener, y, en el proceso de contención, de ayudarles a manejarlo. Puesto que no reciben la respuesta esperada, sino que se les ayuda a explorar el contexto en el que pueden, por ejemplo, sentir que están «fallando» con los colegas «poco colaboradores», pueden *experimentar* la diferencia que existe entre la admisión autoritativa de su propio asesor de no conocer respuestas inmediatas y el hecho de «no conocer su propio trabajo»; pueden experimentar también cómo una explicación pragmática (que antes de que se puedan hallar soluciones factibles, un problema requiere su exploración en contexto) puede mostrarse como un apoyo en lugar de como un rechazo negativo del papel de «único experto»; y así, como su asesor, en lugar de perder credibilidad, la establece de esta manera, y es capaz de hacer avanzar la exploración hacia un esfuerzo conjunto de comprensión del contexto del problema. Pueden entonces empezar, en un proceso de exploración conjunta, a practicar las técnicas auténticamente exploratorias, y a transferirlas para utilizarlas en su contexto de trabajo entre una sesión de formación y otra.

Las dificultades esporádicas experimentadas en el proceso de transferencia pueden ser devueltas a las sesiones de formación subsiguientes, para ser examinadas dentro del marco conjunto de resolución de problemas.

Formación de las técnicas del asesor de asesores

Apoyar a los coordinadores en los aspectos consultivos de sus funciones compromete necesariamente a su asesor en una transferencia similar de técnicas.

Vimos cómo todas nuestras discusiones de casos (págs. 28-58) tenían como finalidad ayudar a los maestros a descubrir medios de adaptar con sensibilidad las experiencias educativas de los niños a sus necesidades, activando una comprensión más profunda de la necesidad del niño y de las posibles maneras de influir en el contexto en el cual ésta se pone de manifiesto. Esto podía conseguirse en la medida en la que *las propias necesidades profesionales de los maestros* también eran reconocidas y satisfechas indirectamente al mismo tiempo.

Un coordinador en necesidades especiales deberá comprender que la eficacia en su trabajo con los colegas depende de la medida en la que pueda valorar y atender discretamente ambos procesos simultáneamente. Tiene que valorar cómo el problema de un niño puede haber llegado a ser el del maestro, o cómo un problema en la situación del maestro puede reflejarse en el problema que experimenta con un alumno. Disminuyendo la angustia de un maestro acerca del problema del alumno y ayudándole a entenderlo mejor y a pensar acerca de posibles soluciones, puede también ayudar indirectamente a aliviar el problema del maestro. Vimos cómo, en el caso de Dave (págs. 42-46), los colegas del Sr. E. tuvieron que ser ayudados de forma no intrusiva a valorar la dificultad que su compañero tenía para aceptar su ayuda, antes de que éste consiguiera aceptar mejor a Dave; cómo se ayudó a los maestros de Vic (págs. 40-42) a entender que las tensiones entre ellos reproducían inconscientemente las mismas que él experimentaba en casa; cómo las reacciones de los maestros y los sentimientos hacia Teresa (págs. 18-20) y John (págs. 49-52), y los de los maestros de Dipak (págs. 52-55) entre ellos y hacia sus superiores, parecían imitar los sentimientos de los alumnos. Tanto las necesidades de los alumnos como, indirectamente, las de los maestros debían ser atendidas.

Si éste es el componente esencial de la eficacia interprofesional de un asesor —que requiere una reorganización de sus técnicas relacionadas con los niños al tiempo que las comparte con otros profesionales— también debe ser el aspecto esencial del apoyo que él mismo recibe. Si el asesor tiene que valorar el hecho de que el problema de un niño pueda haber pasado a ser el del maestro, y abordarlos ambos, el asesor de los asesores, a su vez, necesita, de forma similar, ser capaz de darse cuenta de cuándo el problema del maestro (a quien el asesor se espera que ayude, pongamos por caso, con un alumno frustrante difícil de enseñar, pero que puede rechazar la ayuda del asesor y hacerle sentir tan inútil como se siente él, como ocurrió con el Sr. E.) puede haberse convertido en el del asesor. También debe ser capaz de abordar este aspecto (por medio de plantear preguntas que sean susceptibles de ser respondidas y que generen intuiciones) en la inmediatez del ahora y aquí de la experiencia de apoyo y formación de los asesores, y así ayudar al asesor a contener los sentimientos del maestro (por ejemplo, de inutilidad) en lugar de entrar en connivencia con ellos al sentirse identificado.

Es la inmediatez de la comprensión, en su grupo de apoyo, su propia experiencia paralela, la que capacita a los asesores, en primer lugar, para valorar que el maestro que fracasa a la hora de enseñar a un alumno fracasado, o a la hora de motivar a niños descorazonados o descontentos, es susceptible de experimentar sentimientos similares de fracaso y descontento («novelado» de forma tan realista en *Un descontento* de James Kelman [Kelman, 1989]); en segundo lugar, para entender que cuando estos sentimientos se hacen demasiado dolorosos para ser tolerados, pueden ser «presentados» a alguien conveniente, como el asesor, para hacerle experimentar lo que el maestro quiere «sacarse de encima», construyendo defensas contra estos sentimientos que hagan «desaparecer» el fracaso; y en tercer lugar, que la contención y la no connivencia, por parte de una persona «significativa» puede ayudar a hacer tolerables estos sentimientos, a restaurar la objetividad acerca de ellos y, así, ayudar a abordarlos.

Apoyado de esta manera, un asesor puede aprender a no sentirse derrotado por un maestro «difícil de ayudar», cuyos alumnos son «difíciles de enseñar», hacia el cual él podría haberse mostrado, en cualquier otro caso, crítico y prescriptivo, con efectos contraproducentes; o con quien él hubiera podido caer en la trampa de asumir un papel indeseable de «rescatador», y luego mostrarse desorientado acerca de cómo ofrecer apoyo de forma aceptable sin confirmar más el «fracaso» de un colega ante los ojos del director y del resto del profesorado; o entrando en connivencia con la multitud de obstáculos que pueden entorpecer su trabajo con los maestros de los niños.

Es en la inmediatez de la exploración de la dificultad de un compañero coordinador en su propio grupo de apoyo que los asesores pueden, por ejemplo, prevenir las maneras en las que ellos pueden crear o reforzar tales obstáculos. Las viejas costumbres no capacitadoras tales como «A dice a B lo que tiene que hacer» pueden emerger disimuladas bajo la forma de pseudo-preguntas («¿Por qué no intentas?») y afirmaciones del tipo «Me parece que necesita». Puede examinarse su efecto en el momento en que se formulan, junto con alternativas más auténticamente exploratorias, que pueden adaptarse a los aspectos consultivos del papel de los coordinadores en las escuelas. Al planteárseles a ellos mismos preguntas solidarias, susceptibles de ser respondidas y generadoras de intuiciones del tipo «¿Cómo se sentiría este maestro si alguien le ofreciera?» «¿Cuáles son las cosas en las que podrías mostrarte positivo con ella?» ayudan al maestro de apoyo a asumir la búsqueda de soluciones a su propio problema con sus colegas en la escuela; y, a la vez, contribuyen a que pueda ayudar a estos colegas a mejorar su trabajo con los niños sin tener que asumirlo él mismo. Esto, pues, garantiza que las decisiones para adaptar sensiblemente la oferta curricular y las relaciones en el aula no correspondan al asesor sino al maestro, aumentando su autonomía y reforzando su colaboración con sus compañeros de profesión.

La tarea para el propio asesor de los maestros de apoyo es, pues, paralela a la de éstos, pero de cara a un colega. El maestro de apoyo o coordinador puede desear ampliar la comprensión de un maestro de un alumno «difícil de enseñar», pero puede tener que ampliar su comprensión de un maestro «difícil de ayudar». Al llegar a ver la actitud de rechazo, aparentemente irreductible, de un maestro contra las sugerencias de soluciones alternativas a sus problemas con los alumnos como, tal vez, un modo «útil» de sobrevivir en un mundo poco apreciativo que rechaza sus esfuerzos, un asesor correrá menos peligro de parecer igualmente crítico y de reforzar sus defensas.

Cualquiera de las dificultades enumeradas previamente, que pueden ser experimentadas por los especialistas en necesidades especiales, pueden ser abordadas en su grupo de apoyo. Aquellos que han sido apoyados previamente en su nuevo papel son más susceptibles de saberlas manejar eficazmente.

Resolución conjunta de los problemas: contribución a la política de las escuelas

Capacitar a un número máximo de maestros para que respondan de forma más adecuada a las dificultades y necesidades individuales de los niños, examinando y atendiendo a su contexto —en lugar de buscar las causas únicamente en el niño— influirá en la escuela en su conjunto y llegará a pesar sobre su orientación y sus políticas. El apoyo de servicio interior a los asesores les ayuda a desarrollar y a consolidar sus propias técnicas, y a aumentar su credibilidad al ejercerlas de forma eficaz. También amplía las perspectivas respecto a su contribución potencial a las políticas de la escuela, en toda una serie de cuestiones relacionadas, que las escuelas están desarrollando para poner en práctica el Currículum Nacional, ninguna de las cuales carece de aspectos interactivos. Las políticas eficaces sobre las necesidades especiales, el cuidado pastoral, la educación pluricultural, la igualdad de oportunidades y la gestión del aula, tienen que ver con «el estímulo de una práctica correcta para todos los alumnos» (NCC, 1989a), puesto que «las técnicas y cualidades requeridas para satisfacer la mayor parte de las necesidades descritas como especiales, son todas aquellas que son deseables en cualquier buen maestro» (Sayer, 1987; Smith y Tomlinson, 1989). El reconocimiento de esto apuntala los aspectos consultivos del papel de los especialistas en necesidades especiales: los aspectos interactivos de las necesidades de aprendizaje y de adaptación de todos los niños, que deben ser abordados; la conciencia de que la situación misma de aprendizaje debe ser examinada por su posible contribución a las dificultades; y que la institución encargada del pleno acceso curricular a todos sus niños puede, ella misma, poner obstáculos en su camino.

Así, el apoyo consultivo de servicio interior para los especialistas en necesidades especiales, no sólo debe tener en cuenta la mejor manera de asistirles en su tarea básica de promover la comprensión de las necesidades especiales de aprendizaje y de adaptación de los niños y de capacitar a sus maestros para responder a ellas de forma más adecuada, sino que también debe abordar los obstáculos procedentes de la escuela en su conjunto que puedan disminuir su eficacia. Entre éstos estarán los factores intrínsecos a la escuela (puntos de vista, prácticas, políticas) que, en lugar de satisfacer, aumentan las necesidades de los niños. Si se abordan, no sólo será en beneficio de los niños considerados con «necesidades especiales», sino que aumentará la eficacia de la escuela en su conjunto.

Como vimos, sin embargo, incluso en relación con cuestiones como modos de evaluación y gestión de la clase, las recomendaciones pueden interpretarse en consonancia con preferencias de tipo tradicional o simplemente no examinadas. Los maestros deben ser advertidos acerca de ciertos peligros —como la advertencia del Consejo Nacional Curricular contra querer simplemente «tratar» la conducta de los alumnos (véanse págs. 100 y sigs.)— procedentes de lecturas demasiado estrechas de las directrices legislativas que pueden volverse contra sus propios objetivos. Diferentes interpretaciones de las directrices oficiales, de las circulares e informes sobre una serie de cuestiones (a las que volveremos más tarde) pueden llevar tanto a políticas estrechas, educativamente restrictivas, como a otras auténticamente educativas. Dependerá mucho de cómo las mismas escuelas estén siendo ayudadas a garantizar esto último.

¿Quién, pues, a la luz de tales complejidades, estará en condiciones de asumir la función del que ayuda a los que ayudan, del asesor de asesores, y qué tipo de «estímulo» pueden necesitar para llevarlo a cabo? *¿Quis custodiet...?*

Psicólogos educativos, escuelas y servicios de apoyo: hacia una psicología de la educación

Puesto que la formación tradicional de los psicólogos educativos destinada a que éstos atendieran únicamente las necesidades de los niños remitidos para una acción «terapéutica» se ha considerado incompleta, los desarrollos posteriores han incluido un énfasis creciente sobre los aspectos de sus funciones de tipo interprofesional y de asesoramiento y sobre la importancia de incorporar estrategias de apoyo a la familia y a la escuela al tratamiento basado en el individuo (Kolvin *et al.*, 1982; Taylor, 1982, 1984; Rutter, 1986; Kazdin, 1990), para modificar las tensiones ambientales al tiempo que se ayuda a los alumnos a hacerles frente. En su estudio prospectivo del desarrollo de la psicología infantil para las próximas tres décadas, Rutter espera que este énfasis crezca a medida que las técnicas psicológicas se desarrollan, lo cual no solamente ayuda a mejorar la habilidad de la gente para gestionar sus propias vidas, sino que también informa de cómo deben ser las intervenciones en los sistemas familiar y escolar —como parte del entorno del alumno— en apoyo de dicha mejora. Esto reforzará el reconocimiento de los maestros, de las escuelas y de los servicios de apoyo como una parte importante del ámbito del psicólogo educativo, requiriéndose su asistencia para abordar aquellos factores internos a la escuela que ahora se identifican como perjudiciales de cara a las necesidades de los niños (NCC, 1989a) y de cara a sus perspectivas bajo el Currículum Nacional.

Como los psicólogos clínicos y los asesores de sistemas apuntan (Campbell *et al.*, 1989; Dupont y Downdney, 1990), existen otros profesionales, además de los psicólogos educativos, con capacidad para actuar como asesores en las escuelas sobre las necesidades de los niños en un contexto de estructuras organizativas y de relaciones de trabajo (véase Hanko [1986] sobre el papel que pueden jugar, por ejemplo, los asistentes sociales). Pero solamente los profesionales de la psicología de la educación tienen acceso directo a todos los niveles de la jerarquía, dentro de las escuelas y entre éstas y los servicios escolares, en los que emplear sus habilidades interprofesionales y su comprensión de la conducta humana, para facilitar e influenciar el tipo de red de apoyo a través de la cual se reconozcan las necesidades de los niños y de los maestros; y para ayudar a que éstas sean percibidas como carencias, y contribuir a crear las condiciones favorables para que sean atendidas dentro de la estructura de la escuela.

En reconocimiento de su posición única, cada vez más se espera de los psicólogos educativos que «contribuyan substancialmente a la formación de servicio interior de los maestros y profesionales afines» y que «apoyen a las escuelas a desarrollar y a poner en práctica políticas globales en este sentido». Estas políticas se aplican actualmente de forma regular como requisitos de empleo, a medida que las Autoridades Locales reestructuran sus Servicios de Inspectores, Consultivos y Psicológicos, al tiempo que los datos recogidos (p.e. los del Comité Elton [DES, 1989]) resaltan los efectos de las políticas escolares que no consiguen poner en marcha este sistema de formación y de apoyo. Este fracaso en el apoyo a sus maestros a la hora de responder adecuadamente a las dificultades emocionales, de conducta y de aprendizaje de los niños, y a la hora de enfrentarse a sus propios sentimientos y angustias sobre los niños difíciles de enseñar, se ha demostrado que no solamente incrementa estas necesidades en los niños, sino que además obstaculiza la eficacia global de los maestros y de la escuela. Sin una red de apoyo al desarrollo del profesorado, los maestros no llegan a valorar la experiencia de los demás (en contraste con el apoyo que se deriva de compartirla en las reuniones de resolución conjunta de problemas). Las preocupaciones no atendidas del profesorado, como es bien sabido, suelen quedar disimuladas entre otras fisuras «oportunas», dentro y a través de las jerarquías departamentales y de gestión, como las que quedan frecuentemente sin resolver entre los equipos de dos escuelas, con políticas divergentes, que se han fusionado; o, especialmente en las escuelas secundarias, pueden reforzar distinciones educativamente disfuncionales, como las que se hacen entre alumnos con «necesidades especiales» y sin ellas; y entre aquellos con necesidades «educativas» especiales y aquellos con necesidades emocionales o de conducta (que la escuela puede considerar «exentos» de la docencia «normal»).

Distinciones similares pueden establecerse entre el personal académico y el de «apoyo»: el académico estaría ocupándose únicamente del currículum «normal» para los alumnos «normales»; y puede darse aún otra subdivisión del personal de apoyo, esperándose de ciertos especialistas que consigan «resultados educativos» sin atender, simultáneamente, al contexto interactivo, emocional y de conducta del fracaso escolar, considerando éste como patrimonio de los servicios psicológicos o los de la atención pastoral.

Estas fisuras constituyen dificultades graves para los especialistas en necesidades especiales, de los que se espera que apoyen el desarrollo de políticas globales coherentes, y contribuyen a aumentar las tensiones entre el profesorado en un momento en que surgen gran cantidad de nuevas exigencias legislativas para elevar la calidad de la docencia y del aprendizaje, para todos. Para que la institución pueda llevar a cabo su misión de proporcionar pleno acceso curricular a todos sus niños, necesitará contar con la comprensión que el psicólogo tiene de la conducta humana, así como con sus técnicas interprofesionales, para poder abordar los conflictos y tensiones entre el profesorado, así como las necesidades de sus alumnos, de manera que pueda llegar a ser una institución «suficientemente buena» tanto para los maestros como para los alumnos. Hemos visto anteriormente, a partir de ejemplos, cómo pueden crearse las condiciones que conducen a estos desarrollos, sin exponer abiertamente las «zonas problemáticas» y sin que ningún maestro tenga que desacreditarse.

Al tener acceso a todos los niveles de la jerarquía, los psicólogos educativos suficientemente versados en técnicas consultivas interprofesionales, están en una posición ideal para suministrar a los especialistas en necesidades especiales de las escuelas y de los servicios de apoyo, el tipo de apoyo de servicio interior que éstos necesitan, y para satisfacer las condiciones enumeradas en la introducción como básicas para poner en marcha el INSET: es decir, que sean de aplicación inmediata y a largo plazo en la clase y en el contexto escolar; que sean auténticamente exploratorias y capacitadoras y, por tanto, que no aparezcan como críticas reprobadoras que pongan a los asesorados a la defensiva.

Como se ha subrayado en la introducción, sin embargo, existen limitaciones que pueden impedir a los psicólogos educativos esta reorganización de sus conocimientos relativos a los niños o, al menos, hacerlo de forma eficaz. Aquellos que están habituados al modo prescriptivo de trabajar —sin darse cuenta de sus efectos contraproducentes ni de las realidades del aula que convierten sus consejos en inaplicables para unos maestros, a los que ellos, entonces, inmediatamente califican de inadecuados— deben abandonarlo (Desforges, *íbid.*) y «adoptar un modo inquisitivo de trabajar para poder establecer una comprensión de la vida del aula *tal y como la ve el maestro** puesto que sin este intento de ponerse en el lugar del maestro «su consejo continuará teniendo escaso impacto o ninguno en absoluto» (Desforges, 1988); de la misma manera que su adhesión al modelo «el problema está en el maestro» no puede ayudar a los maestros a perder su visión negativa de los alumnos.

Como vimos en el capítulo 4, sin embargo, incluso los psicólogos que adoptan un papel asesor pueden mostrarse aprensivos a la hora de abordar las necesidades profesionales de los maestros, o las necesidades de la escuela como institución, por el temor a parecer que están transgrediendo sus límites profesionales tradicionales. Así, si limitan su atención únicamente a las necesidades de algunos niños determinados y a remediar su fracaso en el aprendizaje, dejarán pasar oportunidades cruciales: de desarrollar de forma no obstructiva las habilidades de los maestros a la hora de considerar las necesidades relacionales de cualquier otro niño con sus compañeros de clase o con los maestros; de realizar aquellas adaptaciones sensibles del currículum que pueden ayudar a cubrir las necesidades de un niño determinado además de las de toda la clase; y de contribuir a las políticas escolares que podrían abordar todos aquellos factores intrínsecos a la escuela que los psicólogos identifican como perjudiciales para el progreso de algunos niños; y por lo tanto no están contribuyendo a la «creación de contextos de aprendizaje curriculares, organizativos y sociales claramente positivos» (Jones y Sayer, 1988) como correspondería a las funciones de los psicólogos de la educación, y que los convertiría plenamente en psicólogos *escolares*.

Conscientes de las oportunidades que se pierden de esta manera, los asesores de necesidades especiales de las Autoridades de Educación Locales han analizado la contribución sustancial que los psicólogos deberían ser capaces de aportar en el marco de una estructura coordinada de servicio interior. Según un análisis en esta línea (Galloway, 1989), deberían contribuir a cubrir las necesidades de servicio interior de los *maestros de integración*, de manera que la política de INSET de todas las escuelas incluya el compromiso de desarrollar la experiencia de los maestros en el campo de las necesidades especiales.

También deberían ayudar a cubrir las necesidades de servicio interior de los *servicios de apoyo* en su tarea: de identificar las dificultades que los niños experimentan en todas las áreas del Currículum Nacional; de trabajar con los maestros en las escuelas para garantizar el acceso de todos los alumnos a todo el contenido curricular; de reconocer y superar los obstáculos a los progresos de los alumnos, ya que pueden proceder de los mismos métodos escolares o de los aspectos organizativos de la escuela; de desarrollar una amplia gama de métodos para apoyar a los alumnos y a los maestros.

Los psicólogos educativos ayudan a los *maestros de las escuelas especiales* en su desarrollo de programas educativos para lo cual necesitarán muchas de las técni-

---

* Las itálicas son mías.

cas de los miembros de los servicios de apoyo, para ser capaces de reconocer la gama de dificultades que se presentan a los alumnos y a los maestros en las clases de integración (Galloway, *op. cit.*).

Claramente, esto enfrenta a muchos psicólogos, como ocurre con sus colegas en necesidades especiales de las escuelas y de los servicios de apoyo, a un desfase considerable entre la complejidad de su tarea y la escasa formación que existe específica a dicha tarea, desfase que no se soluciona a través de las limitadas oportunidades que hay de actualización de los conocimientos mediante cursillos de reciclaje. De manera que es importante prestar atención a las propias necesidades de servicio interior de los psicólogos a medida que éstas evolucionan; y, en la medida en que es posible hacerlo, a través de un método de resolución conjunta de los problemas.

Desarrollar experiencia como co-asesores

Como vimos en nuestras discusiones de casos, una gran parte de los conocimientos procedentes de la psicología infantil puede reorganizarse para trabajar con otros profesionales. Sin embargo, puede requerir una cierta complementación. Se ha criticado a aquellos que se relacionan con los maestros de los niños principalmente como expertos prescriptivos, que carecen de comprensión acerca de la realidad de la clase y de las muchas limitaciones que sufren los maestros en su trabajo. Otros psicólogos pueden necesitar profundizar su comprensión de la dinámica del aula y de la institución, de la manera en que los grupos trabajan y los medios a través de los cuales pueden ayudarles a asumir el control, por encima de las condiciones adversas, en favor de aquellos destinados a apoyar su tarea profesional.

Lo que constituye la esencia del proceso consultivo es el hecho de que el asesor y los asesorados unan sus conocimientos, equitativos pero diferentes, y que lo hagan trabajando con la perspectiva y experiencia del asesorado, cuyos problemas en el trabajo se están explorando; de esta manera, tanto el asesor como los asesorados, como dice Steinberg (1989), se están «educando» en la experiencia del otro. Los psicólogos que se embarcan con maestros y personal de apoyo en un proceso de clarificación y resolución de los problemas están en posición de aprender de sus asesorados lo que tiene que saberse acerca de sus condicionamientos y limitaciones. Sin embargo, pueden necesitar algún tipo de formación orientada a la práctica para aprender a utilizar su «ignorancia» —«el valor del asesor de su propia torpeza» (Balint, 1957)— como un mérito. Otros, inhibidos por las aprensiones que suelen acompañar las transgresiones de los límites profesionales tradicionales sin una credibilidad ya establecida, también agradecen alguna experiencia inicialmente asistida a la hora de aplicar sus conocimientos psicológicos en un papel de apoyo consultivo. Una manera «asequible» de proporcionar esto consiste en la formación de co-asesoramiento.

Como hemos visto, el asesor adecuado de los grupos escolares de resolución conjunta de problemas formados por maestros, *utiliza a la vez que forma* miembros del grupo al ejercitar las técnicas de plantear preguntas auténticamente exploratorias y de complementar los conocimientos del maestro que hace la presentación con los del asesor y con los del resto del grupo. A medida que el grupo se desarrolla, un asesor experto será capaz de revalorizar este aspecto formador del asesoramiento, de manera que los miembros de un grupo en funcionamiento, que están adquiriendo estas técnicas de apoyo mutuo y de formación que el enfoque consultivo desarrolla, se van convirtiendo gradualmente en asesores, solidarios unos con otros. Tales sesiones pueden continuar en la línea de lo que el Comité Elton (DES, 1989) considera crucial para las escuelas en general en materia de formación interna del profesorado.

Dado que no existen reglas *a priori* para la composición de estos grupos de personal dentro de las escuelas y entre éstas y los servicios escolares —aparte de los preestablecidos en el inicio—, las necesidades probables de formación de psicólogos interesados pueden ser atendidas en esta fase. Los grupos descritos en este libro trabajaban todos con un solo asesor. Como se describe en otra parte, sin embargo, (Hanko, 1989a,b) el asesor puede proponer al coordinador de una escuela que ya planee desarrollar su propio sistema de atención a las necesidades especiales o de desarrollo del personal de apoyo, que se invite a su psicólogo y a los miembros de los servicios de apoyo, para que actúen como co-asesores, con objeto de ampliar su experiencia consultiva.

De esta manera, se desarrolla una situación que proporciona práctica en las capacidades consultivas sin la presión hacia el (los) co-asesor(es) de sentirse responsables de los progresos de un grupo. También permite la evaluación, después de cada sesión, entre el asesor y el co-asesor de cómo han avanzado el grupo y el proceso consultivo; cómo ha influido la comprensión de las dificultades y de las reacciones del profesorado sobre el tipo de apoyo ofrecido, de manera que puedan responder a este apoyo; y cómo han evolucionado las condiciones del profesorado de forma que llegan a reconocer que el método conjunto de apoyo mutuo no sólo era posible sino que era esencial. La experiencia formadora del co-asesor utiliza, pues, el modelo de Caplan (véanse págs. 79 y sigs.) a un tercer nivel. No solamente se puede ayudar indirectamente a un maestro con su problema, al capacitarlo para ayudar a un alumno (cuando el problema del niño se ha convertido en el del maestro); sino que, de igual forma, se puede ayudar a un profesional del asesoramiento cuando el problema del maestro ha llegado a ser del asesor, como vimos con Dave, que hacía sentir inútil al Sr. E., quien, a su vez, despreciaba la competencia de sus colegas de apoyo; en este proceso, éstos, al principio, entraron en connivencia con él, pero, después lograron cambiar las impresiones mutuas con la ayuda de su «formador». Hemos sido capaces, casi sin esfuerzo, de añadir una dimensión de co-asesor «en formación».

Un asesor que esté ya en relación con la escuela como parte de su ámbito de trabajo, podrá desarrollar sus funciones de servicio interior permaneciendo en contacto consultivo periódico con individuos o grupos, mucho después de que el compromiso de asesoramiento inicial haya acabado. Entonces puede, él mismo, iniciar un asesoramiento semejante con sus otras escuelas, y usar su experiencia consultiva con los miembros de los servicios de apoyo que trabajan en las escuelas de su ámbito. Cursos de un día, o de fin de semana, sobre las necesidades especiales y el modelo de discusión de casos pueden servir para iniciar una formación de co-asesores, para servicios completos de apoyo o para escuelas individuales; éstos pueden después ser incorporados a una estructura coordinada de servicio interior. Así lo han hecho los servicios del LEA y diversos centros y escuelas especiales, tanto para trabajos de tipo externo como para formación de su propio personal. Tal formación experimental sobre las técnicas consultivas constituye actualmente una parte integral de algunos cursos modulares de servicio interior que han merecido el reconocimiento público, lo organizan los LEAs para sus servicios de apoyo y algunos servicios psicológicos escolares para sus propios equipos; y también están siendo subvencionados por algunas de las organizaciones profesionales voluntarias enumeradas en el capítulo 6.

Epílogo para una nueva «ERA»

Con el advenimiento del Acta de Reforma de la Educación (ERA) de 1988, esta capacitación de los maestros y de las escuelas, en general, debe verse como una precondición para la puesta en marcha del Currículum Nacional. Se convierte en una cuestión urgente cuando consideramos las consecuencias imprevistas que se teme que tengan las interpretaciones divergentes de ciertos aspectos de la nueva legislación, consecuencias que son probablemente contrarias a su objetivo principal, es decir, el pleno derecho al acceso curricular de todos los alumnos.

Como destaca el Consejo Nacional Curricular (NCC, 1989a,b): el principio, actualmente establecido por ley, de que *todos* los alumnos deberían recibir un currículum amplio y equilibrado, pertinente a sus necesidades individuales, requiere que los maestros y las escuelas entiendan que las necesidades especiales de los alumnos no son «simplemente un reflejo de las dificultades y de las incapacidades inherentes [a los alumnos], [sino] que están a menudo relacionadas con factores intrínsecos a las escuelas que pueden prevenir o exacerbar los problemas»; y requiere que todos los maestros y el personal de apoyo se implique en la formación de servicio interior que ayudará a conseguir este pleno acceso curricular.

Sin embargo, tanto los que lo han planificado como los que lo están poniendo en práctica advierten, cada vez más, (p.e. Harvey, 1989; Tomlinson, 1989; Willey, 1989) que un currículum nacional con garantías de un pleno acceso curricular y que, al mismo tiempo, deja las escuelas y las «oportunidades de la vida del individuo al resultado fortuito del funcionamiento de un mercado imperfecto» (Brighouse, 1990), puede «convertirse en una fachada, tras la que se multiplican las diferencias» (Tomlinson, 1989), y que permite que se ejerzan elecciones sobre bases educacionalmente poco claras. La competitividad entre las escuelas hará poco por estimular las puestas en común de los conocimientos y los intercambios de ideas que promueven políticas adecuadas, y, por el contrario, propiciarán sistemas sutiles de selección para atraer a los alumnos más capaces y garantizar así «buenos resultados». La reputación de las escuelas y su viabilidad financiera podría depender de los éxitos superficiales, como los niveles de éxito alcanzados. Modos poco flexibles de evaluación del progreso de los alumnos, que amenazan en lugar de apoyar, pueden potenciar métodos de enseñanza poco imaginativos y harán muy poco por los alumnos con necesidades especiales de aprendizaje y de adaptación. La gestión local de las escuelas puede permitir que se desvíen fondos y recursos necesarios para apoyar a los alumnos con necesidades especiales, que podrían, entonces, ser apartados de las escuelas de integración (especialmente si existen dificultades emocionales y de conducta, además de las de aprendizaje). Cualquiera de estas eventualidades constituiría una amenaza al pleno derecho curricular de muchos niños —concepto este que ha sido aclamado como el logro aislado potencialmente más importante de la década (Newsam, 1989). Sin embargo, como también se resalta (Harvey, 1989):

> la aceptación de los niños con necesidades especiales y la contribución educativa más eficaz para ellos, no es únicamente una cuestión de políticas de gobierno. Es una cuestión de espíritu y de corazones, de actitudes y de conciencia por parte de todos aquellos que trabajan en las escuelas, y del desarrollo de las técnicas y métodos de enseñanza más adecuados. Por debajo de las cuestiones referidas a estructuras y recursos está la cuestión de cómo cada niño individual es considerado y qué disposiciones se toman para cubrir sus necesidades educativas.

Andrews (1989) adopta tanto el espíritu como la letra de este posicionamiento a nivel de LEA. Anticipándose a la Circular Provisional del DES acerca de la Provisión de Personal para los Alumnos con Necesidades Educativas Especiales (1/9/1990) —que solicita a los LEAs que describan con detalle sus «acercamientos hacia una provisión unificada, apoyada adecuadamente, para todos los alumnos con Necesidades Educativas Especiales (SEN)» y «el nivel de servicio interior, y otros tipos de formación, necesario para que todas las escuelas subvencionadas puedan responder eficazmente a las necesidades de los niños con SEN»—, Andrews plantea que el problema de la competencia por los recursos debe abordarse como una competencia de «organización de los servicios de apoyo en un servicio de inspectorado y consultivo coordinado del LEA en el que las necesidades especiales de los alumnos sean reconocidas como necesidades especiales de los maestros» y que lo que los servicios de apoyo deben, pues, abordar son las necesidades especiales de las escuelas. Estas necesidades deben ser identificadas por las propias escuelas en colaboración con los servicios de apoyo y psicológicos. El enfoque consultivo y concienciador de la resolución de problemas puede responder a todo ello, para que posiciones aún más negativas que éstas no sean puestas en práctica a partir de situaciones contraproducentemente deficitarias o desde perspectivas terapéuticas. El objetivo primordial de este método *de desarrollo del profesorado, centrado en el alumno* consiste en satisfacer las necesidades especiales de los niños, de sus maestros y de la escuela en su conjunto, al identificar las fuerzas potenciales y las áreas para posteriores desarrollos. Se sugiere que esto constituye una base sólida para una psicología de la educación destinada a poner en práctica los objetivos de la nueva legislación, es decir, el pleno acceso curricular de todos los alumnos.

BIBLIOGRAFÍA

Abercrombie, M.L.J. 1969: *The Anatomy of Judgment.* Hutchinson (5.ª ed.).
Advisory Committee on the Supply and Education of Teachers (ACSET) 1984: *Teacher Training and Special Educational Needs.*
Ainscow, M. y Tweddle, D. 1979: *Preventing Classroom Failure.* Wiley.
Andrews, G. 1989: «The management of support services: conflicts and tensions in the role of the support teacher». En Bowers, T. (comp.), *Managing Special Needs.* Open University Press.
Anthony, E.J. y Chiland, C. 1982: *The Child in his Family,* Vol. 7, *Children in Turmoil: Tomorrow's Parents.* Wiley.
Argyris, C. 1963: *Integrating the Individual and the Organization.* Wiley (trad. cast.: *El individuo dentro de la organización,* Barcelona, Herder, 1979).
Argyris, C. 1970: *Intervention Theory and Method.* Addison-Wesley.
Argyris, C. 1982: *Reasoning, Learning and Action.* Sage.
Ashton-Warner, S. 1963: *Teacher.* Secker and Warburg.
Baker, K. y Sikora, J. 1982: *The Schools and In-service Teacher Education (SITE) Evaluation Project.* University of Bristol School of Education.
Baldwin, J. y Wells, H. 1979-1981: *The Active Tutorial Work Development Project.* Blackwell.
Bales, R. 1970: *The Verbal Analysis of Behaviour.* Holt, Rinehart and Winston.
Balint, M. 1957: *The Doctor, his Patient and the Illness.* Pitman Medical.
Barnes, D. 1976: *From Communication to Curriculum.* Penguin.
Barnes, D. 1982: *Practical Curriculum Study.* Routledge and Kegan Paul.
Barnes, D., Britton, J. y Rosen, H. 1969: *Language, the Learner and the School.* Penguin.
Barrett, M. 1985: «Consultation to subsystems». En Dowling, E. y Osborne, E. (comps.), *The Family and the School, A Joint Systems Approach to Problems with Children.* Routledge and Kegan Paul.
Bell, L.A. 1979: «A discussion of some of the implications of using consultants in schools». *British Educational Research Journal,* 5(1).
Bell, L.A. 1985: «Review of Joyce, B.R.» et al. *The Structure of School Improvement. Pastoral Care in Education,* 3(1).

Berger, M. 1979a: Behaviour therapy. *Forum for the Advancement of Educational Therapy,* Supplement 12.
Berger, M. 1979b: «Behaviour modification in education and professional practice the dangers of a mindless technology». *Bulletin of the British Psychological Society,* 32.
Best, R., Jarvis, C. y Ribbins, P. 1980: *Perspectives in Pastoral Care.* Heinemann.
Best, R. y Ribbins, P. 1983: Rethinking the pastoral-academic split. *Pastoral Care in Education,* 1(1).
Best R., Ribbins, P. y Jarvis, C., with Oddy, D. 1983: *Education and Care.* Heinemann.
Bettelheim, B. 1983: *Freud and Man's Soul.* Alfred A. Knopf, NY (trad. cast.: *Freud y el alma humana,* Barcelona, Crítica, 1983).
Bion, W.R. 1961: *Experiences in Groups.* Tavistock (trad. cast.: *Experiencias en grupos,* Barcelona, Paidós, ³1990).
Bion, W.R. 1970: *Attention and Interpretation.* Tavistock.
Black, D. 1982: «The role of the mental health professional in access and custody disputes». Presentado en la Association For Child Psychology and Psychiatry Conference *Divorce and its Impact on Children and Families.* London.
Black, D. 1983: *Impact of Bereavement on Children.* ACPP Paper (presentado en el Institute of Children Health, London, June 1983).
Blackburn, K. 1983: «The pastoral head: a developing role». *Pastoral Care in Education,* 1(1).
Blatchford, P., Battle, S. y Mays, J. 1982: *The First Transition.* NFER-Nelson.
Bolam, R. (comp.) 1982: *School-focused In-Service Training.* Heinemann Educational Books.
Bondi, H. 1982: «Why science must go under the microscope». *TES,* 10 de septiembre.
Bowlby, J. 1979: «On Knowing What You Are Not Supposed to Know and Feeling What You Are Not Supposed To Feel». *Forum for the Advancement of Educational Therapy,* Supplement 14.
Bowlby, J. 1985: Foreword. En Dowling, E. y Osborne, E. (comps.) *The Family and the School, A Joint Systems Approach to Problems with Children.* Routledge and Kegan Paul.
Box, S. (comp.) 1981: *Psychotherapy with Families.* Routledge and Kegan Paul.
Boyle, J. 1977: *A Sense of Freedom.* Canongate.
Brandes, D. y Ginnis, P. 1986: *A Guide to Student-Centred Learning.* Blackwell.
Brandes, D. y Ginnis, P. 1990: *A Guide to Student-Centred School.* Blackwell.
Breakwell, G.M., Collie, A., Harrison, B. y Propper, C. 1984: «Attitudes towards the unemployed: effects of threatened identity». *British Journal of Social Psychology,* 23 (febrero).
Brearley, M., Bott, R., Davies, M., Hitchfield, E., Johnson, J., Jones, W. y Tamburrini, J. 1969: *Fundamentals in the First School.* Blackwell.
Briault, E.W.H. 1977: «Developing in-service education». *British Journal of In-Service Education* (mayo).
Brighouse, T. 1990: «And for our next Act». *TES,* 19 de enero.
Britton, R. 1981: «Re-enactment as an unwitting professional response to family dynamics». En Box, S. (comp.) *Psychotherapy with Families,* Routledge and Kegan Paul.
Broadfoot, P. 1979: *Assessment, Schools and Society.* Methuen.
Brock, P. 1984: «Unemployment: much more than an economic and social ill». *The Guardian,* 25 de abril.
Brookover, W.B., Erickson, E.L. y Joiner, L.M. 1965-1967: *Self-concept of Ability and School Achievement.* Educational Publishing Services, College of Education, Universidad de Michigan.
Bruner, J.S. 1961: «The act of discovery». *Harvard Educational Review,* 31(1).

Bruner, J.S. 1968: *Toward a Theory of Instruction*. Norton.
Bulman, L. 1984: «The relationship between the pastoral curriculum, the academic curriculum, and the pastoral programme». *Pastoral Care in Education*, 2(2).
Burns, R. 1982: *Self-concept Development and Education*. Holt, Rinehart and Winston.
Button, L. 1974: *Develoopmental Group Work with Adolescents*. ULP.
Button, L. 1980: «The skills of group tutoring». En Best, R., Jarvis, C. y Ribbins, P. (comps.) *Perspectives in Pastoral Care*. Heinemann.
Button, L. 1981-1982: *Group Tutoring for the Form Teacher*. Hodder and Stoughton, Libros 1 y 2.
Button, L. 1983: «The pastoral curriculum». *Pastoral Care in Education*, 1(2).
Cameron, R. 1988: Enhancing the learning environment. En Jones, N. y Sayer, J. (comps.), *Management and the Psychology of Schooling*. Falmer.
Campbell, D., Draper, R. y Huffington, C. 1989: *A Systematic Approach to Consultation*. DC Associates.
Caplan, G. 1961: *An Approach to Community Mental Health*. Tavistock.
Caplan, G. 1970: *The Theory and Practice of Mental Health Consultation*. Basic Books.
Caplan, R. 1982: *Introduction to Schulberg, H.C. and Killilea, M. (comps.), The Modern Practice of Community Mental Health*. Jossey-Bass.
Carly, E. 1984: «Special pleading». *The Guardian*, 31 de enero.
Caspari, I. 1962: «Problems of school consultation». *The New Era*, abril.
Caspari, I. 1974: «Parents as co-therapists». *International Congress of Child Psychiatry, Philadelphia, 1974 y Forum for the Advancement of Educational Therapy, Supplement 2*.
Caspari, I. 1975: «A psychodynamic view of the therapeutic opportunities of special education». En Wedell, K. (comp.), *Orientations in Special Education*. Wiley.
Caspari, I. 1976: *Troublesome Children in Class*, capítulo 12, Supervisory groups for teachers. Routledge and Kegan Paul.
Chandler, E. 1980: *Educating Adolescent Girls*. Allen and Unwin.
Charlton, T. 1985: «Locus of control as a therapeutic strategy for helping children with behaviour and learning problems». *Maladjustment and Therapeutic Education*, 3(1).
Chilver, P. 1967: *Improvised Drama*. Batsford.
Chilver, P. 1978: *Teaching Improvised Drama*. Batsford.
Clarke, A.D.B. y Clarke, A.M. 1984: «Constancy and change in the growth of human characteristics». *Journal of Child Psychology and Psychiatry*, 25(2).
Cleave, S., Jowett, S. y Bate, M. 1982: *And so to School...* NFER-Nelson.
Cline, T. 1980: «More help for schools —a critical look at child guidance». *Therapeutic Education*, 8(1).
Clunies-Ross, L.R. 1984: «Head of department or learning advisor?» *Remedial Education*, 19(2).
Clunies-Ross, L.R. 1984: «Supporting the mainstream teacher». *Special Education*, 11(3).
Coffield, F., Robinson, P. y Sarsby, J. 1980: *A Cycle of Deprivation?* Heinemann.
Cohn, R. 1969: «The Theme-centred Interactional Method». *Journal of Group Psychoanalysis and Process*, 2(2).
Collins, M. 1969: *Students into Teachers*. Routledge and Kegan Paul.
Conoley, J.C. (comp.) 1981: *Consultation in Schools*. Academic Press.
Cope, E. 1971: *School Experience in Teacher Education* (Vol. I), *A Study of a School-Supervised Practice* (Vol. II). University of Bristol School of Education.
Crompton, M. 1980: *Respecting Children*. Arnold.

Cropper, L. 1980: Children and stories. *Forum for the Advancement of Educational Therapy, Newsletter 7.*
Daines, R. y otros 1981: *Child Guidance and Schools — A Study of a Consultation Service.* Department of Social Work, School of Applied Social Studies, Universidad de Bristol.
Dainton, F.S. (presidente) 1968: *Enquiry into the Flow of Candidates in Science and Technology into Higher Education.* HMSO.
Davies, G. 1983: *Practical Primary Drama.* Heinemann.
De Cecco, J.P. y Schaeffer, G.A. 1978: Using negotiation to resolve teacher-student conflicts. *Journal of Research and Development in Education,* 11(4).
Delamont, S. 1976: *Interaction in the Classroom.* Methuen (trad. cast.: *La interacción didáctica,* Madrid, Cincel, 1984).
Department of Education and Science (DES), 1971: *Teacher Education and Training (James Report).* HMSO.
Department of Education and Science (DES), 1978: *Making INSET Work.* HMSO.
Department of Education and Science (DES), 1984: *Education Observed.* DES.
Department of Education and Science (DES), 1989: *Discipline in Schools (Elton Report).* HMSO.
DES/DHSS Joint Circular 3/74/HSC(IS) 1974: *Child Guidance.* HMSO.
Desforges, C. 1988: «Psychology and the management of classrooms». En Jones, N. y Sayer, J. (comps.), *Management and the Psychology of Schooling.* Falmer.
Dessent, T. 1987: *Making the Ordinary School Special.* Falmer.
Dockar-Drysdale, B. 1973: *Consultation in Child Care.* Longman.
Dowling, E. 1985: «Theoretical framework —a joint systems approach to educational problems with children». En Dowling, E. y Osborne, E. (comps.), *The Family and the School, A Joint Systems Approach to Problems with Children.* Routledge and Kegan Paul.
Dowling, E. y Osborne, E. (comps.) 1985: *The Family and the School, A Joint System Approach to Problems with Children.* Routledge and Kegan Paul.
Duffy, M. 1984: «A view from the bridge». *Secondary Headteachers Association Discussion Document.*
Dunham, J. 1987: «Caring for the pastoral carers». *Pastoral Care in Education,* 5(1).
Dunkley, S. 1980: «Counselling in Mayfield School». *New Era,* 61(5).
Dupont, S. y Dowdney, L. 1990: Dilemmas in working with schools. *Association for Child Psychology and Psychiatry, Newsletter,* 12(1).
Eavis, P. 1983: «Expertise» (reseña de *Becoming Our Own Experts*). *TES,* 27 de mayo.
Eggleston, J. 1977: *The Ecology of the School.* Methuen.
Elliott, J. 1982: «The idea of a pastoral curriculum: a reply to T. H. McLaughlin». *Cambridge Journal of Education,* 12(1).
Ellis, S. 1985: «The work of the DO5 schools support team». *Maladjustment and Therapeutic Education,* 3(2).
English, M. 1984: *Fans.* Cambridge University Press.
Eraut, M. 1977: «Strategies for promoting teacher development». *British Journal of In-Service Education,* 4(1, 2).
Eraut, M. 1977: «Some perspective on consultancy in in-service education». *British Journal of In-Service Education,* 4(1, 2).
Erikson, E.H. 1980: *Identity and the Life Cycle.* Norton.
Ferri, E. 1984: *Stepchildren.* NFER-Nelson.
Fielker, L. 1980: «The use of literature to encourage an understanding of the emotions:

a record of work with disturbed adolescents». *MA* (comp.) *Thesis*, (inédita) Goldsmiths College.
Fitzherbert, K. 1977: *Childcare Services and the Teacher.* Temple Smith.
Flanders, N. 1970: *Analysing Teaching Behaviour.* Addison-Wesley (trad. cast.: *Análisis de la interacción didáctica*, Madrid, Anaya, 1977).
Foulkes, S.H. y Anthony, E.J. 1965: *Group Psychotherapy.* Penguin (2.ª ed.).
Fuller, A. 1980: «Counselling in schools in 1980». *New Era*, 61(5).
Fulton, J.F. 1980: «Guidance and counselling in schools». *New Era*, 61(5).
Galloway, D. 1985: *Schools, Pupils and Special Educational Needs.* Croom Helm.
Galloway, D. 1989: *Ealing's Opportunity?* Ealing Education Authority.
Galloway, D.M. y Goodwin, C. 1979: *Educating Slow-learning and Maladjusted Children: Integration or Segregation?* Longman.
Galloway, D. y Goodwin, C. 1987: *The Education of Disturbing Children.* Longman.
Garrett, J. 1983: Presidential address. *National Council for Special Education Newsletter*, 11(2).
Gillham, B. (comp.) 1978: *Reconstructing Educational Psychology.* Croom Helm.
Gipps, C. 1982: «Nursery nurses and nursery teachers». *Journal of Child Psychology and Psychiatry*, 23(3).
Gipps, C. y Goldstein, H. 1984: «More than a change in name?» *Special Education*, 11(4).
Gliedman, J. y Roth, W. 1981: «Parents and professionals». En *The Practice of Special Education.* Open University.
Goldacre, P. 1980: «Helping children with bereavement». *Therapeutic Education*, 8(2).
Goldacre, P. 1985: «Working with bereaved children». *Journal of Educational Therapy*, en preparación.
Gosling, R. 1965: *The Use of Small Groups in Training.* Codicote Press.
Graham, D. 1984: «Will teacher assessment ever get off the ground?» *TES*, 23 de noviembre.
Gulliford, R. 1971: *Special Educational Needs.* Routledge and Kegan Paul.
Gulliford, R. 1975: «Enrichment methods». En Wedell, K. (comp.), *Orientations in Special Education.* Wiley.
Hamblin, D.H. 1975: «The counsellor and strategies for the treatment of disturbed children in the secondary school». *British Journal of Guidance and Counselling*, 3(2).
Hamblin, D.H. 1978: *The Teacher and Pastoral Care.* Blackwell.
Hanko, G. 1982: *An Account and Evaluation of the Development of School-based Consultancy Support and Training Groups for Teachers of Disturbed and Disturbing Children in Ordinary Schools.* University of London Institute of Education, informe inédito.
Hanko, G. 1986: «Social workers as teacher consultants». *Journal of Social Work Practice*, 2(2).
Hanko, G. 1987: «Group consultation with mainstream teachers». *Educational and Child Psychology*, 4(3/4). British Psychological Society, DECP.
Hanko, G. 1989a: «After Elton — how to 'manage' disruption?» *British Journal of Special Education*, 16(4).
Hanko, G. 1989b: «Sharing expertise: Developing the consultative role». En Evans, R. (comp.), *Special Educational Needs: Policy and Practice.* Blackwell.
Hannam, C., Smyth, P. y Stephenson, N. 1976: *The First Year of Teaching.* Penguin.
Hargreaves, D.H. 1967: *Social Relations in a Secondary School.* Routledge and Kegan Paul.
Hargreaves, D.H. 1972: *Interpersonal Relations and Education.* Routledge and Kegan Paul.
Harris, P.L., Olthof, T. y Terwogt, M.M. 1981: «Children's knowledge of emotion». *Journal of Child Psychology and Psychiatry*, 22(3).

Harvey, R. 1989: Special needs services: an overview and a view of the future. En Bowers, T. (comp.), *Managing Special Needs.* Open University Press.
Healthcote, D. y Wagner, B.J. 1979: *Drama as a Learning Medium.* Hutchinsons.
Hegarty, S. y Pocklington, K. 1981: *Educating Pupils with Special Needs in the Ordinary School.* NFER-Nelson (trad. cast.: *Programa de integración de alumnos con necesidades especiales,* Madrid, Siglo XXI, 1989).
Hider, A.T. 1981: *The Schools and In-Service Teacher Education (SITE) Evaluation Project in Ealing 1978-1980.* University of Bristol School of Education Research Unit.
Hill, J. 1975: «The transition from school to work». *Secondary Education,* 5(1).
Hodgkinson, P.E. 1985: «Staff support systems in the residential treatment of adolescents». *Maladjustment and Therapeutic Education,* 3(1).
Hornby, S. 1983: «Collaboration in social work». *Journal of Social Work Practice,* 1(1).
Hughes, M., Mayall, B., Moss, P., Perry, J., Petrie, P. y Pinkerton, G. 1980: *Nurseries Now.* Penguin.
Irvine, E.E. 1959: «The use of small group discussions in the teaching of human relations and mental health». *British Journal of Psychiatric Social Work,* 6.
Irvine, E.E. 1979: *Social Work and Human Problems: Casework, Consultation and Other Topics.* Pergamon.
James, C. 1980: *Unreliable Memoirs.* Picador.
James, N. 1986: «Mathematics and special needs: turning 'I can't' into 'I can' and 'I did'». *Journal of Educational Therapy,* 1(2).
Johnson, L. y O'Neill, C. (comps.) 1984: *Dorothy Heathcote, Collected Writings on Education and Drama.* Hutchinson.
Jones, A. 1980: «The school's view of persistent non-attendance». En Hersov and Berg (comps.), *Out of School.* Wiley.
Jones, A. 1985: «Pastoral care and community education». *Pastoral Care in Education,* 3(2).
Jones, N. y Sayer, J. 1988: *Management and the Psychology of Schooling.* Falmer.
Jones, R.M. 1968: *Fantasy and Feeling in Education.* ULP y Penguin (trad. cast.: *La fantasía y el sentimiento en la educación,* Barcelona, Hogar del Libro, 1983).
Kadushin, A. 1977: *Consultation in Social Work.* Columbia University Press, NY.
Kahn, J. 1974: «Institutional constraints to interprofessional practice». En Rehr, H. (comp.), *Medicine and Social Work: An Exploration in Interprofessionalism.* Prodist, NY.
Kahn, J. y Wright, S.E. 1980: *Human Growth and the Development of Personality.* Pergamon (3.ª ed.).
Karpf, A. 1985: «Boys won't always be boys». *Guardian,* 12 de marzo.
Kazdin, A.E. 1990: «Childhood depression». *Journal of Child Psychology and Psychiatry,* 31(1).
Kelman, J. 1989: *A Disaffection.* Secker and Warburg.
Kingston Friends Workshop Group 1988: *Ways and Means: An Approach to Problem Solving.* Kingston Polytechnic.
Knight, J. 1982: «Making connections». *TES,* 7 de mayo.
Kolvin, I., Garside, R.E., Nicol, A.R., Macmillan, A., Wolstenholme, E. y Leitch, I.M. 1982: *Help Starts Here.* Tavistock.
Kounin, J.S., Friesen, W.V. y Norton, A.E. 1965: «Managing emotionally disturbed children in regular classrooms». *Journal of Educational Psychology,* 57(1).
Lacey, C. 1977: *The Socialization of Teachers.* Methuen.

Lang, P. 1983: «How pupils see it: looking at how pupils perceive pastoral care». *Pastoral Care in Education*, 1(3).
Lang, P. (comp.) 1988: *Thinking About: Personal and Social Education in the Primary School*. Blackwell.
Laslett, R. 1977: *Educating Maladjusted Children*. Crosby Lockwood Staples.
Laslett, R. 1982: «Maladjusted children in the ordinary school». *National Council for Special Education, Developing Horizons Series*, 3.
Laslett, R. y Smith, C. 1984: *Effective Classroom Management: A Teacher's Guide*. Croom Helm.
Lewis, G. 1984: «A supportive role at secondary level». *Remedial Education*, 19(1).
Lewis, M.M. 1963: *Language, Thought and Personality in Infancy and Childhood*. Harrap.
Lim, M.H. y Bottomley, V. 1983: «A combined approach to the treatment of effeminate behaviour in a boy». *Journal of Child Psychology and Psychiatry*, 24(3).
Lindsey, C. 1985: «Some aspects of consultation to primary schools». En Dowling, E. y Osborne, E. (comps.), *The Family and the School, A Joint Systems Approach to Problems with Children*. Routledge and Kegan Paul.
Livingstone, C. 1984: *Role Play in Language Learning*. Longman.
Lloyd-Smith, M. y Sinclair-Taylor, A. 1988: In-service training for 'designated teachers'. *Support for Learning*, 3(3).
Longley, J. 1980: «Counselling in a girls' school». *New Era*, 61(5).
Lyons, K.H. 1973: *Social Work and the School: Aspects of the Role of an Education Social Worker*. HMSO.
Madge, N. 1983: «Unemployment and its effects on children». *Journal of Child Psychology and Psychiatry*, 24(2).
Maher, P. 1985: «The frontiers of teacher responsability». *Pastoral Care in Education*, 3(1).
Marland, M. 1980: «The pastoral curriculum». En Best, R., Jarvis, C. y Ribbins, P. (comps.), *Perspectives in Pastoral Care*. Heinemann.
Marland, M. 1989: *Your New School; Take a Look at You; Making Choices*. Longman Tutorial Resources.
Martin, N., Williams, P., Wilding, J., Hemmings, S. y Medway, P. 1976: *Understanding Children Talking*. Penguin.
Mayes, M. 1985: «Some thoughts on allocating form tutors». *Pastoral Care in Education*, 3(1).
McLaughlin, T.H. 1982: «The idea of a pastoral curriculum». *Cambridge Journal of Education*, 12(1).
McMahon, A., Bolam, R., Abbott, R. y Holly, P. 1984: «Guidelines for review and internal development in schools». *Schools Council Programme I, Purpose and Planning in Schools*. Longman.
Mearns, C. y Kay, B. 1985: «Referred but not seen». *Association for Child Psychology and Psychiatry*, Newsletter, 7(3).
Medway, P. 1976: «Back with Nellie». *British Journal of Teacher Education*, 2(2).
Meier, W. 1979: «Meeting special needs through movement and dance drama». *Therapeutic Education*, 7(1).
Meltzer, D. 1979: «The parents and educational conflict». *Discussion Paper, Forum for the Advancement of Educational Therapy*.
Milgram, S. 1974: *Obedience to Authority*. Tavistock (trad. cast.: *Obediencia a la autoridad*, Bilbao, Desclee Brouwer, ^{3}1984).
Mitchell, P. 1985: «The quality controllers». *Bedford Way Papers*, 22. Heinemann.

Mittler, P. 1983: «The challenge of teacher training: doing more and more with less and less». *Secondary Education Journal*, 13(2).
Mittler, P. 1984: *New Frontiers*. Northampton Conference Report, National Council for Special Education.
Mittler, P. 1985: «British Psychological Society Conference Report». *TES*, 18 de enero.
Mittler, P. 1990: «Too difficult to address?» *TES*, 23 de febrero.
Mittler, P. y Mittler, H. 1982: Partnership with parents. *National Council for Special Education, Developing Horizons Series 2*.
Mongon, D. y Hart, S. 1989: *Improving Classroom Behaviour: New Directions for Teachers and Pupils*. Cassell.
Montgomery, D. 1984: *Learning Difficulties Project: Evaluation and Enhancement of Teaching Performance, A Pilot Study*. Kingston Polytechnic.
Morris, B. 1965: «How does a group learn to work together?» En Niblett, W.R. (comp.), *How and Why do we Learn?* Faber and Faber.
Morris, B. 1972: *Objectives and Perspectives in Education*. Routledge and Kegan Paul.
Muncey, J. y Ainscow, M. 1983: «Launching SNAP in Coventry». *Special Education*, 10(3).
Musgrave, P.W. 1979: *The Sociology of Education*. Methuen (3.ª ed.), (trad. cast.: *Sociología de la educación*, Barcelona, Herder, ²1982).
Nash, R. 1976: *Teacher Expectations and Pupil Learning*. Routledge and Kegan Paul.
National Association for Remedial Education (NARE) 1979: *NARE Guidelines No. 2, The Role of Remedial Teachers*.
National Association for Remedial Education (NARE) 1982: *NARE Guidelines No. 4, Inservice Education for Remedial Teachers*.
National Curriculum Council (NCC), 1989a: *Circular 5: Implementing the National Curriculum — Participation by Pupils with Special Educational Needs*. York NCC.
National Curriculum Council (NCC), 1989b: *Curriculum Guidance 2, A Curriculum for All: Special Educational Needs in the National Curriculum*. York NCC.
National Curriculum Council (NCC), 1989c: *Interim Report on Cross-Curricular Issues*. York NCC.
National Curriculum Council (NCC), 1989d: *Mathematics: Non-Statutory Guidance*. York NCC.
National Curriculum Council (NCC), 1989e: *Science: Non-Statutory Guidance*. York NCC.
Newsam, P. 1989: «Life in the fast lane». *TES*, 29 de diciembre.
Oakeshott, E. 1973a: *The Child under Stress*. Priory.
Oakeshott, E. 1973b: «Defining educational therapy». *Inaugural Lecture, Forum for the Advancement of Educational Therapy*.
Osborne, E. 1985: «The teachers' view: working with teachers out of the school setting». En Dowling, E. y Osborne, E. (comps.), *The Family and the School*. Routledge and Kegan Paul.
Paneth, E. 1980: *Tapes of your own*. Longman.
Pelleschi, A. 1985: «Pastoral care and girls of Asian parentage». *Pastoral Care In Education*, 3(2).
Peters, R.S. 1974: *Psychology and Ethical Development*. Unwin.
Pinkus, L. y Dare, C. 1978: *Secrets in the Family*. Tavistock.
Plog, S.C. y Ahmed, P.I. 1977: *Principles and Techniques of Mental Health Consultation*. Plenum.
Porter, L.G. 1984: *Speaking Personally*. Cambridge University Press.

Posell, E. 1984: *Homecoming*. Heinemann.
Pring, R. 1984: *Personal and Social Education in the Curriculum*. Hodder and Stoughton.
Pugh, G. y De'Ath, E. 1984: *The Needs of Parents*. Macmillan.
Quicke, J. 1985: Charting a course for personal and social education. *Pastoral Care in Education*, 3(2).
Quinton, D. 1987: «The consequences of care». *Maladjustment and Therapeutic Education*, 5(2).
Quinton, D. y Rutter, M. 1983: «Parenting behaviour of mothers raised 'in care'». En Nicol, A.R. (comp.), *Practical Lessons for Longitudinal Studies*. Wiley.
Quinton, D. y Rutter, M. 1984: «Parents with children in care. I: Current circumstances and parenting. II: Intergenerational continuities». *Journal of Child Psychology and Psychiatry*, 25(2).
Quinton, D. y Rutter, M. 1988: *Parenting Breakdown*. Avebury.
Raven, J. 1977-1978: «School rejection and its amelioration». *Educational Research*, 20(1).
Redl, F. 1966: *When We Deal with Children*. New York Free Press.
Redl, F. y Winemann, D. 1957: *I, Children Who Hate. II, Controls from Within*. New York Free Press.
Redmond, M. 1975: «Practice dignified». *University of London Institute of Education, Newsletter* 6.
Reid, D.J. y Hodson, D. 1987: *Science for All*. Cassell.
Reik, T. 1947: *Listening with the Third Ear*. Allen and Unwin.
Ribbins, P. 1984: «Review of Barnes, D». *Practical Curriculum Study. Pastoral Care in Education*, 2(2).
Ribbins, P. 1985: «Pastoral care for children: welfare for teachers». En Ribbins, P. (comp.), *Schooling and Welfare*. Falmer.
Rice, A.K. 1971: *Learning for Leadership: Interpersonal and Intergroup Relations*. Tavistock.
Richardson, J.E. 1967: *Group Study for Teachers*. Routledge and Kegan Paul.
Richardson, J.E. 1973: *The Teacher, the School and the Task of Management*. Routledge and Kegan Paul.
Robinson, G. y Maines, B. 1988: *They Can Because...* AWMC Publications.
Rowan, P. 1982: «Social consequences». *TES*, 12 de noviembre.
Rudduck, J. 1981: «Making the most of the short in-service course». *Schools Council Working Paper 71*. Methuen.
Rutter, M. 1975: *Helping Troubled Children*. Penguin.
Rutter, M. 1981: «Stress, coping and development». *Journal of Child Psychology and Psychiatry*, 22(4).
Rutter, M. 1985: «Family and school influences on behavioural development». *Journal of Child Psychology and Psychiatry*, 26(3).
Rutter, M. 1986: «Child psychiatry: looking 30 years ahead». *Journal of Child Psychology and Psychiatry*, 27(6).Rutter, M., Maugham, B., Mortimore, P., Ouston, J. con Smith, A. 1979: *Fifteen Thousand Hours*. Open Books.
Ryder, J. y Campbell, L. 1988: *Balancing Acts in Personal, Social and Health Education*. Routledge.
Salmon, P. (comp.) 1980: *Coming to Know*. Routledge and Kegan Paul.
Salzberger-Wittenberg, I., Henry, G. y Osborne, E. 1983: *The Emotional Experience of Learning and Teaching*. Routledge and Kegan Paul.

Sayer, J. 1987: *Secondary Education for All?* Cassell.
Scharff, y Hill, J. 1976: *Between Two Worlds.* Careers Consultants.
Schein, E.H. 1969: *Process Consultation: Its Role in Organizational Development.* Addison-Wesley.
Schools Council, 1968: *Enquiry I, Young School Leavers.* HMSO.
Settle, D. y Wise, C. 1986: *Choices — Materials and Methods for Personal and Social Education.* Blackwell.
Sewell, G. 1982: *Reshaping Remedial Education.* Croom Helm.
Shipman, M.D., Bolam, R. y Jenkins, D.R. 1974: *Inside a Curriculum Project.*
Simmons, K. 1990: «Something to show». *TES,* 2 de febrero.
Sisterton, D. 1980: «Counselling in the primary school». *New Era,* 61(5).
Skynner, A.C.R. 1974: «An experiment in group consultation with the staff of a comprehensive school». *Group Process,* 6.
Smith, C.J. 1982: «Helping colleagues cope — a consultant role for the remedial teacher». *Remedial Education,* 17(2).
Smith, D.J. y Tomlinson, S. 1989: *The School Effect: A Study of Multi-racial Comprehensives.* Policy Studies Institute.
Spencer, D. 1983: «Report on Schools Council Conference». *TES,* 3 de junio.
Stagles, B. 1985: «What teachers like about active tutorial work». *Pastoral Care in Education,* 3(1).
Staines, J.W. 1971: «The self-picture as a factor in the classroom». En *Personality Growth and Learning.* Open University/Longman.
Steinberg, D. 1989: *Interprofessional Consultation.* Blackwell Scientific Publications.
Stott, D.H. 1982: «Helping the maladjusted child». *Children with Special Needs Series.* Open University Press.
Summerfield Report 1968: *Psychologists in Education Services.* HMSO.
Sutherland, J.D. 1964: «An additional role for the psychological clinic». En Balint, M. (comp.), *The Doctor, His Patient and the Illness.* Pitman Medical (2.ª ed.).
Swann, W. 1983: «Curriculum principles for integration». En Booth, T. y Potts, P. (comps.), *Integrating Special Education.* Blackwell.
Tall, G. 1985: «An evaluation of the introduction of Active Tutorial Work in a Birmingham comprehensive school». *Pastoral Care in Education,* 3(1).
Taylor, D. 1982: «Family consultation in a school setting». *Journal of Adolescence,* 5(4).
Taylor, D. 1984: The child as go-between: consulting with parents and teachers. Texto presentado en noviembre de 1984 en el *Forum for the Advancement of Educational Therapy.*
Taylor, D. 1985: «Schools as a target for change: intervening in the school system». En Dowling, E. y Osborne, E. (comps.), *The Family and the School — A Joint Systems Approach to Problems with Children.* Routledge and Kegan Paul.
Taylor, P. 1984: «Pastoral care and in-service training». *Pastoral Care in Education,* 2(3).
Taylor, W. 1965: «Learning to live with neighbours». En Niblett, W.R. (comp.), *How and Why do We Learn?* Faber and Faber.
Thacker, J. 1985: «Extending developmental group work to junior/middle schools». *Pastoral Care in Education,* 3(1).
Tizard, B. y Hughes, M. 1984: «Young Children Learning». Fontana.
Tizard, J. 1973: «Maladjusted children and the child guidance service». *London Educational Review,* 2(2).

Tomlinson, J. 1989: «Ruskin and after — The 1980s in education». *Pastoral Care in Education,* 7(4).
Upton, G. 1983: «Staff support systems». En Upton, G. (comp.), *Educating Children with Behaviour Problems.* Faculty of Education, University College, Cardiff.
Upward, R. 1984: *Wessex Studies in Special Education.* King Alfred's College, Winchester.
Visser, J. 1983: «Special provision in the secondary school». En Upton, G. (comp.), *Educating Children with Behaviour Problems.* Faculty of Education, University College, Cardiff.
Walker, E. 1981: «Emotional recognition in disturbed and normal children». *Journal of Child Psychology and Psychiatry,* 22(3).
Wall, W.D. 1973: «The problem child in schools». *London Educational Review,* 2(2).
Wall, W.D. 1977: *Constructive Education for Adolescents.* Harrap/UNESCO.
Wall, W.D. 1979: *Constructive Education for Special Groups.* Harrap/UNESCO.
Walsh, B. 1988: *Shut Up! Communication in the Secondary School.* Cassell.
Warnock, M. (presidente) 1978: *Special Educational Needs.* HMSO.
Warnock, M. 1982: «Personal column». *TES,* 1 de octubre.
Welton, J. 1983: «Pastoral care in the social division of welfare». *Pastoral Care in Education,* 1(2).
Werner, T. 1984: *Child Studies: Child Care and Development — A Two Year Course.* Batsford.
Wheldall, K. 1982: «The behavioural approach to teaching (BAT project)». *Association for Child Psychology and Psychiatry, News No. 13.*
Whiteside, T. 1978: *The Sociology of Educational Innovation.* Methuen.
Wilce, H. 1984: «Walking the tight-rope between two cultures». *TES,* 10 de febrero.
Willey, M. 1989: LMS: «A rising sense of alarm». *British Journal of Special Education,* 16(4).
Williamson, D. 1980: «Pastoral care or 'pastoralization'». En Best, R., Jarvis, C. y Ribbins, P. (comps.), *Perspectives in Pastoral Care.* Heinemann.
Wilson, J. y Cowell, B. 1984: «'Pastoral care': some prevailing fantasies». *Pastoral Care in Education,* 2(2).
Wilson, M.D. 1981: *The Curriculum in Special Schools.* Schools Council/Methuen.
Wilson, M.D. 1983a: *Stories for Disturbed Children.* National Council for Special Education.
Wilson, M.D. 1983b: «The curriculum for special needs». *Secondary Education Journal,* 13(2).
Wilson, M.D. y Evans, M. 1980: *The Education of Disturbed Pupils.* Schools Council Working Paper 65. Methuen.
Winnicott, D.W. 1965: *The Maturational Processes and the Facilitating Environment.* Hogarth.
Wolfendale, S. 1983: *Parental Participation in Children's Development and Education.* Gordon and Breach.
Wolff, S. 1969: *Children under Stress.* Allen Lane.
Wolff, S. 1983: «Critical notice on Kolvin, I». *et al. Help Starts Here. Journal of Child Psychology and Psychiatry,* 24(4).
Wood, H.A. y Wood, D.J. 1984: «An experimental evaluation of the effects of five styles of teacher conversation on the language of hearing-impaired children». *Journal of Child Psychology and Psychiatry,* 25(1).
Yule, W. 1974: «Behavioural therapy». En Varma, V. (comp.), *Psychoterapy Today.* Constable.

También publicado por Paidós

NUEVO ANÁLISIS DE LA SOCIEDAD DEL APRENDIZAJE
Torsten Husén

En esta obra Torsten Husén reúne algunos de sus ensayos, cuyos temas reflejan su dilatada y distinguida carrera como académico y como investigador. Los ensayos se dividen en seis secciones fundamentales: investigación y política; reformas educativas; igualdad y meritocracia; influencia de la educación en la carrera; dimensiones internacionales y comparadas; tendencias actuales y perspectivas futuras. El mensaje que anima toda la obra tiene como única finalidad poner de manifiesto lo importante que es evaluar los problemas educativos desde una amplia perspectiva social, y no sólo desde los estrechos confines del aula.

Esta obra será de gran interés para estudiantes y profesores de sociología y psicopedagogía y para todos aquellos que se dedican a la investigación de la ciencia educativa.

También publicado por Paidós

PARA ENSEÑAR NO BASTA CON SABER LA ASIGNATURA
F. Hernández y J. M. Sancho

De este libro se ha dicho: «Pone en palabras lo que nos pasa en los centros», y «Los autores aportan un posicionamiento fuertemente comprometido en defensa de posiciones de riesgo para la renovación pedagógica». Esta nueva versión actualiza algunos de los temas planteados inicialmente, aunque su núcleo central sigue siendo cómo abordar la relación entre lo que el profesorado pretende enseñar y lo que el alumnado puede aprender. Pero sin reducirlo a una cuestión de la psicología, la pedagogía y las disciplinas académicas. Sin perder de vista que los cambios en educación responden también a intenciones políticas, económicas y de imposición de modelos sociales, temas que parecen olvidarse cuando se habla de reforma y de currículum. El libro pretende, además, ser un recurso para que los docentes, sobre todo los de secundaria, que no poseen una formación inicial «para ser profesores», encuentren argumentos, y quizás alguna respuesta, a la necesidad de incorporar criterios y explicaciones psicopedagógicas a la práctica docente, más allá del imprescindible dominio de los contenidos de su asignatura.

También publicado por Paidós

EL MAGO SIN MAGIA
*Cómo cambiar la situación paradójica
del psicólogo en la escuela*
Mara Selvini Palazzoli

Frente al psicólogo escolar surgen expectativas muy dispares: la más común es la de que el «mago omnipotente» se ocupe del caso señalado dejando libres de responsabilidad a quienes así lo aconsejan. En esta petición para que el psicólogo intervenga va implícita, por consiguiente, la esperanza de obtener una solución mágica que no implique cuestionamiento alguno para los autores de tal consejo.

El psicólogo que ajusta su actuación a expectativas semejantes, lejos de promover un cambio, consolida el *statu quo*. Pero corre igual destino el psicólogo que desafía a la institución. ¿Qué hacer para modificar una situación tan paradójica?

Habida cuenta de que el estereotipo cultural define de antemano la relación del psicólogo con sus clientes potenciales y lo priva así del instrumento necesario para el control de esa relación, los autores de este libro se esforzaron por hallar los medios que le permitieran autodefinirse y marcar un contexto apto para conferir significado y eficacia a sus intervenciones.

Mara Selvini Palazzoli, graduada en medicina, fundó en 1967 el Centro para el Estudio de la Familia de Milán. Los psicólogos que colaboraron en esta obra, ex discípulos de Selvini, actuaban en establecimientos educacionales y asistenciales de varias provincias italianas cuando resolvieron formar con ella, en 1972, un grupo de investigación. Las situaciones vividas en sus lugares de trabajo, y su análisis por el grupo, constituyen el material que sirvió de base a este libro.

También publicado por Paidós

LA CONSTRUCCIÓN GUIADA DEL CONOCIMIENTO
El habla de profesores y alumnos
NEIL MERCER

Este libro aborda el modo en que ciertas personas pueden ayudar a otras a aprender. La vida humana depende de que el conocimiento se cree y se comparta conjuntamente, de manera que debemos contar con los demás para desarrollar nuestra comprensión y para adquirir conocimientos prácticos e intelectuales. Si hasta ahora la mayor parte de la investigación sobre el aprendizaje y el pensamiento se había centrado en individuos aislados, en este libro se utilizan ejemplos de conversaciones grabadas en aulas y en otros lugares para dar a ver los logros alcanzados por profesores y alumnos —o por alumnos trabajando conjuntamente— en el proceso vital de orientar el aprendizaje y la construcción del conocimiento. Se trata de un texto, pues, que permite que un público amplio —incluyendo psicólogos, psicolingüistas, sociolingüistas y educadores— acceda a las ideas de la investigación sociocultural y descubra la influencia directa que ejercen en los intereses prácticos de los profesores y en la calidad de la educación que se imparte en las aulas.

Neil Mercer es director y profesor del Centre for Language and Communications de la Facultad de Educación de la Open University. Especializado en el uso cotidiano del lenguaje en la educación y la instrucción, es también autor de *El conocimiento compartido* (con Derek Edwards), igualmente publicado por Paidós.

También publicado por Paidós

LA COMPRENSIÓN DEL APRENDIZAJE EN EL AULA
Noel Entwistle

La tarea de los psicopedagogos en el campo del aprendizaje en las aulas solía estar bastante alejada de la práctica de la docencia cotidiana. No obstante, en los últimos tiempos la investigación se ha realizado en el aula y no en el laboratorio, por lo que las ideas derivadas de dichas investigaciones son más directamente útiles para el maestro. En este libro Noel Entwistle ofrece al maestro una síntesis de las investigaciones más recientes sobre el tema. Al elegir el material, el autor ha intentado identificar los conceptos y teorías clave más capaces de conformar la experiencia de los maestros en el aula. Pero el enfoque primordial es un intento de presentar el aprendizaje desde la perspectiva del educando y de explorar las implicaciones que tiene esa perspectiva para el educador. Este libro será de interés no sólo para docentes y educadores de docentes sino para todos los que se interesan por saber más acerca de cómo aprenden sus alumnos.